Momentos de la antigua Roma que cambiaron el mundo

Historia

Néstor F. Marqués

Momentos de la antigua Roma que cambiaron el mundo

ESPASA

Espasa es un sello de Editorial Planeta, S. A.
Av. Diagonal, 662-664, 08034 Barcelona
www.espasa.es
www.planetadelibros.com

Imágenes de interior: © Archivo fotográfico del autor; © DeAgostini Picture Library/Scala, Florencia; © V. Pirozzi/DEA/Album; © Album; © G. Nimatallah/DEA/Album; © José Luis Sánchez Rodríguez/Museo Nacional de Arte Romano de Mérida; © Rainer Hackenberg/akg-images/Album
Iconografía: Grupo Planeta
Adaptación de la cubierta: Booket / Área Editorial Grupo Planeta
Imágenes de cubierta: © Viacheslav Lopatin; © Maximmal; © V_E; © mi-re-mi; © Patty Chan/Shutterstock y Sailko/Wikimedia
Primera edición en Colección Booket: septiembre de 2024

Depósito legal: B. 13.434-2024
ISBN: 978-84-670-7458-1
Impresión y encuadernación: Liberdúplex, S. L.
Printed in Spain - Impreso en España

Biografía

Néstor F. Marqués es arqueólogo y divulgador cultural. Está especializado en la Roma clásica y en acercar la tecnología y el patrimonio a través de la virtualización 3D y la creación de mundos inmersivos que abren ventanas al pasado. En 2012 fundó el proyecto Antigua Roma al Día, que trata de dar a conocer la cultura romana a través de las redes sociales, y que ya cuenta con decenas de miles de seguidores. Es autor de *Un año en la antigua Roma* (2018), *Fake news de la antigua Roma* (2019), *¡Que los dioses nos ayuden!* (2021) y *Momentos de la antigua Roma que cambiaron el mundo* (2023).

A todas las personas
que cambiaron el mundo.

ÍNDICE

CULTURA

INGENIERÍA

ESPECTÁCULOS

RELIGIÓN

SUCESOS EXTRAÑOS

ROMA DESPUÉS DE ROMA

INTRODUCCIÓN

«¿Qué han hecho por nosotros los romanos?», se preguntaba el Frente Popular de Judea en una de sus reuniones clandestinas. Más allá de lo que aquel grupo de disidentes pudiera opinar, permíteme que yo responda a la pregunta: los romanos cambiaron el mundo para siempre. Y lo hicieron en muchos momentos y en diferentes aspectos que han contribuido decisivamente a moldear la realidad que vivimos hoy en día.

Sinceramente, no creo que lo anterior te haya pillado por sorpresa. Y menos aún si has decidido embarcarte conmigo en esta lectura. Nosotros no somos romanos, y menos mal que no lo somos, por muchos motivos que incluyen todas las comodidades de la vida actual. Sin embargo, una buena parte de nuestro legado está cimentado sobre su sociedad, su cultura y sus tradiciones. Precisamente por eso es tan importante conocerlas en profundidad. Y para hacerlo, nada mejor que emprender un viaje; abrir una ventana al pasado y asomarnos a algunos de los momentos cruciales de su larga historia, a sus costumbres y a sus problemas para descubrir cómo eran aquellas personas que dominaron buena parte del mundo durante más de mil años.

Como escribió el historiador Polibio en el siglo II a. C., en las próximas páginas comprenderás «cómo, cuándo y por qué todas las partes conocidas del mundo cayeron bajo el dominio de Roma». Y, a la vez, descubrirás cómo era su día a día, ya fuera en la guerra, en la política, la cultura y otros muchos aspectos que iré desgranando poco a poco. Algunos más conocidos por la tradición y otros del todo desconcertantes.

Trataré de hacerlo con historias que, espero, te sorprendan, te diviertan y te ayuden a comprender mejor cómo fue la longeva civilización romana a través de los siglos. Hablaremos de dioses, conquistas, ladrones, banquetes, revoluciones y… ¡hasta de dinosaurios! Y si consigo cambiar algunas de las ideas preconcebidas que todos tenemos sobre los romanos, quedaré muy satisfecho. No estaban tan locos, ni eran tan depravados como nos han hecho creer. Pero, para darnos cuenta, tenemos que alejarnos de nuestra propia perspectiva, de nuestras ideas y de nuestro presente. Solo así conseguiremos vislumbrar lo que fue la antigua Roma sin que lo que somos hoy en día nos obligue a juzgarla con los ojos del presente.

Este libro pretende hacer que el conocimiento profundo sobre los temas más diversos del mundo romano no sea solo para eruditos. La divulgación debe ser asequible para todas aquellas personas que deseen acercarse a ella y yo llevo muchos años, precisamente, intentando conseguirlo. Detrás de estas páginas hay mucha investigación, a veces pesada y lenta, que ahora te entrego en un formato ligero y ameno, pero no por ello menos riguroso. Y si, al terminar esta lectura, todavía tienes más hambre de historia romana te recuerdo que tienes mucho más contenido para profundizar en los temas que planteo en mis libros: *Un año en la antigua Roma*, *Fake news de la antigua Roma* y *¡Que los dioses nos ayuden!*, así como en el canal de YouTube del proyecto *Antigua Roma al Día* y en todas las redes sociales.

Antes de empezar, deja que te cuente una pequeña historia que me sucedió hace ya varios años en uno de mis viajes a Roma, la Ciudad Eterna. Si has paseado por el Foro Romano te habrás dado cuenta de que buena parte de lo que puedes ver no son más que sillares amontonados, trozos de mármoles decorados y solo algunos restos más o menos completos de edificios administrativos imperiales y templos. Por muy impresionantes que sean estos últimos, las piedras solo son piedras si no contamos sus historias. Y así me lo reconocía una de las personas que me acompañaba. No era la primera vez que estaba allí y no parecía especialmente emocionado por volver.

La reacción normal e instintiva de cualquier amante de la antigua Roma en esa situación incluye abrir mucho los ojos y mirar a esa persona con una mezcla de sorpresa y esperanza mientras uno se prepara mentalmente para lo que está a punto de ocurrir. Poder mostrar a otro ser humano uno de los lugares más importantes, si no el más destacado, del mundo romano es una experiencia maravillosa. Cada piedra tiene una historia, cada texto nos cuenta lo que allí sucedió, cada moneda guarda el recuerdo de las manos que la tocaron en el pasado. Las fuentes escritas, arqueológicas, epigráficas, iconográficas, numismáticas y tantas otras, nos ayudan a reconstruir el inimaginable rompecabezas que es la historia. Y la de la antigua Roma tiene muchas e increíbles piezas que colocar.

¿Empezamos?

GUERRA

JULIO CÉSAR, EMPERADOR DE ROMA

He perdido la cuenta de las veces que he tenido que escuchar eso de «Julio César, el emperador romano». Un escalofrío me recorre cada vez que lo leo en algún blog de internet, cuando lo dicen en algún vídeo o, especialmente, cuando lo oigo de pasada en una visita guiada. Quizá a ti también te ha ocurrido. Y lo peor de todo es que, aunque sea sin proponérselo, tienen toda la razón. ¡Julio César fue un emperador romano! Y antes de que cierres el libro de un golpe y lo mandes a galeras, deja que te explique por qué.

Seguro que te enseñaron en el colegio —o eso espero— que el Imperio romano comenzó en el año 27 a. C. con la proclamación de Augusto como primer emperador de Roma. Julio César fue asesinado unos cuantos años antes, en el 44 a. C., por lo que es imposible que fuera emperador en el sentido que todos solemos darle. El primero siempre fue Augusto. Y, sin embargo, la clave está en la terminología y, especialmente, en su traducción.

Cuando hablamos de *emperador* lo que hacemos es traducir de una forma ciertamente confusa el concepto romano de *princeps*. Esta palabra es la que designó por primera vez a los emperadores romanos, comenzando por Augusto. El *princeps* era el primero de los ciudadanos, pero —en teoría— un ciudadano más: el mejor entre los iguales. Por supuesto, toda esta parafernalia terminológica se debe a los equilibrios que tuvieron que hacer en ese momento convulso de la historia romana para que todo el mundo aceptara que el gobierno de Roma ya no era realmente una república, sino que estaba controlado por un solo hombre: el emperador. Y aunque esa era la realidad sumergida, en la superficie se sostenía la farsa que mantenía las aguas calmadas. Roma no podía permitirse otro siglo de guerras civiles y asesinatos como el que habían vivido hasta entonces. Augusto era el salvador que había llegado para restituir la *res publica* a su ser. Y tanto caló su discurso que si, en su época, hubieras preguntado a alguien por el *Imperium romanum* como entidad política —patria, nación, Estado; llámalo como quieras—, recibirías una respuesta negativa y te contestarían que ellos eran SPQR: *Senatus populusque romanus*, el Senado y el pueblo de Roma. Esa fue siempre la denominación oficial del Estado romano. Nada raro si pensamos en la cantidad de veces que se pueden ver las siglas SPQR en inscripciones repartidas por todo el Imperio.

«Por todo el Imperio»... ¿Ves lo que acaba de pasar ahí? El Imperio romano no es un concepto político, sino geográfico. Lo interesante es que los romanos comenzaron a expandir su *imperium*, el territorio que poseían, mucho antes de que empezase el «Imperio». No sé si me explico. *Imperium* en latín significa literalmente 'dominio', por lo que el territorio al que Roma podía llamar suyo por conquista y que, con el paso de los siglos fue creciendo cada vez más, era su verdadero dominio, su *imperium*. Y quien controlaba el *imperium*, quien poseía el poder de controlar el territorio, era el *imperator*. Un cargo que existía ya en la República romana para designar al magistrado a quien se otorgaba el poder militar en una conquista o para el control de las provincias.

Precisamente por eso, dado que ostentó ese tipo de poder militar, podemos decir sin temor a equivocarnos que Cayo Julio César fue *imperator* —emperador— de Roma. Eso sí, ya sabes que un gran poder conlleva una gran responsabilidad, así que después de afirmar lo anterior, habrá que explicarlo también para no inducir a error.

Es curioso, no obstante, que el término que ha llegado hasta nosotros para designar al soberano de Roma a partir del año 27 a. C. sea también el de *emperador*, denotando lo que ha interesado en mayor medida a todas las sociedades que han seguido la estela de Roma: el control militar. De otra manera podríamos haber empleado *princeps*, siguiendo la nomenclatura romana. Y de hecho lo hacemos, puesto que tenemos la palabra *príncipe*; aunque, como puedes ver, ha pasado a designar un rango inferior dentro del escalafón del poder monárquico.

Y así, cuando podría parecer que el misterio ya está resuelto, todavía podría venir alguien a explicarnos que los tecnicismos y sus traducciones están muy bien, pero que podría demostrarse perfectamente que César fue emperador de Roma en el sentido político del término. Que César fue el *princeps* de los romanos. Y tendría razón.

Cayo Julio César no solo fue un emperador romano, sino el primero de todos ellos. El problema es que, como seguramente sabes, los romanos tenían la fea costumbre —fea para los historiadores, no para ellos, claro— de ponerse todos unos nombres muy parecidos. La historia política y militar de Roma tuvo montones de hombres que se llamaban igual. Ahí tienes a toda la familia de los Cornelios Escipiones, a los que diferenciamos por apodos —llamados *agnomina*— como Africano, Emiliano, Numantino, Barbado y hasta Calvo.

Los romanos de buena familia contaban con lo que conocemos como *tria nomina*, o tres nombres. El primero de ellos sería el *praenomen*, nuestro nombre de pila. Era un nombre que solo se usaba en un ambiente familiar y por eso nunca hubo más de una treintena, aunque realmente los más usados no pasaban de la docena. *Marcus*, *Gaius*, *Sextus* o *Lucius* eran los más repetidos y se solían abreviar por sus iniciales: M., C.[1], S. y L. El *nomen* era lo que podríamos considerar como nuestro apellido, el nombre de la gran familia a la que uno pertenecía, los *cornelii* en el caso de la familia de Publio Cornelio Escipión Africano. Y, finalmente, encontramos el *cognomen*, que designaba el nombre de la rama familiar, si es que tu familia era lo suficientemente amplia e importante como para tener ramificaciones. Por supuesto, todo esto podía aplicarse solo a los hombres; las mujeres, con suerte, tenían *nomen* y *cognomen*, lo que denota el marcado carácter masculino que, en buena medida y con algunas excepciones, tuvo siempre la vida pública romana.

Y todo esto era necesario para explicarte que Cayo Julio César fue el primer emperador de Roma a partir del año 27 a. C. Pero, si hemos empezado diciendo que César había muerto asesinado antes, ¿quién es este buen señor? Pues ni más ni menos que el emperador Augusto. Alguien que, a lo largo de toda su vida, cambió su nombre unas cuantas veces. A saber: nació como Cayo Octavio Turino, pero tras el asesinato de César se descubrió en su testamento que este le había adoptado. Octavio no se cortó un pelo y se cambió el nombre por el de Cayo Julio César. A partir de ese momento, tanto sus enemigos como los historiadores le llamamos Octaviano, hijo de Octavio, un nombre que él odiaba porque le recordaba su verdadero origen. Finalmente terminó por

---

[1] No se trata de una errata. Efectivamente el nombre *Gaius* se abreviaba en latín con la letra C porque la grafía G no se inventó hasta el siglo III a. C., mucho después que el nombre. Aunque la pronunciación de la *g* ya existía, en su formato escrito también era C, por lo que ya no se cambió tras el pequeño añadido gráfico que terminó siendo la letra G.

cambiarlo unas cuantas veces más: a *Imperator Caesar Divi Filius* —emperador César, hijo del Divino[2]— y, finalmente, a *Imperator Caesar Augustus*.

Este fue el nombre definitivo del primer emperador de Roma. Así podemos decir que el soberano antes conocido como Julio César fue emperador romano. Pero, claro, no es el mismo Julio César.

Pero en esta historia no todo se decidió con la llegada de Augusto. Piensa que el nuevo principado era todavía muy joven y los primeros emperadores fueron experimentando con diferentes formas de ejercer su poder y de adquirir sus títulos dentro de la farsa republicana. Habría que esperar hasta el año 69, cuando volvió a estallar un gran conflicto militar interno en Roma, para que se consolidara definitivamente, y de manera oficial, el poder del emperador. Con la guerra civil recién sofocada, el 22 de diciembre de ese año —conocido como «el de los cuatro emperadores»— el Senado promulgó un decreto en el que por primera vez se confería el poder absoluto al emperador por parte del Estado[3].

Vespasiano adquiría así la titulatura completa como emperador de Roma, tomando los nombres de César y de Augusto y sumándoles el *imperium maius*, el poder militar supremo y perpetuo sobre todos los ejércitos. Por primera vez y para siempre se fijaba el nombre oficial del soberano de Roma: *Imperator Caesar Vespasianus Augustus*. En el nuevo nombre se sumaban así el título del máximo poder militar —el de *Imperator*— con el político y religioso —representados por el nombre de Augusto, el venerable, el elegido de los dioses— al de los dos Césares, padre e hijo adoptivo, que habían dado origen al nuevo Imperio romano.

---

[2] «El Divino», por supuesto, es César —el otro César, el del Rubicón—, de quien tendremos tiempo de hablar más adelante en un relato relacionado con el paso de un cometa intergaláctico.

[3] La llamada *Lex de Imperio Vespasiani* fue hallada en 1347 en la basílica de San Juan de Letrán y posteriormente trasladada a los Museos Capitolinos, donde puede admirarse en la actualidad. Es el único documento conservado que confiere el poder a un emperador romano.

Y AHORA, UNA DE ESPÍAS

Los romanos se preocupaban mucho, al menos en apariencia, de que cualquier contienda militar en la que se embarcaran estuviera dentro de lo que ellos denominaban *bellum iustum*, la guerra justa. Incluso contaban con un colegio sacerdotal, el de los feciales, que decretaba en qué casos era justo atacar a un enemigo que no había querido establecer un tratado con Roma. Por supuesto, esto solo fue algo real durante los tiempos más arcaicos del mundo romano. En adelante, y aunque durante buena parte del Imperio los rituales sagrados de declaración de guerra se mantuvieron muy presentes, la guerra romana obedeció a los intereses primero del Senado y más tarde del emperador.

Así que, si la teoría decía que el poder de Roma venía de los dioses, pero en la práctica era la voluntad del emperador la que finalmente se cumplía[1], ¿qué impedía a los romanos usar tácticas poco ortodoxas en la guerra? ¿Existió una agencia de inteligencia militar imperial? Vamos a adentrarnos en el mundo de los espías de la antigua Roma.

Tengo que decir que, oficialmente, no existía un cargo de espía en el ejército romano, aunque imagino que si algo debe caracterizar a un «agente de inteligencia» es precisamente que nadie sepa de su existencia. Y eso es algo que ya aplicaban en la antigüedad. Conocemos casos como el de los *speculatores*. A primera vista observadores internos de las legiones, aunque también desempeñaban funciones de comunicación y, estando cercanos a los altos mandos militares, ejercían igualmente de protectores personales de estos y hasta del emperador cuando la situación lo requería. Llámales guardaespaldas si quieres.

---

[1] Por supuesto, ellos pensaban que la voluntad del emperador no era otra que la del propio Júpiter, que le daba su legitimidad. Así conseguían justificar que una conquista comandada por Roma siempre estuviera bajo el auspicio de los dioses.

Así, estos personajes que conocían de cerca los entresijos de la legión, terminaron convirtiéndose en un grupo ampliamente desarrollado ya durante los últimos siglos de la República. Llegaron a realizar funciones de policía secreta dentro del ejército, arrestando, e incluso torturando, a aquellos que no se amoldaran a lo que se esperaba de un soldado romano.

Por otra parte, también existía el cuerpo de los *beneficiarii*, que servían como policía militar especialmente en las provincias, a las órdenes del gobernador, aunque también eran asignados de forma interna en las legiones. Estos personajes que, en muchos casos, compartían funciones con los anteriores por la amplia variedad de tareas que llegaban a cubrir, también ejercían como escoltas, especialmente de militares destacados y de gobernadores de provincia. Aun así, también podríamos encontrarlos desarrollando labores de control en las fronteras del Imperio, sobre todo en el ámbito comercial.

Asociados a estos dos grupos también existían los *exploratores*, soldados de avanzadilla de gran habilidad táctica destinados a reconocer el terreno del enemigo y su posición, para evitar posibles emboscadas a un ejército en marcha o para desarrollar un plan táctico previo a una batalla.

Pero las funciones policiales de estos grupos de soldados terminaron por recaer en los que, unánimemente, son considerados como los verdaderos agentes secretos de la antigua Roma: los *frumentarii*. A simple vista, los *frumentarii* se encargaban —como indica el término que los designaba, derivado de *frumentum*, 'grano'— de asegurar el abastecimiento de cereal destinado al ejército romano. Una labor fundamental para evitar posibles insurrecciones entre la soldadesca descontenta. Bastante mal vivía un soldado raso como para tener que preocuparse además de si comería algo durante todo el día.

Y, sin embargo, los *frumentarii*, bajo la fachada de esa importante función, llegaron a ser mucho más. Especialmente a partir del siglo I ejercieron como verdaderos agentes especiales para los altos mandos imperiales. Se dedicaban a llevar mensajes importantes a personajes destacados a cualquier parte del Imperio; una labor de gran trascendencia que podía llegar a ser muy tentadora. Al fin y al cabo, algunas de las comunicaciones más importantes del Imperio pasaban por sus manos.

Como puedes estar imaginando, sabemos que en algunos casos los mensajes que estos individuos transportaban, en particular si no se contaba con un agente de total confianza, tenían que enviarse cifrados.

Suetonio nos cuenta cómo César o Augusto, cuando querían transmitir algún mensaje confidencial, lo cifraban con un código alfabético en el que cada letra era sustituida por otra del alfabeto en sucesión lineal. Así, solo quien tuviera la clave de cifrado, conociendo la correspondencia de las letras, podía leer el mensaje. Este tipo de cifrado es muy sencillo de desencriptar en la actualidad, pero era bastante efectivo en esa época. Fíjate en este ejemplo, en el que se emplea el sistema que posiblemente usó César, sustituyendo la A por la D y así sucesivamente.

ABCDEFGHIKLMNOPQRSTVXYZ	➤	IACTA ALEA EST
⇩		⇩
DEFGHIKLMNOPQRSTVXYZABC	➤	MDFYD DOHD HXY

También era común emplear una ingeniosa forma de cifrado llegada del mundo griego y conocida como escítala. El procedimiento de cifrado, transmitido por el historiador grecorromano Plutarco, consistía en enrollar una cinta de cuero alrededor de un bastón o cilindro de un diámetro conocido. Al desenrollar la tira, quedaría únicamente una larga lista de letras que solo volverían a componer el mensaje oculto si el receptor tenía otro bastón del mismo diámetro que el emisor. No obstante, más que un método de cifrado, es posible que fuera una especie de firma de seguridad, sabiendo que un mensaje solo podía ser auténtico si cuadraba con el diámetro de la escítala apropiado. Así un enemigo no podría introducir mensajes falsos en la correspondencia.

Escribir un mensaje en una tira de cuero también era muy útil a la hora de esconderlo si el agente era sorprendido de camino a su entrega. Por ese motivo, los mensajeros solían tener muchos recursos a su disposición para ocultar las misivas, escribiéndolas no solo en cuero, sino también en láminas de metal, como plomo o incluso plata, que después se enrollaban formando parte de un collar, de un anillo o de unos pendientes para pasar inadvertidas. También se cosían trozos de papiro en el forro de alguna prenda de ropa como la *paenula*, o capa de viaje, o se escribían en hojas o en vendas que simulaban cubrir una herida. Pero, sin duda, el método más rebuscado que nos ha llegado del mundo antiguo tiene que ser el que describe Eneas el Táctico en su tratado *Cómo sobrevivir bajo asedio.* Aunque solo podemos asegurar que se usara una única vez, sabemos que el mensaje era indetectable. Según cuenta, tras afeitarle la cabeza a un esclavo, se le tatuó el texto directamente sobre el cuero cabelludo rasurado; después, solo hubo que esperar a que le volviera a crecer el pelo y así se pudo enviar la información de manera segura. ¡Ya tenía que ser importante lo que se quería transmitir!

Y aunque podríamos pensar que, al fin y al cabo, un esclavo no era más que una pertenencia que carecía de importancia, en este caso debía emplearse uno de plena confianza, puesto que podría revelar en cualquier momento dónde estaba oculto el mensaje. Precisamente la confianza y la lealtad eran rasgos fundamentales entre los *frumentarii*, solo había que averiguar a quién eran leales.

En la mayoría de los casos, estos soldados terminaban convirtiéndose en espías para el emperador que, de ese modo, podía estar al tanto de posibles conspiraciones contra su persona. Y no solo eso, sino que tenemos testimonios de que, en ocasiones, remataron el trabajo liquidando directamente a los conspiradores con un puñal por la espalda. La biografía de Adriano, no obstante, nos confirma que usaba los servicios de sus espías personales para enterarse antes que nadie de los chismes y cotilleos de toda la aristocracia romana.

Pero la labor de estos espías romanos podía llegar mucho más allá. A través de algunas fuentes, como los discursos del estoico Epicteto, recogidos por su discípulo Flavio Arriano, descubrimos que se ocultaban entre la población como verdaderos policías de incógnito para intentar sonsacar información a la gente. Cuídate de aquellos que te cuentan muchos secretos y te hacen sentir obligado a revelarles alguno de los tuyos, nos dice.

> Uno de estos soldados se sienta a tu lado, vestido de civil, y comienza a hablar mal del emperador. Entonces tú, como si te hubiera prometido lealtad, también dices lo que piensas mientras él sigue hablando; y así te llevan encadenado a la ejecución.

Pero nada dura eternamente. Con el paso de los siglos, el consolidado sistema de los *frumentarii* empezó a decaer en favor de otro grupo que surgió bajo el mandato del emperador Diocleciano: los *agentes in rebus*. Cuando entraban a formar parte del cuerpo, su labor era la de ejercer como mensajeros postales, de una forma muy similar precisamente a la de sus antecesores. Solo después de haber transportado una buena cantidad de correo imperial, y de haber demostrado su implicación con el puesto, pasaban a tener una función de inspección, en la que eran conocidos como los *curiosi*.

Primero supervisaban el sistema postal, pero el grado más elevado de su carrera les permitía acceder a un puesto muy jugoso. Se trataba de una posición desde la que vigilaban verdaderamente toda la estructura organizativa de la Administración y del sistema judicial del Estado romano. Esto les confería no poco poder, y con el poder suele llegar también la corrupción. Los *agentes* se podían convertir en agentes dobles, jugando a varias bandas con información privilegiada que podía aupar o hacer caer a muchos magistrados y otros funcionarios estatales. Se nos cuenta que, especialmente a lo largo del siglo IV, algunos de ellos ejercieron un importante poder coercitivo, lo que les dio muy mala fama en su época y a través de los siglos. Aun así, todo esto solo lo podemos saber a través de algunos casos aislados citados en unas pocas fuentes, por lo que en la actualidad se tiende a minimizar este papel tan dañino. Seguramente la mayoría eran honrados funcionarios que velaban por el correcto funcionamiento de los organismos del Estado.

Si esto fue realmente así o no en todos los casos, no podemos saberlo —al menos por el momento—. Ya sabes que en el mundo de los espías las certezas siempre son pocas y muchas veces se exagera más de lo oportuno. Al fin y al cabo, el mejor espía es aquel del que no conocemos absolutamente nada.

LA VOLUNTAD DE LOS POLLOS

En la guerra, como en todos los aspectos de la vida, los romanos eran conscientes de que su superioridad estaba garantizada por la voluntad de los dioses que les protegían. Con ellos de su parte no podía existir la derrota. Y, sin embargo, hubo ocasiones en las que la derrota llegó. De ocurrir algo así, necesariamente debía buscarse una explicación divina. Los romanos eran especialistas en revisar sus propios recuerdos y archivos hasta encontrar cualquier suceso precedente que pudiera explicar *a posteriori* lo que había acontecido. ¿En qué momento los dioses se habían enfadado y les habían castigado? ¿Qué habían hecho mal? Algunas veces las explicaciones podían llegar a ser muy enrevesadas o complejas para que todo encajara como esperaban. En otras ocasiones, como la que estás a punto de descubrir, el enfado divino estaba más que justificado por algún acto de tremenda impiedad.

Nos situamos en el año 249 a. C., en plena campaña para tratar de vencer a la única potencia militar que podía compararse en ese momento con Roma: Cartago. La Primera Guerra Púnica, en la que se enmarca esta historia, fue solo el inicio del conflicto más importante de la antigüedad por el control del Mediterráneo. Roma, por aquel entonces, estaba empezando a convertirse en una verdadera potencia marítima y había construido una importante flota de más de cien naves para hacer frente a los cartagineses en Sicilia. En efecto, con las mejoras hechas a sus barcos, algunas incluso copiadas directamente de los restos de naves púnicas que habían podido estudiar, se creó una flota muy solvente que ya estaba cosechando victorias en los años inmediatamente anteriores.

Especial importancia tuvo la introducción del cuervo, un largo puente levadizo de madera que contaba con una gran punta metálica en su extremo. Cuando el barco enemigo estaba a corta distancia en paralelo, se dejaba caer el puente desde uno de los laterales para que la punta se clavara en la cubierta de madera. Así se conseguía de forma efectiva unir ambas embarcaciones y abordar la nave contraria para poder establecer una lucha cuerpo a cuerpo como si estuvieran en tierra.

En esas condiciones, el cónsul Publio Claudio Pulcro condujo a la flota romana hacia el puerto de la ciudad de Drépano, en la zona oeste de Sicilia, cuyo control estaba en juego. Era frecuente que antes de llevar a cabo una acción militar importante como aquella se consultara de forma preventiva la voluntad de los dioses para asegurarse de que no había sucedido nada que hubiera importunado a los dioses. Justo hasta ese momento nada hacía sospechar que algo les hubiera molestado de ninguna manera.

En el mundo romano existían diversas formas de consultar la voluntad divina. Los encargados de hacerlo eran los llamados augures, sacerdotes que entraban en contacto directo con las divinidades buscando sus respuestas en acontecimientos naturales. La forma más tradicional requería observar el vuelo y el canto de los pájaros, los llamados auspicios, de *avis* —ave— y *spicare* —observar—. Aunque existían otras formas de respuesta, como los rayos y hasta los brillos que producían los filos de las espadas, la observación de los pájaros siempre fue la forma preferida por los romanos para leer las respuestas divinas. Al fin y al cabo, al volar, estos animales eran los que más cerca estaban del cielo donde habitaban los dioses.

Aun así, la tradición religiosa requería de un ceremonial complejo y meticuloso para que la respuesta augural fuera apropiada. No me negarás que eran verdaderos expertos en buscar excusas por si algo no salía como debía. «Vaya, se ha incumplido un pequeño detalle del ritual y por eso no hemos obtenido respuesta divina hoy. Volvamos a intentarlo mañana».

Precisamente esto, la cantidad de veces que los dioses no daban su respuesta o esta no era clara, llevaron a los romanos a modificar los rituales para que fueran más rápidos y sencillos. Piensa que las consultas no solo se realizaban antes de una batalla, sino como rito previo en prácticamente cualquier acto público importante. Así surgieron los auspicios *ex tripudiis*. Este tipo de ritual tenía una preparación extremadamente sencilla. Ya no era necesario que el augur se levantara antes del amanecer para llevar a cabo sus observaciones en el momento preciso. Ni siquiera hacía falta esperar a que los pájaros volaran por el cielo para observar en qué dirección lo hacían. Los auspicios se reducían a observar a un par de pollos enjaulados.

Tal y como lo lees. Los auspicios, con el paso de los siglos de la República, terminaron rebajándose a poco más que una pantomima si los comparamos con los antiguos rituales augurales. El nuevo y popular ritual consistía en liberar a los pollos frente a un poco de comida. Si comían significaba que Júpiter daba su consentimiento para la acción que estaban a punto de llevar a cabo. Y lo contrario si no se mostraban interesados en comer.

Imagino que se te ha pasado por la cabeza que la respuesta divina se podía amañar de forma muy sencilla. Si se requería una respuesta positiva se dejaba a esos pobres pollos sin comer unos días y si se deseaba lo contrario se les cebaba. Y así, los magistrados controlaban a su completa discreción la voluntad de los dioses. Eran plenamente conscientes de que, de esa manera, se forzaba la voluntad divina. O eso creían ellos.

La mañana en que Publio Claudio Pulcro se disponía a conducir la flota romana hacia la batalla se procedió a consultar a los pollos. Lo hicieron ya en el propio barco, equipados y dispuestos para el combate porque las condiciones eran muy favorables, o eso pensaba el cónsul. Pero, ya fuera porque los dioses se habían hartado de que les tomaran por tontos o porque los pollos estaban mareados por el movimiento del barco, aquel día no probaron la comida. Ni siquiera se acercaron a ella. Júpiter avisaba con total claridad que ese no era el día apropiado para la batalla. Pero, ¿sabrían unos pollos lo que era mejor para los romanos más que el propio cónsul? Tan convencido estaba Publio de que aquello no era más que una mera formalidad que, en un arrebato de ira, cogió a los pollos y los lanzó directamente por la borda al mar. «Ya que no quieren comer, tal vez prefieran beber», dijo. Y puso rumbo a la batalla.

Pero resulta que los pollos dieron en el clavo. Drépano fue una de las peores derrotas que había sufrido Roma hasta entonces. Buena parte de la flota fue completamente destruida, quedando solo unos treinta barcos romanos tras el combate. Tendrían que pasar casi diez años para reconstruir una flota que les permitiera alcanzar la victoria definitiva en la Primera Guerra Púnica en el año 241 a. C. En cuanto a Pulcro, fue juzgado en Roma, pero no sabemos bien cómo acabó aquello. Unos señalan que fue condenado al exilio, aunque otras fuentes dicen que durante el proceso judicial comenzó a llover de forma copiosa, algo que fue tomado —también— como una obstrucción divina al mismo, por lo que finalmente tal vez no fuera condenado.

De lo que sí podemos estar seguros es de que los dioses, de vez en cuando, recordaban a los romanos a través de episodios como este que, en un juego de poder, uno puede tener suerte varias veces, pero llegará el momento en que tendrá que pagar por su descaro. ¡Hágase la voluntad de los pollos!

LAS ABEJAS DE ESCIPIÓN

Siempre se dice que en la guerra nunca hay que menospreciar al enemigo, por débil o pequeño que parezca, porque los peligros pueden llegar cuando menos te lo esperas. Precisamente en el año 218 a. C. Roma tuvo que enfrentarse a uno totalmente inesperado, uno contra el que no tenía ninguna posibilidad. Esta es la historia del día en que Roma fue derrotada por las abejas.

En aquel momento, los romanos estaban pasando una de las peores situaciones que habían vivido hasta entonces. En lo que se conoce como la Segunda Guerra Púnica se enfrentaba a los cartagineses que, con Aníbal a la cabeza, amenazaban con llegar hasta el corazón del *Imperium*. El encargado de tratar de detener el avance cartaginés fue el cónsul Publio Cornelio Escipión. Era el padre de quien la historia conocería unos años más tarde como Escipión el Africano, uno de los generales más importantes de la historia de Roma y el hombre que conseguiría derrotar definitivamente a Aníbal en la batalla de Zama. Escipión hijo contaba ya con unos diecisiete años y comenzaba la carrera militar junto a su padre.

El cónsul se había visto obligado a reunir apresuradamente un ejército de romanos bajo su mando para hacer frente al invasor púnico en el norte de la península itálica. Escipión ordenó acampar para establecerse y planificar cómo iba a desarrollarse aquel combate junto al río Tesino. La mañana del día siguiente, 1 de diciembre, era la que el destino había marcado para la batalla. Todo estaba previsto, pero poco antes de que Escipión lanzara a sus tropas de caballería contra el enemigo se descubrió que, en el árbol bajo el que se había situado la tienda del cónsul, había un enorme enjambre de abejas. El desastre estaba anunciado y los dioses, incluso antes del primer ataque, ya habían decidido cuál sería el resultado del enfrentamiento.

Los romanos confiaban mucho en las señales que los dioses les enviaban a través de sucesos naturales, los llamados *prodigia*[1]. Aun así, la aparición de abejas era comúnmente considerada como algo positivo. Como nos recuerda Plinio el Viejo en su *Historia natural*, las abejas son los únicos insectos nacidos en puro interés de los humanos. Gracias a ellas los romanos podían consumir la miel, uno de los principales alimentos dulces de su dieta. Precisamente por eso le dedicaban ofrendas a la diosa Melona, que protegía a las abejas y, en especial, la producción de miel. Pero no solo se usaba para endulzar muchos platos de la gastronomía romana, sino que también era empleada como conservante de alimentos, en cosmética, como remedio médico y, por supuesto, para producir uno de los vinos más famosos de la antigua Roma, el *mulsum*. Era un vino dulce que se fabricaba añadiendo miel durante la fermentación del mosto y cuyo sabor era muy suave y, por ello, peligroso si no se tomaba con moderación: *¡cave mulsum!* —¡cuidado con el *mulsum*!—. Sabemos que el emperador Augusto un día, estando invitado en casa de un tal Romilio Polión, le preguntó a aquel hombre cuál era su secreto, pues se decía que tenía más de cien años. Polión le respondió que para mantener la mente y el cuerpo con vigor solo era necesario aceite por fuera y *mulsum* por dentro.

Pero las abejas no solo eran apreciadas por su miel, y por todas las alegrías que esta les daba a los romanos, sino también por su férrea jerarquía social, por su implacable sentido del deber y del sacrificio por el bien de la comunidad —clavando su aguijón y muriendo después para tratar de salvar a las demás—. Ver abejas en el campo era sinónimo de prosperidad, riqueza y ambiente natural en paz con los dioses.

Sin embargo, había excepciones. Cuando se avistaba un enjambre de abejas sobrevolando una ciudad, o si se las veía justo antes de algún acontecimiento público, eran tomadas como un mal presagio. Se pensaba que, con esa disciplina militar que las caracterizaba, representaban al ejército enemigo venciendo sobre los romanos. Y cuando los soldados de Escipión las vieron justo sobre la tienda de su general, se

---

[1] Nosotros les llamaríamos supersticiosos, aunque el significado de ese concepto para ellos tendría unas connotaciones totalmente diferentes. Una persona supersticiosa en el mundo romano, generalmente, era aquella que veneraba a los dioses de forma desmedida o con miedo. Fueron los cristianos quienes, posteriormente, modificaron el significado de este concepto, que pasó a englobar cualquier práctica relacionada con los dioses tradicionales de Roma. Para ellos, toda veneración ajena al dios cristiano era desmedida y, por tanto, supersticiosa.

temieron lo peor. Un enemigo tan pequeño y a la vez tan poderoso que, sin siquiera atacarles, había pronosticado la derrota de Roma contra los cartagineses.

Y así sucedió. Las tropas de Aníbal consiguieron sorprender en el combate a los romanos, venciéndoles en la batalla y obligándoles a retirarse. De hecho, el propio cónsul fue herido en combate y a punto estuvo de perder la vida, de no ser por la heroica intervención de uno de sus hombres que le salvó de una muerte cierta. La tradición posterior se aseguró de que aquel honor se le atribuyera a Escipión hijo, el futuro Africano, para acrecentar su gloria ya en la juventud. Sin embargo, lo más probable, como mencionan otras fuentes, es que fuera un esclavo ligur quien realmente salvó al general. No queda tan épico, pero sí menos exagerado y cercano a la cruda realidad.

Aquel día Roma se vio obligada a huir; a retroceder ante el enemigo. Y aunque el autor material de aquella derrota fue el ejército cartaginés, el verdadero ejecutor —como los propios romanos pensaron y dejaron escrito con posterioridad— había sido un simple enjambre de abejas.

EL RÍO QUE CAMBIÓ EL MUNDO

El 28 de octubre del año 312 el río Tíber cambió el mundo para siempre. Ese día en sus aguas murió un emperador de Roma y sobre ellas caminó el nuevo soberano con paso firme y rumbo claro. Esta es una historia de poder, lucha por la legitimidad y religiosidad en la que nada es lo que parece y sin la que, tal vez, el mundo sería completamente diferente.

En un lado de la balanza tenemos a Constantino, conocido por la tradición cristiana como el Grande, hijo de Constancio Cloro, uno de los cuatro miembros originales de la tetrarquía[1]. En el otro está Majencio, hijo de otro de los cuatro tetrarcas, Maximiano, apodado Hercúleo. De hecho, este último había ostentado el cargo de augusto, mientras que Constancio Cloro había sido su césar, subiendo después a la posición superior tras la abdicación de Maximiano.

El sistema tetrárquico pretendía eliminar la corrupción dinástica o la compra del trono imperial —algo que había ocurrido en numerosas ocasiones durante el convulso siglo III—, generando un sistema de gobierno meritocrático en el que solo los más aptos llegaran al poder. Maximiano y Diocleciano, de hecho, pusieron a prueba el sistema abdicando de sus cargos en el año 305. Fue la primera vez que un soberano de Roma abandonó su cargo de forma voluntaria.

Al abdicar conjuntamente los emperadores, sus segundos en Oriente y Occidente pasaron al más alto rango, nombrando a su vez, nuevos

---

[1] A finales del siglo III, con la creación del sistema de la tetrarquía (literalmente 'el poder de cuatro'), el Imperio romano pasó a tener dos emperadores, cada uno con el cargo y título de «augusto». Uno de ellos controlaba las provincias de Occidente y el otro las de Oriente con la ayuda de sus segundos, que a su vez ostentaban el cargo y título de «césar». Una vez más, vemos los nombres de César y Augusto empleados como sinónimo del máximo poder imperial de Roma.

césares. El sistema parecía ir bien, pero tanto Majencio como Constantino no estaban precisamente conformes con todo aquello. El primero, tras la abdicación de su padre del cargo de augusto, ansiaba ese mismo puesto y el segundo, por su parte, aspiraba a lo mismo. Piensa que para ellos el Imperio llevaba mucho tiempo siendo un sistema de poder hereditario y dinástico, por lo que no podía gustarles demasiado que, justo cuando a ellos les llegaba la oportunidad de tomar el control, hubieran cambiado las reglas del juego.

Tan solo un año después, tras la muerte de Constancio Cloro, tanto Constantino como Majencio ya habían proclamado su poder imperial. El sistema de la tetrarquía tenía los días contados bajo el peso de dos hombres que no se detendrían ante nada para conseguir lo que pensaban que era suyo por derecho.

Con Maximiano retirado y Constancio Cloro bajo tierra, los ánimos estaban caldeados en el Imperio. En los años que siguieron comenzó una tremenda pugna en la que llegó a haber hasta siete emperadores diferentes tratando de conseguir la victoria para sí mismos sobre el resto de contendientes. El resultado final, por si te lo estabas preguntando, tendría lugar unos cuantos años más tarde con la consecución del poder imperial absoluto por parte de uno de ellos y la aniquilación definitiva de los demás. Pero no nos adelantemos, ya habrá tiempo de llegar a ese punto.

Mientras tanto vamos a quedarnos junto al Tíber en octubre del año 312, porque allí es donde la situación estaba a punto de dar un importante vuelco. En aquel momento Constantino, que había avanzado desde Britannia reclamando territorios y lealtad a su paso, se acercaba a Roma. Pero Majencio se había hecho fuerte en la ciudad.

A su favor tenía los grandes muros aurelianos, una sólida e imponente muralla de ladrillo construida hacia el año 275 por el emperador Aureliano, uno de los más importantes del siglo III. Para resistir, a Majencio probablemente le habría bastado con mantenerse dentro de la ciudad con las puertas cerradas. Pero este emperador, piadoso y seguro de que la suya era una guerra justa, decidió consultar la voluntad de los dioses antes de plantar cara a Constantino. Para ello recurrió a la sabiduría de los libros sibilinos, unos textos oraculares escritos por la Sibila de Cumas por dictado del mismísimo dios Apolo. En ellos se podían buscar de forma aleatoria respuestas a las más variadas preguntas. Los sacerdotes interpretaron el secreto oráculo de la Sibila —pues solo ellos podían conocer el texto elegido— y concluyeron que en el enfrentamiento perecería «el enemigo de los romanos». Confiando en la respuesta, Majencio decidió entonces abrir las puertas de la ciudad y presentar batalla.

Hasta qué punto esta última parte es cierta, y no leyenda, no podemos saberlo, aunque la ficción novelesca que rodea a la batalla que estamos a punto de vivir es realmente espectacular. Majencio mandó reconstruir de forma temporal con madera el puente Milvio sobre el río Tíber, que él mismo antes había ordenado destruir para dificultar la llegada de su enemigo hasta Roma. Aquel error le costaría la vida.

Pero hablemos del oponente que llegaba a Roma con el ejército que había sido leal a su padre y que, tras su muerte, le obedecía a él. Constantino es el hombre a quien la historia hizo protagonista principal de la batalla que estaba a punto de tener lugar sobre el puente Milvio. Y todo porque, según la tradición, aquel día tuvo un aliado fundamental: el dios cristiano estaba de su parte.

En el mundo romano era algo común que el general tuviera un sueño revelador la noche antes de la batalla. El contenido del sueño era desvelado antes del combate a sus tropas en una gran arenga militar. Desde Escipión el Africano hasta Agripa lo habían tenido, ¿cómo no iba a tenerlo Constantino? Lo que sucedió entonces nos lo transmiten dos fuentes cristianas: Lactancio y Eusebio de Cesarea. La primera, más cercana en el tiempo a la batalla, más comedida; la segunda bastante exagerada y novelesca.

Lactancio, en su obra *Sobre la muerte de los perseguidores*, cuenta que a Constantino se le advirtió en su sueño que entablase combate colocando en los escudos de sus soldados la letra X girada con su extremidad superior curvada. Así contaría con el signo vencedor de Cristo. En este momento, si conoces un poco esta historia, quizá estés pensando en el mal llamado crismón (☧), el signo formado por las letras Chi (X) y Ro (P), las dos primeras del nombre de Cristo en griego. Sin embargo, Lactancio se refiere a un signo totalmente diferente: el llamado *staurograma* (⳨). Este concepto surge de la palabra griega *staurós*, que significa 'cruz'. El signo de Cristo era, literalmente, la crucifixión.

La historia que cuenta Eusebio en su *Vida de Constantino*, escrita mucho tiempo después, es bastante más exagerada. Según este relato, no solo Constantino, sino todos sus soldados, vieron claramente a plena luz del día el signo de la cruz en el cielo y las palabras griegas *en touto nika*. Más tarde traducida al latín como *in hoc signo victor eris*, pasando a la tradición como *in hoc signo vinces*, que significa literalmente «con este signo [la cruz] vencerás».

A través de los siglos han sido muchos los que han intentado dar una explicación a esta descripción, tratándola como un suceso verídico. Hay quien ha querido incluso buscar fenómenos solares poco frecuentes como el parhelio[2] para explicar el suceso. No obstante, explicaciones muy enrevesadas y que obvian buena parte de las evidencias centrándose solo en un único elemento aislado no suelen ser apropiadas. Por ello, en la actualidad, el consenso de los investigadores es bastante diferente.

Eusebio nos dice que Constantino le había contado la historia en confidencia, cuando se suponía que era algo sobradamente conocido puesto que lo vieron todos sus soldados. Este biógrafo también olvida que, en una obra suya anterior, la *Historia eclesiástica*, ya había relatado la misma batalla, pero en aquel momento no parecía saber nada del prodigioso acontecimiento que contó después. Finalmente, el hecho de que no exista ninguna otra fuente ni representaciones iconográficas coetáneas que muestren ninguna de estas ideas nos lleva a pensar que lo más probable es que estemos ante una narración inventada con posterioridad a los hechos. Ni siquiera en los detalles de la decoración del famoso arco de Constantino, construido para conmemorar precisamente su victoria en la batalla de Puente Milvio, podemos ver ningún símbolo cristiano. Pero, entonces, ¿se inventó Eusebio esta historia?

Lo más probable es que no. Debió de ser el propio Constantino quien, muchos años después, recompuso el relato para que cuadrara con sus nuevas creencias. Es más que probable que, antes de la batalla, Constantino se encomendara a alguna divinidad. Ya lo había hecho dos años antes, en el 310, cuando sabemos —gracias a los *Panegíricos latinos*— que su protector fue Apolo victorioso.

A pesar de que la simpatía de Constantino por el cristianismo se fue desarrollando a lo largo de la siguiente década, su cristianización definitiva no se consolidaría hasta el año 324, cuando finalmente derrotó a su cuñado, el emperador Licinio, y se hizo con el control absoluto de todo el Imperio[3].

---

2 El parhelio es un fenómeno óptico que se produce por la reflexión de la luz del sol a través de una gran concentración de partículas de hielo suspendidas en el aire.

3 ¡Vaya!, ya te he contado cómo acabará esta historia, pero supongo que te lo figurabas. Aun así, hay algunos detalles muy interesantes al respecto que tendremos tiempo de descubrir más adelante.

Una de las cuatro esferas que simbolizaban el poder imperial del emperador Majencio halladas en 2005 en la ladera este del Palatino, junto a los restos de otras insignias. Esta es de vidrio, de color verde oscuro; había otras dos de color dorado, también de vidrio, y una más de calcedonia azul. Se exhibe montada entre los pétalos de hierro de un cetro encontrado en el mismo ocultamiento. Museo Nacional Romano, Palazzo Massimo alle Terme, Roma (© Archivo fotográfico del autor).

Lo que sí sabemos con seguridad es lo que ocurrió durante la batalla. Las tropas de Majencio, a pesar de superar en número a las de Constantino, fueron vencidas. Mientras se batían en retirada a través del puente de madera, construido sobre barcas unidas entre sí, este cedió y muchos soldados perecieron, incluido el emperador Majencio, que se ahogó en el Tíber. Su cuerpo fue recuperado al día siguiente y su cabeza paseada en el desfile triunfal.

Constantino entró como vencedor en Roma y continuó su camino para convertirse, doce años después, en el emperador único de todos los romanos. Terminaría fundando una de las dinastías más importantes del Imperio romano y cambió para siempre la historia del mundo.

Y aquí terminaría esta historia, con un vencedor y un vencido, de no ser por un impresionante hallazgo que se produjo en el año 2005 en la ladera este del monte Palatino. Los arqueólogos no se lo podían creer. Hasta el día de hoy sigue siendo un hallazgo extraordinario, y está totalmente relacionado con la batalla.

Se trata del ocultamiento de un conjunto de *signa* o estandartes y cetros de poder imperiales. De hecho, son los únicos elementos de poder imperial que han llegado hasta nosotros, al menos hasta ahora. Fueron hallados en un estrato en el que había cerámica, vidrio y una moneda de finales del siglo III. Este contexto arqueológico, y la datación de la madera de los estandartes mediante la técnica del carbono 14, indican que se trata de una ocultación de principios del siglo IV.

Por todo esto, y por el lugar en el que fueron enterradas, tras la Curia Veteres, un espacio de culto muy antiguo relacionado con la fundación de la ciudad y con Rómulo, se cree que se trata de las mismísimas insignias de poder del emperador Majencio. O bien él mismo mandó esconderlas de forma preventiva o, recibidas las noticias de la muerte del emperador, algún miembro de la corte, fiel a su *dominus*, las enterró para que el enemigo nunca pudiera llegar a tenerlas. Y, efectivamente, lo consiguieron.

Más allá de este impresionante hallazgo arqueológico, la batalla de Puente Milvio es, sin duda, uno de los episodios más relevantes de la historia de Roma por lo que supondría, en los años posteriores, la llegada del cristianismo al poder. El Imperio y el mundo estaban a punto de cambiar radicalmente, aunque la esencia romana siempre se mantendría.

Pero basta ya de hablar de guerra. Ha llegado la hora de entrar de lleno en otra de esas facetas que hemos heredado de la antigua Roma. Hablemos de locura, traiciones y aristocracia. Hablemos de política romana.

POLÍTICA

¡QUE VIVA HISPANIA!

En su *Historia natural* Plinio el Viejo dejó escrito que el destino de Roma era civilizar al mundo por orden de los dioses. A cambio, estos les habían dado a los romanos una ubicación perfecta, buen clima, tierras fértiles y muchos y caudalosos ríos. Es evidente que la península itálica cumplía perfectamente aquellos requisitos en época romana y lo sigue haciendo en la actualidad. Pero no es menos cierto que había otro lugar que terminó formando parte del Imperio que la igualaba y, en algunos aspectos, la superaba. Un paraíso terrenal que los romanos se apresuraron en anexionarse por las grandes posibilidades que vieron en él. Una tierra rica y próspera que serviría como motor económico, político y social a toda Roma durante varios siglos. Esa tierra era Hispania.

Desde su primer desembarco en la península ibérica, en el año 218 a. C., mientras luchaban contra los cartagineses en la Segunda Guerra Púnica, los romanos vieron en Hispania[1] el lugar perfecto para obtener recursos, establecer nuevas ciudades y, en definitiva, moldear una nueva y fantástica tierra a imagen y semejanza de Roma. En el sur peninsular encontraron primero, y de forma muy especial, los mejores lugares para comenzar un progresivo proceso de intercambio cultural que, solo en algunas ocasiones, necesitó de la fuerza para triunfar.

---

[1] Es interesante resaltar que, cuando hablamos de Hispania, tal y como lo entendían los romanos, nos referimos a un territorio geográfico al que nosotros llamaríamos península ibérica. Si hablamos de las entidades políticas que existían en Hispania, fueron varias y cambiaron con el paso de los siglos. En un primer momento hubo dos provincias, la Ulterior y la Citerior que, más adelante, el emperador Augusto transformó en tres: la Tarraconense, la Bética y la Lusitania. Estas, con algunas modificaciones y añadidos tardíos, fueron las tres grandes provincias que conformaron la división política del territorio geográfico de Hispania.

Aun así, la mal llamada romanización, que culminó oficialmente en el año 19 a. C., no pretendió nunca que los pueblos indígenas adoptaran de forma homogénea unas formas plenamente romanas. Precisamente lo que enriqueció el proceso fue la mezcla cultural de elementos locales y externos que permitieron que surgiera una sociedad con características de diverso origen. Bien es cierto que, especialmente en el sur peninsular, la adopción de la idiosincrasia romana fue rápida y contundente. Allí ya se hablaba latín con fluidez en el siglo I a. C. y las condiciones de vida habían mejorado mucho gracias a la llegada de las innovaciones romanas.

Sin duda, la llamada Hispania Ulterior, que se correspondía con lo que, en buena medida hoy es Andalucía y el sur de Portugal, con su capital en Córduba, era un lugar perfecto para reflejar aquellas palabras de Plinio el Viejo. También el geógrafo Estrabón alabó sus maravillas, presentándola como una tierra maravillosamente bendecida por la naturaleza que no solo producía de todo y en abundancia, sino que su riqueza se veía multiplicada por la facilidad para exportar todos aquellos productos e intercambiarlos gracias a las numerosas naves mercantes que surcaban sus aguas.

El comercio marítimo mediterráneo era fundamental para llevar hasta el puerto de Ostia todas las mercancías que se producían en Hispania en gran cantidad y calidad. Prueba de ello son los varios millones de ánforas que se acumularon entre los siglos I y III junto a los almacenes del puerto fluvial de Roma formando lo que conocemos como el Testaccio, un monte artificial surgido de la acumulación de tal cantidad de ánforas que se convirtió en uno de los basureros más increíbles e inusuales del mundo. Gracias a la investigación sabemos que la gran mayoría de esas ánforas, de cuerpo globular y con una capacidad de setenta litros, contenían aceite de oliva producido en el sur de la península. La que por entonces ya se había transformado en la provincia Bética, la gran productora del oro líquido del que disfrutaban los romanos y que tanto seguimos apreciando nosotros. El aceite de oliva de mejor calidad regaba los platos de los banquetes más opulentos, pero los demás también eran muy apreciados en Roma por sus bondades cosméticas entre quienes hacían deporte en las palestras o quienes se lo aplicaban en las termas. Y, por supuesto, no olvidemos que, gracias a él, también se lograba aportar algo de luz en la oscuridad de la noche, alimentando las llamas de las lucernas de bronce y barro.

Tampoco podemos olvidar a la reina de las salsas, el condimento por excelencia en cualquier plato romano que se preciara: el *garum*. Se trataba de un líquido de color oscuro que se producía especialmente en toda la costa andaluza. Son muy espectaculares las grandes balsas de terracota que todavía se conservan en muchos yacimientos como en la ciudad de Baelo Claudia, situada en el estrecho de Gibraltar. A pie de playa se elaboraba este manjar, que se fabricaba con los mejores pescados azules que abundaban en la zona. Si ya has oído hablar del *garum* en alguna ocasión tal vez ahora mismo tengas una mueca de asco en la cara, pero tengo que decirte que realmente era una auténtica *delicatessen*. Es cierto que se preparaba dejando que los lomos de los pescados, mezclados con sal, hierbas aromáticas mediterráneas y todas sus tripas y deshechos, se pudrieran al sol durante tres semanas dentro de grandes depósitos de terracota al aire libre. Una vez fermentada la mezcla, se removía hasta formar una pasta y finalmente se filtraba con un paño de lino hasta que goteaba un líquido conocido como la flor del *garum* y que se vendía a precio de oro[2]. Este líquido se transportaba en ánforas de pequeño tamaño que llegaban a las mejores mesas. El *garum* se usaba para potenciar el sabor de carnes, pescados, verduras y legumbres hasta tal punto que buena parte de las recetas que conservamos de cocineros como Apicio lo tienen como ingrediente básico para hacer que un buen plato se convierta en excepcional[3].

Pero la producción hispana iba mucho más allá del aceite y el *garum*, y hasta del circuito mediterráneo. Aunque, a veces olvidada, la ruta atlántica que se abría en el norte peninsular tuvo también una gran importancia durante el periodo imperial. Prueba de su prosperidad son las ciudades del Cantábrico que servían como puntos estratégicos de conexión con las vías terrestres. Especialmente importante fue la ciudad de Oiasso, un puerto fundamental en la desembocadura del río Bidasoa cuyos restos hoy se encuentran bajo la guipuzcoana

---

2 Después, como en cualquier producción, se realizaban diversas prensadas que permitían conseguir el *liquamen* y otras *salsamenta* de peor calidad.

3 Hoy en día existen versiones del *garum* creadas de forma experimental siguiendo las técnicas y procedimientos romanos. Yo he podido probarlas y te puedo asegurar que el sabor es impresionante. En mi cocina, desde hace tiempo, nunca falta una pequeña ánfora de *garum* junto al aceite y al vinagre. Mi plato favorito al que añadirlo es un buen estofado de lentejas cuya receta nos llega directa del libro de cocina de Marco Gavio Apicio.

ciudad de Irún, donde, en las últimas décadas, han comenzado a aflorar de forma espectacular.

El interior de Hispania también dio grandes alegrías a los romanos, especialmente en lo que se refiere a la minería. Ya fuera por la plata y el plomo de Sierra Morena, el cobre de Riotinto o el *lapis specularis* de Segóbriga, la riqueza de la tierra hispana era inigualable. Pero lo que contribuyó por encima de todo a las arcas del Imperio fue sin duda el oro que salía cada año por toneladas de las minas de Las Médulas, en León, con un destino claro: el *aerarium publicum*, el tesoro del Estado.

Desde allí se aplicaba para mantener en marcha la costosa maquinaria del Imperio, para expandir sus fronteras o, lo que era más complicado si cabe, mantenerlas a salvo. Precisamente en Hispania nacieron varios emperadores que se ocuparon de lo primero y también de lo segundo y uno que hasta dividió definitivamente el Imperio en dos mitades. Te hablo de personajes que consiguieron llegar a lo más alto del escalafón social en dos momentos muy concretos de la historia romana. Seguro que sus nombres te suenan: Trajano, Adriano y Teodosio.

El primero nos lleva a la segunda mitad del siglo I, concretamente al año 69, cuando se desencadenó una cruenta guerra civil que enfrentó a cuatro aspirantes al trono. Una parte importante de las familias aristocráticas de las provincias hispanas apoyaron a Vespasiano, que terminó alzándose como vencedor. La nueva dinastía Flavia, que él inauguró, se aseguró de que en la península se vivieran décadas de bonanza y grandes avances sociales y políticos. Muchas ciudades mejoraron su estatus y otras tantas vieron cómo prosperaban sus infraestructuras. Además, decenas de senadores fueron escogidos en esos años de entre los personajes más destacados de las provincias de Hispania, siendo especialmente importante un verdadero clan de hombres procedentes de la Bética.

Una de las familias que más prestancia tomó por aquellos años, primero de la mano de Vespasiano, pero en particular gracias a su hijo Domiciano, fue la de Marco Ulpio Trajano, nacido en Itálica —Santiponce, Sevilla—. El último, y siempre vilipendiado, de los emperadores Flavios se había encargado de aupar militar y políticamente al futuro emperador Trajano. Ambos tenían una buena relación e incluso, durante el reinado de Domiciano, Trajano llegó a ostentar el consulado. Tras el asesinato de Domiciano y el corto reinado de Nerva, Trajano llegó al poder con una clara determinación expansionista que colocaría las fronteras del Imperio en su punto de máxima expansión. Un estado al que nunca volverían por su inestabilidad y la falta de recursos para asegurarlas.

Precisamente fue su sobrino Adriano, digno heredero de su tío y también nacido en la ciudad de Itálica quien antepuso el sentido común a la gloria, retrotrayendo aquellas monstruosas e inabarcables fronteras que tanta fama habían dado a Trajano, apodado en vida como *Optimus Princeps*, el mejor de los emperadores.

A este le siguió Antonino Pío y a él Marco Aurelio, también de origen hispano por parte de su abuelo Marco Anio Vero. Todos ellos, relacionados por lazos familiares con Hispania de una u otra manera, formaron una de las dinastías más prosperas que gobernaron Roma y lo hicieron durante el que la historia siempre ha considerado como el periodo más feliz del Imperio[4].

Tras ellos tendrían que pasar dos siglos para volver a ver subir al trono a un emperador legítimo nacido en Hispania. Tan solo uno más de los gobernantes de Roma nació en tierras de la península: Teodosio. Destinado a ser el último emperador que gobernara sobre la totalidad del Imperio, nació en la ciudad de Cauca, en la actual provincia de Segovia. Se convirtió en uno de los personajes más relevantes del siglo IV por gobernar un Imperio que entraba en su fase tardía, por unificar una gran cantidad de poder político en su persona y, especialmente, por oficializar el cristianismo como religión estatal única de Roma.

A la época de Teodosio corresponde un panegírico compuesto por el galo Latinio Pacato Drepanio que resume de manera fantástica todo lo que, para los romanos, suponía Hispania y sus provincias. Creo que no puede haber una manera mejor de cerrar este capítulo que reproduciendo el fragmento en el que este autor se deshace en elogios ante la tierra que vio nacer a Teodosio y a otros personajes tan destacados como Trajano y Adriano y que entregó tantos y tan variados recursos al Imperio:

> Hispania, la tierra más afortunada de entre todas las tierras, que el supremo hacedor de las cosas se ha complacido en embellecer y enriquecer mucho más interesadamente que al resto de pueblos; al no estar

---

4 Aunque durante el siglo II Roma experimentó grandes momentos de prosperidad y paz, también sufrió enormemente por las guerras contra los enemigos externos y, especialmente, contra un enemigo mucho más peligroso: la primera pandemia de la historia, de la que te hablaré más adelante.

expuesta a los calores del sur ni sujeta a los fríos del norte, se ve favorecida por una temperatura intermedia entre ambos extremos; ceñida por los montes Pirineos a un lado, a otro por las olas del Océano y por las costas del mar Tirreno a un tercero. Permanece aislada, como un mundo diferente, merced a la habilidad de una naturaleza sabia. Añade además tantas ciudades distinguidas; añade todos sus campos, cultivados o no, colmados de frutos y rebaños; añade las riquezas de sus ríos portadores de oro; añade sus minas de piedras preciosas. [...] Hispania da a luz a los soldados más aguerridos, a los generales con más experiencia, a los oradores más elocuentes, a los poetas más eximios. Ella es madre de gobernadores y emperadores. Ella proporcionó al Imperio al insigne Trajano y después a Adriano; a ella el Imperio le debe tu persona [Teodosio].

TAN LOCOS NO ESTABAN. EMPERADORES DESPRECIADOS POR LA HISTORIA

En el tiempo que ya hemos pasado juntos descubriendo cómo los romanos cambiaron el mundo para siempre, has podido leer los nombres de varios emperadores[1]: Augusto, Vespasiano, Domiciano, Trajano, Adriano, Constantino, Teodosio... Es bastante probable que te suenen algunos más: Nerón, Calígula, Cómodo... ¿Qué sabes de ellos? ¿A qué los asocias?

La historia, como nosotros ahora, ha sido siempre rápida al juzgar a todas aquellas personas que destacaron por encima de los demás, lo quisieran ellos o no. Si nos ponemos estrictos, desde nuestro punto de vista, todos los hombres que gobernaron el Imperio lo hicieron de forma autoritaria en un sistema que no tiene absolutamente nada que ver con el ideal democrático de hoy en día. Por ello, deberíamos tener una mala opinión general al respecto. Y, sin embargo, a algunos de ellos los consideramos «buenos» y a otros «malos».

Entre tú y yo, todos tenemos una opinión personal que puede coincidir o no con la de los demás. Pero si queremos entender realmente la historia para que sea algo más que una mera historieta de ficción reescrita para complacernos, debemos eliminar los sesgos que nos impiden ver la realidad. Una cosa es decirlo y otra hacerlo, por descontado.

Lo primero y más importante es intentar no dejarse llevar por el presentismo histórico. Un error muy común que nos hace juzgar el pasado con los ojos del presente. Cuando antes te comentaba que nosotros deberíamos tener una mala opinión de los emperadores por su

---

1 Al final del libro puedes encontrar los árboles genealógicos de las grandes familias imperiales romanas.

autoritarismo estaba hablando desde el presentismo. Los dos mil años que nos separan del mundo romano han hecho que nuestra sociedad haya cambiado mucho con respecto a aquella. Precisamente por eso siempre debemos plantearnos qué pensaría una persona de la época ante esa misma situación.

Y aquí me puedes decir algo que es evidente: igual que en la actualidad, habría tantas opiniones como personas. Y tienes toda la razón. Pero debemos ser cuidadosos, porque esta idea, mal trabajada, nos puede llevar al segundo error grave que destruiría las posibilidades de conocer la historia. Podríamos pensar que, como no estuvimos presentes en todos esos momentos de la historia, es imposible conocerlos. Y eso no es cierto. La historia siempre deja marca. A veces es más clara y otras está más difuminada, pero siempre debemos trabajar para ir un poco más allá en lo que podemos descubrir. Las fuentes clásicas, el arte y los restos arqueológicos forman un gran conjunto de evidencias que podemos, y debemos, interpretar si queremos reconstruir el gran puzle que es la historia.

Y así, cuanto más tiempo pasemos investigando, más cerca estaremos de conocer la realidad. Por suerte, nos ha tocado vivir en una época en la que ya tenemos mucho conocimiento general sobre la antigua Roma y tan solo son los detalles los que tenemos que ir puliendo. O eso podría parecer. La verdad es que todavía arrastramos algunos errores de interpretación cometidos por quienes investigaron antes que nosotros. No me entiendas mal; su trabajo fue crucial, fundamental para llegar hasta donde estamos ahora, pero incurrieron en errores que ahora debemos enmendar.

Desde hace siglos, y a partir de los escritos que nos dejaron los propios historiadores romanos, quedó establecido quiénes habían sido los emperadores «buenos» y quiénes los «malos». El altar mayor de la historia romana está presidido por Augusto, el modelo seguido por todos los demás; una figura totalmente idealizada para ocultar sus sombras, que también las tuvo. Junto a él tenemos a Trajano, conocido como el mejor de los emperadores[2]. Completa el conjunto Constantino, insignia de la tolerancia religiosa. Por el contrario, en los infiernos arde el recuerdo de nombres como Nerón, Calígula, Domiciano o Cómodo, a

---

[2] *Sis felicior Augusto, melior Traiano.* 'Que seas más feliz que Augusto y mejor que Trajano', era la fórmula con la que el Senado inauguraba el reinado de cada nuevo emperador que ascendía al trono.

quienes, a veces, también acompañan otros como Tiberio, Claudio o Adriano por motivos diversos.

Esta visión ha calado totalmente en la cultura popular actual gracias al cine y a las novelas, que beben directamente de esta tradición desfasada, arropada siempre por los escritos de Suetonio y Tácito y acompañada por la *Historia de la decadencia y caída del Imperio romano* de Edward Gibbon. Nada más lejos de la realidad. Ni los buenos fueron tan buenos, ni los malos tan malos. Tan solo hay que ir un poco más allá para comprobar desde qué perspectiva estamos mirando la historia, compararla con las demás y así tener una imagen más completa de la realidad.

Especialmente en el caso de aquellos que la historia ha llamado locos, dementes y que incluso ha asimilado con el anticristo, podemos reconocer un patrón muy claro. Personajes como Calígula, Cómodo, Domiciano, Adriano, Tiberio o Nerón comparten determinados rasgos importantes. Algunos, como los dos primeros, contaban con muy poca experiencia o preparación cuando llegaron al trono. Otros, como los dos últimos, tuvieron reinados que fueron de la apatía al total desinterés por el trono. Y en el caso de Domiciano o Adriano, los más interesantes, lo que se observa es que aplicaron políticas que no gustaron en absoluto al Senado.

He aquí la clave. Ese es el punto que los une a todos. Los emperadores que la historia siempre ha considerado «malos» en algún aspecto son aquellos a quienes, por un motivo o por otro, el Senado despreció. Muchos de los nombres anteriores fueron ampliamente aclamados por el pueblo y por el ejército, que representaban el noventa y nueve por cierto de los romanos. Y, sin embargo, tan solo nos hemos quedado con la visión del uno por ciento restante. Quien tiene el poder controla la historia.

Autores como Tácito y Suetonio, senador el primero y afín al Senado el segundo, han sido siempre los más seguidos para reconstruir la historia romana desde la Edad Media. Ya lo eran también en su época, precisamente porque daban la visión que complacía a la aristocracia[3]. Piensa por un momento que dentro de tres mil años solo se conservan,

---

[3] En el siglo II, Luciano de Samósata escribió una pequeña obra titulada *Cómo ha de escribirse la historia* en la que daba su visión, nada positiva, de cómo los historiadores de su tiempo tergiversaban el relato de los hechos para satisfacer sus propios intereses o los de aquellos a quienes servían.

por puro azar, libros y artículos que alaben al partido político que menos te guste. Cambia partido político por personaje público, equipo de fútbol o la categoría que prefieras. Los investigadores del futuro podrían pensar que ese partido, persona o equipo eran maravillosos cuando, quizá, no lo fueron.

Lógicamente, los investigadores futuros se esmerarían en recabar más información para descubrir la verdad y nosotros hacemos lo mismo con la antigua Roma. Otras fuentes revelan muchos datos que nos permiten poner en su lugar de manera más imparcial a todos estos hombres que gobernaron Roma. Algunos como Nerón habrían preferido ser artistas, pero el trono no se lo permitió. Otros como Cómodo aplicaron todas las políticas precedentes, en este caso las de su padre, Marco Aurelio, considerado uno de los mejores emperadores de Roma. Tan solo cambiaron la política expansiva, que complacía al Senado, por una defensiva que permitía contener unas fronteras casi insostenibles que costaban grandes cantidades de dinero y vidas. De hecho, Cómodo siguió también las enseñanzas de otro emperador de su dinastía, Adriano, que había hecho lo mismo con las desmesuradas fronteras de Trajano. Ambos provocaron la misma reacción negativa del Senado, pero Cómodo salió peor parado que Adriano, porque su falta de experiencia hizo que se dejara llevar por su pasión por los combates de gladiadores más que por sus obligaciones como emperador.

Pero seguramente quien se llevó la peor parte fue Domiciano, un hombre culto, educado y gran administrador del Imperio durante quince años a quien la propaganda política del Senado destruyó por los siglos de los siglos. Gracias a las evidencias de otras fuentes alejadas de las tradicionales —y especialmente al análisis de los datos arqueológicos, que, a diferencia de los textos, no pueden mentir— sabemos que fue un gran emperador que supo parar la conquista de la Dacia cuando vio que no era el momento apropiado para expandir las fronteras. Que supo tener las arcas del Estado repletas de oro y que comenzó una gran renovación de la arquitectura pública de Roma, truncada por su asesinato en el año 96. Y todo ello lo hizo de espaldas al Senado. Domiciano fue un autócrata eficiente que despreció la farsa republicana que otros habían mantenido viva en el pasado. Y así fue presa de aquellos que escribieron para hundir su recuerdo en el barro.

El sutil y elegante, aunque incisivo, Tácito y el siempre chismoso Suetonio, junto al fiel Plinio el Joven, supieron sacar lo peor de aquel emperador años después de su muerte. Ante la desesperación del ejército y de muchos ciudadanos, consternados por su asesinato, el Senado colocó a su mejor candidato, un hombre de férrea disciplina militar que lograría pasar a la historia como el mejor de los emperadores: Marco Ulpio Trajano. Su política expansionista contentaba a la aristocracia y daba gloria a Roma; sus grandes planes para engrandecer los espacios públicos de Roma aprovecharon en buena medida las construcciones que había comenzado Domiciano. Y la historia lo recordó de esa manera gracias a que la maquinaria de todos aquellos hombres que la escribieron se puso a funcionar.

Para que Trajano sobresaliera aún más, ellos se encargaron de ensombrecer a quienes habían gobernado antes que él. Domiciano resultó el peor parado al estar más próximo en el tiempo a Trajano, pero otros como Tiberio, Calígula o Nerón también recibieron el golpe de gracia que los condenaría para siempre.

Dicen que la historia se escribe a gusto de los vencedores. Por eso es tan importante que nosotros no la creamos al pie de la letra. Son muchas las pistas que, poco a poco, se van revelando gracias a los avances de la investigación. Si conseguimos no caer en las trampas que todavía quedan llegaremos a ver destellos de lo que realmente ocurrió. Casi como si hubiéramos conseguido abrir una ventana al pasado.

SI NO PUEDES VENCERLE, ¡ASESÍNALE!

El senador arrancó con ira la pata de la silla de la que acababa de levantarse y, así armado, salió con los demás a la calle. Ese gesto cambiaría Roma para siempre y provocaría que, casi un siglo después, Cayo Julio César fuera asesinado.

Esta es la historia de cómo un hecho aparentemente aislado puede tener tremendas consecuencias a largo plazo. Y de cómo Roma comprendió que, en lugar de luchar políticamente contra los enemigos, era mucho más sencillo asesinarlos.

Nos situamos en la segunda mitad del siglo II a. C., un tiempo en el que Roma acababa de vencer definitivamente al único gran enemigo que todavía le hacía sombra: Cartago. Los romanos dominaban por fin todo el Mediterráneo, a excepción de Egipto, que todavía tardaría un siglo más —en el año 30 a. C.— en caer bajo su dominio. Pero la felicidad romana duraría poco. En Roma se estaban produciendo cambios sociales, políticos y religiosos que tenían intranquilos a los más poderosos.

Por una parte, la llegada de nuevos cultos religiosos comenzaba a pasar factura a las prácticas religiosas tradicionales. Las costumbres de los antepasados —*mos maiorum*— ya no eran tan atractivas para ciertos sectores de la sociedad, especialmente entre las clases bajas, que aceptaban esas nuevas religiones entendidas como ajenas por la tradición. No podemos juzgarles por intentar mejorar su situación probando suerte con todos esos dioses que se les presentaban como relevantes, nuevos y atractivos para una gente que seguramente estaba bastante desesperada. Al fin y al cabo, desde su punto de vista, solo los ricos parecían tener el favor de los dioses romanos en todo momento.

Todo ello llevaba a que los aristócratas, que tenían el control de la religiosidad tradicional y de los cultos en el ámbito público, comenzaran a perder cierta influencia sobre la religión. Y por si esto fuera poco, entre los senadores, que eran quienes dominaban Roma, también existían disputas internas. Las dos facciones políticas del Senado, populares y optimates, mantenían una pugna por el liderazgo heredada de las luchas de poder de tiempos pasados. Al final, todo se comía y bebía entre los que supuestamente apoyaban al pueblo —los populares—, colmándolo de dádivas, regalos y sobre todo promesas, y quienes pretendían que el pueblo se mantuviera bien alejado de cualquier atisbo de poder —los optimates—, que se consideraban a sí mismos los mejores hombres, de ahí su nombre.

En aquel momento, la lucha estaba especialmente centrada en el grave problema del reparto de tierras. Hacía tiempo que la balanza había caído del lado de los poderosos; los romanos de alta cuna se apropiaban cada vez de más tierras públicas de Roma. Esto no era algo nuevo, por supuesto. Se llevaba gestando siglos. Generación tras generación, los patricios habían ido acumulando cada vez más propiedades que luego heredaban sus hijos. Y se las terminaban alquilando después a los plebeyos que las cultivaban. Nada que no se haya seguido haciendo a lo largo de toda la historia y en la actualidad.

Pero entonces, una buena parte de estos aristócratas decidieron que en aquellas tierras, en concreto las más cercanas a Roma, iban a ubicar sus villas de ocio. Un buen montón de terrenos, que habían sido cultivados año tras año, pasaron a estar ocupados por lujosas residencias y bellos jardines donde la elite podía disfrutar de su estatus privilegiado. Eso había provocado que una ciudad como Roma, que crecía a un ritmo importante, tuviera serias dificultades para hacer frente a la demanda de grano. Como los acaudalados patricios se habían asentado en terrenos antes dedicados al cultivo ya no quedaban tierras de labor próximas a la urbe.

Por otro lado, los terratenientes que aún mantenían en cultivo sus propias tierras se habían vuelto cada vez más codiciosos, tratando de sacar todavía más rentabilidad a sus propiedades. La idea no podía ser más sencilla. Dado que los plebeyos que las cultivaban se cobraban una parte de la cosecha, bastaba con sustituirlos por mano de obra esclava y el problema desaparecería. Al margen de lo que podamos pensar sobre un sistema social esclavista como el romano —recordemos que no estamos aquí para juzgar la historia, sino para descubrirla—, lo cierto es que esa tendencia enfureció a muchos plebeyos, que llegaron a ver peligrar su precario sustento. Y en lugar de ir a la causa última del problema, que eran los terratenientes, culparon a los esclavos extranjeros que llegaban a Roma y acababan con su trabajo.

A estas alturas te estarás preguntando qué tendrá que ver todo esto con que un senador rompiera la pata de su silla. Y más aún, qué tiene que ver todo lo anterior con el asesinato de Julio César. En un momento comprobarás que es fundamental para entender la escalada de violencia que nos llevará hasta las idus de marzo del año 44 a. C.

La primera víctima fue el hombre que se atrevió a dar una solución al gran problema de la tierra romana. Su nombre era Tiberio Sempronio Graco, hijo de Cornelia Africana y, por tanto, nieto del gran general Escipión el Africano. Tiberio y sus hermanos fueron de esos niños que nunca tuvieron que preocuparse por nada. El prestigio y la riqueza de su familia les precedía. Pronto se integró en el sistema político del lado de los populares, desde donde empezó a buscar soluciones a aquel terrible problema.

Se dio cuenta de que la única solución pasaba por redistribuir la tierra pública. Sus propuestas pronto le convirtieron en un líder y fue elegido tribuno de la plebe en el año 134 a. C. Desde aquel puesto podía llevar a cabo su plan: recuperar las tierras usurpadas por la aristocracia para después repartirlas de manera que cada ciudadano no poseyera más de 500 *iugera* de tierra. Antes de que te empieces a imaginar a Tiberio Graco en la asamblea romana cantando la *Internacional*, debes saber que 500 *iugera* equivalen a unas 125 hectáreas, nada que ver ni remotamente con las ideas comunistas de los siglos XIX y XX, no caigamos en el presentismo histórico. Ningún aristócrata se iba a arruinar por aquello. A pesar de lo cual, los más ricos pusieron el grito en el cielo. Era un ataque directo a sus privilegios que no podían permitir.

Tiberio convocó una asamblea de la plebe para aprobar su nueva ley, un movimiento que, como su nombre indica, dejaba fuera de la votación a todos los patricios, permitiendo que los plebeyos decidieran su propio destino. La aristocracia senatorial recurrió entonces a la propaganda para intentar destruir sus planes. ¿Qué era lo que más miedo podía dar a los romanos? La vuelta de la monarquía —el *odium regni*, odio a los reyes, era omnipresente—. La próspera república de Roma no podía caer en manos de un solo hombre. Así, se extendió el rumor de que Tiberio intentaba proclamarse *rex*. Nada más lejos de la realidad, por supuesto, pero nuestro protagonista tuvo que soportar estas y otras injurias día sí día también hasta que llegó el momento de la votación. Tras varias disputas e impugnaciones que la retrasaron más de lo debido, Tiberio consiguió su propósito y la ley fue aprobada.

Sin embargo, la comisión que debía requisar las tierras y redistribuirlas estaba compuesta por senadores, por lo que de una forma u otra podían sortear la situación. A Tiberio no le terminó de salir la jugada como esperaba, así que se vio obligado a subir la apuesta. Al término de su magistratura anual decidió volver a presentarse para mejorar de nuevo la ley agraria.

El día en que se votaba su reelección empezó como uno más, aunque aquel no iba a ser un día cualquiera. Las fuentes, por supuesto, nos cuentan que los auspicios religiosos fueron terribles y cualquier romano se habría quedado en casa. Pero cuando los pollos se negaron a comer, Tiberio los ignoró. Cuando, al salir de su casa, se golpeó el dedo gordo del pie y se partió la uña, se colocó una venda y lo ignoró. Y cuando, ya de camino al Capitolio, unos cuervos a su izquierda dejaron caer una piedra a sus pies[1], también lo ignoró.

Más le hubiera valido no hacerlo porque, mientras todo aquello sucedía, una turba de aristócratas enfurecidos abandonaba apresuradamente la reunión del Senado para impedir la votación. Como no podían ir armados, cogieron lo que tenían más a mano. Algunos, como el anónimo senador que abría este capítulo, incluso arrancaron las patas de las sillas en las que habían estado sentados mientras debatían unos minutos antes. Roma había cambiado para siempre. El Senado entendió que no podía luchar contra Tiberio Graco. Solo quedaba una opción hasta entonces no planteada: la estrategia política debía ceder ante las armas. Tiberio Graco estaba a punto de ser asesinado.

Al grito de libertad y salvación de la patria, los senadores se enzarzaron con los plebeyos en una verdadera batalla campal en la que murieron más de trescientas personas. Entre ellas estaba el propio Tiberio, que no llegó a cumplir los treinta años.

El lema SPQR —*Senatus Populusque Romanus*— se desmoronó por completo aquel día. El Senado, y no el pueblo romano, era quien controlaba el Estado. Y si había que usar la violencia para que eso siguiera manteniéndose, que así fuera.

---

1 Puede que a nosotros no nos diga mucho, pero un cuervo visto a la izquierda podía ser un presagio terrible para los romanos.

Aunque tendemos a pensar que en la antigua Roma los conflictos se resolvían siempre de esta manera, lo cierto es que aquel fue un rarísimo caso de violencia política, inaudito hasta ese momento. Pero, eso sí, una vez abierta la caja de los truenos, no había vuelta atrás. Era el año 133 a. C. y acababa de comenzar una larga cuenta atrás que desembocaría en el asesinato de César y en la destrucción total de la República.

Las reformas de Tiberio terminaron como su cuerpo, olvidadas en el fondo del Tíber. Y aunque diez años más tarde su hermano Cayo trató de defenderlas de nuevo, terminó suicidándose para evitar que lo asesinaran. Tres mil de sus partidarios no tuvieron la suerte de morir por su mano; fueron condenados y ejecutados por orden del Senado.

La aristocracia corrupta que gobernaba la República no supo ver en ese momento el tremendo error que había cometido. El crimen institucional había llegado para quedarse, y la tendencia era peligrosísima. El Senado descubrió que podía asesinar a cualquier persona que supusiera algún problema solo con esgrimir el argumento de la traición al Estado. Los enemigos de Roma debían ser castigados. Y esos enemigos ya no eran los cartagineses, sino que estaban dentro de la propia sociedad romana.

Desde ese momento, la nueva normalidad política se centró en el asesinato. A finales del año 63 a. C., a propuesta de Catón, Cicerón ordenó ejecutar sin juicio previo a los instigadores de la llamada conjura de Catilina, a pesar de la brillante defensa que de ellos había hecho Julio César. El propio Catilina moriría pocos días después tras ser declarado *hostis*, enemigo de Roma. Lo hizo, eso sí, en combate, lanzándose contra las líneas enemigas.

Poco después, en el año 58 a. C., Publio Clodio Pulcro, que había estado del lado de Cicerón en la conjura anterior, consiguió que aquel fuera exiliado y aprovechó para destruir la casa del orador[2]. En ese mismo momento, ya como tribuno de la plebe, Clodio se vio obligado a crear una guardia que le protegiera para repeler cualquier ataque contra su vida. Ataques, por otra parte, que en ese momento y con los precedentes que ya conocemos, eran francamente habituales. Esa banda de esclavos y amiguetes de Clodio se convirtió en una verdadera fuerza paramilitar que muchos otros magistrados y hombres destaca-

---

2 Conociendo el carácter de Cicerón no me cuesta empatizar con Clodio en este caso, la verdad…

dos imitaron. La violencia entre bandas se intensificó a lo largo de la década de los años cincuenta, haciendo que la convivencia en Roma fuera insostenible.

El 18 de enero del año 52 a. C. se encontraron en la Vía Apia dos bandas rivales, la liderada por Clodio y la de su gran enemigo Tito Anio Milón, otro agitador venido a más al que acompañaba siempre un séquito de gladiadores. En la reyerta, en la que ni Clodio ni Milón, por su posición, llegaron a enfrentarse directamente, sin saber ni cómo ni por qué, Clodio acabó con un puñal clavado en la espalda. Fue la gota que colmó el vaso. Poco importaba si Milón había dado o no la orden al gladiador que mató a Clodio. Aquello era demasiado y la ira se desató al instante. Clodio se convirtió en un héroe muerto por la República y, durante su funeral, la Curia del Senado terminó siendo pasto de las llamas de la pira funeraria del difunto.

Así fue cómo el Senado, en una situación crítica, entregó el control total al general Cneo Pompeyo. Y creo que sabes lo que terminaría ocurriendo menos de tres años después. César regresaría de la conquista de las Galias, cruzaría el Rubicón y, una vez más, la República tendría que soportar las luchas entre romanos por el poder político y el control militar del Imperio. César tuvo que ver cómo Pompeyo era decapitado en Egipto por orden del faraón, que intentaba complacerle; una consecuencia más de la escalada de violencia política que estaba a punto de llegar a su cenit.

César, que era popular como Tiberio Graco, consiguió que los cada vez más rancios aristócratas recurrieran de nuevo a la temida idea de la vuelta de la monarquía. A César, como a Graco, también le sobrevinieron presagios de muerte, que decidió ignorar mientras se encaminaba hacia la Curia del teatro de Pompeyo[3] en la que se reunía el Senado en las idus de marzo del año 44 a. C.

Y el resto es historia. César recibió veintitrés puñaladas de los magnicidas que ya no esgrimían patas de sillas sino puñales. Sin embargo, quienes asesinaron a César seguían manteniendo las mismas consignas de libertad y salvación de la República en contra de sus enemigos. Había llegado el desenlace de una reacción que comenzó porque a un tribuno de la plebe se le ocurrió alzar la voz pidiendo, paradójicamen-

---

[3] La sesión se estaba celebrando allí precisamente porque la antigua Curia Cornelia había ardido en el funeral de Clodio y la construcción de la nueva Curia Julia no había hecho más que empezar.

te, libertad para intentar que todos los romanos vivieran de una forma algo más equilibrada.

En aquel siglo turbulento, unos y otros habían conseguido matar a la República a base de corrupción, violencia y luchas de poder. Todo ello terminaría poco después con la muerte del Estado romano tal y como lo habían conocido hasta entonces. Aunque, como estás a punto de comprobar, una vez más la situación se disfrazó de tal manera que pareciera que la República había sido liberada. Y en aquella ocasión, además, todo sería obra de un chaval debilucho.

UN CHAVAL DEBILUCHO PARA SALVARLOS A TODOS

Julio César había soñado con una Roma mejor. Una Roma en la que sus enemigos no controlaran el poder de forma corrupta. Una Roma para todos los romanos. Su asesinato truncó sus planes de forma brusca y atroz, aunque su legado seguiría vivo mucho tiempo más.

A través del testamento que custodiaban las vírgenes vestales, César continuó haciendo su voluntad. Legó una pequeña parte de su enorme fortuna a cada ciudadano, entregó al Estado sus magníficos jardines para el disfrute de todos y, además, les dio un heredero. Cualquiera podría esperar que el sucesor designado por el gran César, destinado a continuar su labor, fuera alguien de su total confianza y con gran experiencia política y militar. El nombre de Marco Antonio resonaba en las cabezas de muchos romanos. Sin embargo, todos se miraron asombrados cuando supieron que César, en su última voluntad, había adoptado a un chaval de dieciocho años, debilucho, bajito y algo enfermizo.

Cayo Octavio Turino, del que ya hemos hablado, era todo lo opuesto al prototipo del gran hombre de guerra romano, encarnado con claridad en la figura de Marco Antonio. Sin embargo, fue capaz de sacudir el Estado romano hasta sus cimientos para transformarlo en algo totalmente diferente. Y todo ello sin que nadie terminara enfrentándose a él. Donde César fracasó, Octavio triunfó.

Por supuesto, las fuentes posteriores a aquella revolución romana, así como el propio Octavio una vez se hubo convertido en el emperador Augusto, reescribieron la historia a voluntad, ensalzando los momentos más destacables, subrayando los peligros sorteados y silenciando los aspectos más problemáticos de su trayectoria política.

Sabemos que el emperador Claudio, aunque hoy en día no conservamos su obra, era un verdadero amante de la historia. Se dedicó a escribir sobre los hechos más importantes que habían sucedido en los años anteriores a su reinado. Comenzó su *Historia de Roma* con el asesinato de César y los momentos inmediatamente posteriores, aunque después se vio obligado a pasar de puntillas por los años que siguieron hasta que Augusto llegó al trono imperial. Claudio deseaba legar a la posteridad la historia verdadera de aquellos momentos convulsos, pero tanto su madre Antonia, hija de Marco Antonio, como su abuela Octavia, hermana de Augusto, le instaron a que dejara bien enterradas ciertas historias del pasado por el bien de todos. Porque lo cierto es que los años en los que el joven Octavio pasó de ser solo un chaval a convertirse en el hombre más poderoso de Roma son tan interesantes como complejos.

Octavio llegó a Roma en abril del año 44 a. C. dispuesto a aceptar la herencia de su padre adoptivo y obviando las reticencias de Marco Antonio, que había sido un gran consejero de César en vida. Marco Antonio no tuvo más remedio que formar una alianza con aquel joven con aires de superioridad. Digamos que, en los años que siguieron, Antonio se encargó de buena parte del trabajo sucio[1] pendiente, comandando los ejércitos que derrotaron a los asesinos de César y restableciendo, dentro de lo posible, la armonía en una Roma que llevaba sufriendo un siglo de luchas de poder y escaladas de violencia.

Y todavía viviría una más, cuando la enemistad creciente entre Octavio y Marco Antonio tensó la relación de forma insostenible. En el año 33 a. C., Marco Antonio y el futuro Augusto decidieron no renovar el triunvirato, el acuerdo según el cual el poder quedaba repartido entre tres hombres, ellos dos y un tercero llamado Lépido. En los diez años transcurridos desde su primer encuentro en Roma tras la muerte de César, Octavio había cambiado mucho. Era más maduro y había agudizado aún más su astucia política. Su mente fría y calculadora no pararía hasta conseguir el control total del Estado.

De su puño y letra, y del de los otros dos triunviros, habían salido unas largas listas de personas que debían ser ejecutadas. Aquellos tres

[1] Octavio no hubiera podido encargarse ni aunque hubiera querido; no solo por su inexperiencia militar, sino porque padeció graves enfermedades durante aquellos años. Sin ir más lejos, la batalla de Filipos, en la que derrotaron a los asesinos de César, se la pasó postrado en una litera al borde de la muerte.

hombres acordaron impedir, por todos los medios, que volviera a producirse una traición como la que había acabado con César. Entre los varios cientos de nombres que engrosaron aquellas listas estaban algunos tan importantes como el de Marco Tulio Cicerón, pero también el de su hermano, su hijo o su sobrino y tantos otros más que muchas veces la historia tiende a olvidar.

Marco Antonio y Octavio terminarían imponiendo sus egos sobre todo lo demás y la maltrecha República quedó herida de muerte cuando finalmente se produjo el inevitable choque entre ambos. Lo que empezó siendo una reacción justiciera contra la aristocracia corrupta que había asesinado a César, se tornó en una lucha abierta entre dos grandes contendientes que peleaban por el dominio absoluto de Roma.

Y ahí fue donde la mente de Octavio, ya no tan joven y con muchísima más experiencia, brilló con toda su fuerza. La historia nos cuenta que detrás de lo que sucedió estaba el destino fijado por los dioses para ensalzar a su elegido. Y aunque la realidad fue seguramente más azarosa, lo cierto es que Octavio supo aprovechar todo lo que tenía de su parte para destruir a su enemigo. Confiscó propiedades a numerosas familias romanas para formar su propio ejército privado y construir una gran flota. Se endeudó hasta tal punto que, de no haber vencido en los momentos justos, su vida habría terminado pasada por la espada. Pero salió victorioso.

Y no solo eso, sino que logró poner a toda la opinión pública de su parte. El joven y sanguinario heredero de César consiguió dar de sí mismo una imagen mucho más comedida y hasta venerable. Defensor de la moral y de la tradición republicana perdida, fue capaz de hacer que todos le apoyaran en una nueva guerra civil. ¡Como si Roma no hubiera vivido ya suficientes conflictos durante todo el siglo anterior! Disfrazó la guerra contra Antonio a su antojo, diciendo que el verdadero enemigo acechaba desde el extranjero: Cleopatra, y no Marco Antonio, era el objetivo. Antonio, pobre soldado romano, se había dejado seducir por los placeres orientales, abandonando el sendero de la moral y la rectitud. La reina egipcia le tenía a su merced y Roma debía actuar contra ella.

Y así fue como en el 30 a. C., menos de tres años después de romper el triunvirato, Octavio conquistó Alejandría. Egipto pasó a ser una nueva provincia romana que daría grandes riquezas al Imperio, especialmente en forma de grano, y Octavio se convirtió en el salvador de la República frente a todos sus enemigos.

Todo ello a pesar del dolor que tuvieron que soportar tantísimos romanos en aquellos años. Miles y miles de muertos a causa de la guerra y de las purgas políticas. Si aquel era el precio que debían pagar como sociedad, parece que estaban dispuestos a hacerlo. El apoyo del Senado al vencedor era total, algo lógico si pensamos que una buena parte de los enemigos de Augusto habían encontrado la muerte en las décadas precedentes.

En el año 27 a. C. Octavio, o más bien el joven César, se convirtió en el venerable Augusto. El flamante salvador de todos los ciudadanos. El que había devuelto a la República su esplendor pasado. O, al menos, eso es lo que todos quisieron ver. Porque lo cierto es que, aunque la ficción republicana se mantuvo en mayor o menor medida durante mucho tiempo más, Roma había cambiado para siempre. Las luchas internas, los asesinatos políticos y el ansia de poder destruyeron aquella Roma. En ese momento surgió una nueva, en muchos sentidos próspera, pero totalmente diferente a la anterior. La era de los emperadores había comenzado y la historia se lo debe todo a aquel chaval de desaliñado pelo rubio, débil y enfermizo, pero de mirada viva y brillante y con una mente capaz de salvarlos para luego dominarlos a todos.

LOS LADRONES TAMBIÉN VOTAN

Ya sea en la antigua Roma o en la actualidad, a la gente le encanta opinar sobre cualquier cosa, dejar constancia de que han pasado por allí o pedir todo tipo de favores o servicios. Hoy en día lo hacemos mucho en las redes sociales y los romanos lo hacían en los muros de sus calles y casas.

Conservamos miles de frases de todo tipo grabadas en el yeso de los muros a lo largo y ancho del Imperio, pero si hay que elegir un lugar para conocer algunos de ellos no hay otro mejor que Pompeya. La ciudad que la erupción del Vesubio detuvo en el tiempo en el año 79 nos ofrece las más variadas muestras de la vida cotidiana romana en estado puro. Atención a lo que dejaron escrito.

Da igual si miramos los muros exteriores o los del interior de las casas, siempre encontraremos, rayadas con un punzón, palabras, frases y hasta dibujos. En algunas letrinas encontramos el típico «Aquí cagué bien»[1] y en otros lugares que definitivamente no estaban pensados para tal uso vemos otros como este: «¿Vas a cagar junto al muro? Sigue tu camino. Si te pillo te vas a enterar. Estás avisado». Y hasta malas reseñas de clientes descontentos con el servicio de alojamiento: «Hospedero, nos hemos meado en la cama. Sé que hemos hecho mal. Pero, si te preguntas por qué lo hemos hecho, es que no nos pusiste un orinal».

Por supuesto, también existen otros mucho más recatados como el que dice «Los amantes, como las abejas, hacen que la vida sea dulce como la miel», bajo el que alguien, con mucha sorna, ha rayado un lastimero «¡Ya me gustaría!». Y tantos otros en los que dos amantes graban sus nombres juntos.

---

1 Y algún otro como el que se encuentra en una letrina de la ciudad de Ostia: «Amigo, ¿has olvidado el proverbio? Caga bien y que les den a los médicos».

También había quienes se indignaban por la cantidad de grafitis que afeaban los muros por todas partes. Pero incluso ellos tenían que asegurarse de que su opinión quedara grabada para la posteridad. Al menos en tres lugares diferentes de la ciudad, en muros especialmente repletos de frases, alguien escribió: «Me admiro, pared, de que aún no te hayas derrumbado teniendo que soportar las tonterías de todos los que escriben encima de ti».

Donde hay gente escribiendo hay curiosos leyendo y, cómo no, siempre hay quienes aprovechaban para hacer un poco de publicidad. Desde anuncios de espectáculos gladiatorios en el anfiteatro hasta los precios de diferentes vinos vendidos en jarras o de servicios de prostitución, todos querían un espacio para mostrar su mensaje. En la llamada Vía de la Abundancia, una de las calles más importantes de Pompeya, una mujer llamada Julia Felix ocupó buena parte de la pared de un edificio para hacer una pintada anunciando que alquilaba apartamentos, tiendas, comedores y baños termales de unos *praedia*, una verdadera urbanización a la romana.

Pero si buscamos los anuncios más importantes de toda la ciudad, sin duda tenemos que centrarnos en los llamados *programmata*, los carteles electorales del mundo romano. Paseando por Pompeya nos vamos a encontrar cientos de carteles pintados con grandes letras rojas por todas las calles. Como hoy en día, cuando la fecha de las elecciones se acercaba, los candidatos comenzaban a hacer campaña para conseguir el voto de sus conciudadanos. Pagaban espectáculos, reparaban las calles y hasta construían edificios para que todo el mundo viera el buen servicio que hacían a su comunidad.

Solo aquellos con suficiente nivel económico y prestigio podían presentarse para optar a los cargos públicos más importantes de la ciudad. Los más destacados eran dos. Por un lado estaban los ediles, que se encargaban de la administración general, así como de organizar festividades y espectáculos y mantener el orden público. Por otro los duoviros, dos hombres que gobernaban conjuntamente la ciudad. Si lo comparáramos con las nuestras podríamos decir que los primeros serían los concejales y los segundos los alcaldes.

Estas magistraturas tenían una duración de un año, por lo que las elecciones debían celebrarse con bastante frecuencia. Piensa en la acumulación de carteles que podía producirse contando con una campaña electoral cada año. Por ese motivo, pintar carteles electorales en los muros de las ciudades era algo completamente ilegal. Pero, como puedes imaginar, lo prohibido siempre es más interesante y los muros pompeyanos están repletos de ellos.

Como ningún candidato que se preciara se dignaría a rebajarse al nivel de hacer las pintadas él mismo, contaba con cuadrillas que lo llevaban a cabo, aunque si les pillaban debían negar toda relación con aquel ciudadano al que decían apoyar. La «pegada de carteles» se producía siempre al amparo de la noche. La cuadrilla estaba formada por, al menos, tres personas. El *lanternarius* portaba una lucerna para iluminar el trabajo; el *dealbator*, con una brocha gruesa, extendía una capa de pintura blanca sobre el muro para tener una superficie limpia y muchas veces también para tapar otras pintadas, ya fueran del año anterior o de candidatos rivales. Por último, el *scriptor* pintaba hábilmente las grandes letras con trazos rápidos y firmes para formar el texto del cartel. «Te ruego que votes a Albucio como edil. Es digno del cargo público», rezan varias pintadas concentradas en uno de los barrios de Pompeya.

Una de las pintadas electorales exhumadas en Pompeya, correspondiente a la última campaña electoral que viviría la ciudad antes de la erupción del Vesubio. En esta, en concreto, se pide el voto para un tal Albucium —Lucio Albucio—, perteneciente a la misma familia (*gens*) que los propietarios de la Casa de las Bodas de Plata, situada en las inmediaciones. ¿Tal vez la casa del candidato? (© Archivo fotográfico del autor).

En algunos casos, incluso, había quienes permitían que se pintaran carteles electorales en las paredes exteriores de sus casas o de sus establecimientos a favor de un candidato concreto, para así beneficiarse si finalmente ganaba. Las firmas de las pintadas podían incluir el nombre de quien pedía el voto, el de colectivos como «los vecinos del barrio» o incluso gremios enteros como los alfareros o los lavanderos[2].

Pero, como se suele decir, hecha la ley, hecha la trampa y en cualquier campaña electoral que se precie no pueden faltar los que intentan jugar sucio. Precisamente por eso encontramos carteles electorales pompeyanos que tratan de humillar a algún candidato, firmando el cartel electoral en nombre de los ladrones. Seguramente no engañaban a nadie, pero al menos conseguían generar controversia. Si realmente un candidato era o no un ladrón no podemos saberlo. Aunque, si hay que acusar a alguno de serlo, hay un tal Lucio Popidio Ampliato que tiene bastantes papeletas. Su nombre aparece en una pintada, en la que los maleantes piden el voto para él, y en un grafito donde directamente se le acusa de ser un ladrón.

> *Lucium Popidium Luci filium Ampliatum aedilem Montanus cliens rogat cum latruncularis.*
> Vota a Lucio Popidio Ampliato, hijo de Lucio, como edil. Te lo ruega su cliente, Montano, junto con los maleantes.

La política en la antigua Roma ya era un complejo sistema en el que todos intentaban conseguir los mayores beneficios posibles. Algunos los buscaban para el pueblo y otros tantos para sí mismos. En el pasado y en el presente los ladrones también votan.

---

[2] Tal vez a modo de broma, en un burdel pompeyano podemos leer: *Isidorum aedilem oro vos faciatis. Optime cunu lincet* (Te ruego que votes a Isidoro como edil. ¡Es el mejor lamecoños!).

SOCIEDAD

COSAS DE FAMILIA

En muchos aspectos, nuestra sociedad se ha desarrollado del mismo modo que la romana. Es innegable que compartimos muchos rasgos importantes con ellos, aunque, si nos fijamos bien, hay detalles que nos pueden resultar de lo más chocantes.

Para descubrir diferencias y similitudes con nosotros mismos vamos a ir hasta la raíz de la sociedad romana. Vamos a descubrir un poco más sobre la institución básica en la que se cimentaba la vida en la antigua Roma: la familia. Es interesante pensar que era esta, y no el individuo, la que se consideraba como la verdadera base del Estado romano; aunque sin olvidar que, realmente, en su interior todo giraba alrededor de un único individuo: el *paterfamilias*. No sé si sabrás que la palabra *familia* proviene de *famulus*, 'siervo'; y es que el cabeza de familia dominaba sobre el resto de los miembros que la componían, quedando todos ellos a su servicio.

El padre de familia tenía un papel especialmente importante en materia religiosa, siendo el sacerdote de la casa y, por tanto, el encargado de dirigir los ritos del culto doméstico. Se ocupaba de hacer las ofrendas a los dioses para la protección de toda la familia, mientras que todos los demás, a su vez, las hacían por él. El culto al padre no podía realizarse de forma directa, pues algo así estaba solo reservado para los seres divinos. Ninguna persona viva podía recibir veneración, por lo que las ofrendas iban destinadas a la figura del *genius*, el dios protector que todo romano tenía[1].

Y aunque dentro de la familia romana también podríamos incluir a sus esclavos, los miembros —o más bien propiedades— de menor en-

[1] Con la llegada del Imperio, las mujeres también comenzaron a tener su propia diosa protectora como reflejo del *genius* de los hombres. A cada una de ellas las protegía Juno.

tidad dentro de la estructura familiar, el núcleo principal era lo que los romanos conocían como *domus*. Esta palabra, que también nombraba al propio hogar, designaba al matrimonio y los hijos. Al fin y al cabo, eran los elementos fundamentales para la supervivencia del Estado.

El matrimonio era una verdadera necesidad en la antigua Roma. Tanto era así que pocas veces, especialmente entre las familias aristocráticas, tenían relevancia en él ideas como el amor o la pasión. Lo veían como la forma de concebir nuevos romanos que pudieran perpetuar la estirpe en las siguientes generaciones. Precisamente por este motivo las matronas, las mujeres cuya labor principal era concebir a los futuros hombres romanos, eran tratadas con especial respeto, ya no solo dentro del ámbito familiar sino también en la sociedad.

Ese respeto, sin embargo, no iba aparejado en realidad con ningún tipo de derecho que hoy en día consideraríamos vital. En muchos casos, especialmente en periodos más arcaicos, la mujer era casi un objeto de intercambio a la hora de planear el matrimonio. Existía, por ejemplo, la *coemptio*, un tipo de unión matrimonial en la que el marido compraba a la esposa a su futuro suegro a cambio de propiedades o dinero. Ya fuera de este modo, o de otros algo menos radicales, lo más importante era establecer pactos y vínculos entre familias, cosa que limitaba mucho los matrimonios entre personas de clases sociales diferentes —en la que una de las familias siempre saldría perdiendo—.

En cuanto a la edad legal para poder casarse, en las mujeres estaba en los doce años, cuando ya deberían de haber tenido su primera regla y, por tanto, ya eran capaces de concebir. Los hombres, por su parte, podían casarse legalmente a partir de los catorce, siempre y cuando ya hubieran realizado los rituales para convertirse en adultos. No obstante, en la práctica, lo normal era que ellas se casaran entre los quince y los dieciocho años y ellos entre los veinte y los treinta, manteniendo la idea de que la diferencia de edades entre marido y mujer permitía que ella estuviera en su momento más fértil para tener hijos y él tuviese el recorrido suficiente para haber alcanzado una buena posición social desde la que mantener a la familia.

Con el paso de los siglos, aunque se siguieron realizando algunas de las uniones matrimoniales más restrictivas, las normas se fueron relajando. Muchas mujeres conseguían casarse sin pasar a ser propiedad de su marido; tenían la posibilidad de administrar sus posesiones, aconsejadas por su padre, su marido o un asesor, y algunas hasta se liberaban por completo de la llamada *tutela muliebris*, lo que les permitía tener negocios y participar de forma activa en la vida social, tantas veces reservada solo para los hombres.

A finales de la República el matrimonio había pasado a ser algo secundario y muchas parejas ni siquiera se casaban, lo que también dio lugar a un descenso importante de la natalidad. El problema llegó a ser tan grave que el emperador Augusto, cuando tomó las riendas del Imperio, promulgó varias leyes como la *Lex iulia de maritandis ordinibus* con las que se intentaba paliar esta realidad. Se premiaban los emparejamientos y se castigaba duramente a los solteros y a las parejas sin hijos, negándoles ventajas fiscales o incluso, en el caso de los hombres, restándoles validez para ocupar cargos públicos.

La conclusión era clara: cásate y te ahorrarás muchos problemas. Al fin y al cabo, si todo fallaba, siempre se podía recurrir al divorcio. Aunque en periodos más arcaicos habría sido difícil de obtener y muy mal visto, con el paso del tiempo la separación de las parejas terminó siendo algo que podía suceder con cierta frecuencia. Al igual que la mayoría de los matrimonios, el divorcio era un acto completamente privado y, por tanto, una simple comunicación bastaba para oficializarlo. La excepción más importante era la *confarreatio*, un tipo de matrimonio en el que se realizaba la unión en una ceremonia ritual ante los dioses. La separación de un matrimonio sagrado como aquel, la llamada *diffarreatio*, conllevaba una serie de ritos numerosos, extraños y peligrosos.

Las causas de un divorcio podían ser muy variadas pero, por parte del marido, las más comunes solían ser la infertilidad o el adulterio. En el caso de ellas, no cuesta imaginar que algunos matrimonios podían llegar a resultar verdaderamente insoportables para la esposa. Y aunque legalmente era fácil que una mujer pudiera divorciarse y alejarse de su marido, en muchas ocasiones esto conllevaba la pérdida de algo muy importante: los hijos. Era habitual que en caso de divorcio los hijos de la pareja se quedaran con su padre, lo que hacía que, en la práctica, muchas mujeres aguantaran en el matrimonio para seguir estando junto a sus hijos.

Si finalmente se llevaba a cabo el divorcio, ya fuera a través de una notificación oral o de un documento de *repudium*, las leyes eran muy claras. Una mujer divorciada suponía una pérdida para el sistema social, por lo que necesariamente debía volver a casarse en un plazo de entre seis y dieciocho meses; una vez más, con el claro objetivo de favorecer la natalidad.

Los hijos de la familia estaban totalmente a merced y disposición de su padre. Él tenía el derecho de aceptar o rechazar al recién nacido a través del *ius exponendi*. El *ius vendendi* le otorgaba el derecho de vender a un hijo como esclavo si lo consideraba necesario y la *vitae necisque potestas* le permitía decidir de forma clara y directa sobre la vida y la muerte de sus hijos. Todos ellos eran derechos arcaicos que regían la familia romana a través de las ideas de moral y honor que marcaba la tradición de los antepasados, el llamado *mos maiorum*. Y, una vez más, aunque la teoría nos muestra que todo aquello era perfectamente posible, la realidad cotidiana nos da la tranquilidad de saber que un padre no mandaba ejecutar a su hijo porque se portara mal una tarde mientras paseaban por el foro. La aplicación de estas leyes se producía solo en casos muy justificados y extremos.

A grandes rasgos, acabas de conocer la familia romana, una institución que ha llegado hasta nosotros y que mantenemos en lo general, pero cuyos detalles, como acabas de comprobar, han variado mucho en los dos milenios que nos separan de los romanos. Y, si esto te ha cambiado la visión sobre algo tan común como la familia, creo que el próximo capítulo todavía lo hará más. Ha llegado la hora de hablar de sexo a la romana.

ESOS DEPRAVADOS ROMANOS

«En el mundo romano no existía la homosexualidad» es una afirmación rotunda que, tal vez, no te esperabas. La realidad histórica es clara en este sentido y, si me lo permites, te voy a argumentar por qué. Para que me entiendas bien, tenemos que hablar de cómo veían los romanos la sexualidad. Ve poniendo los dos rombos en el mosaico, que la cosa sube de tono.

La sociedad romana era, en muchos sentidos, menos pudorosa que la nuestra. La gente iba desnuda en las termas, hacía deporte desnuda y a nadie parecía avergonzarle. Sin embargo, en muchos de esos escenarios existía una clara separación de sexos que hacía que esa falta de pudor se produjera solo de hombres a hombres y de mujeres a mujeres. La realidad, más allá de la norma, siempre podría ser mucho más amplia, claro está. Pero lo cierto es que, bajo esa capa inicial, hay otra más profunda de prejuicios y tabúes que condicionaba a cada romano.

Empecemos por dejar claro que, en la antigua Roma, la única sexualidad relevante era la que tenía que ver con el hombre. Con el hombre libre y con derechos, por supuesto. En el marco de la familia el sexo estaba totalmente alejado de la idea de placer. Esto no impedía que algunos matrimonios pudieran realmente disfrutar del sexo conyugal, sino que, en la mayor parte de los casos, se enfocaba solo con la intención de traer al mundo nuevos romanos. El sexo por placer era totalmente secundario en ese contexto y muchos lo satisfacían fuera de los límites del matrimonio.

El hombre, especialmente el joven y vigoroso, era visto como una figura poderosa en todos los aspectos de la vida. Y precisamente por eso, en el terreno sexual, siempre debía mantener el control. La sexualidad normativa en Roma era una cuestión de poder y dominio de una persona sobre otra. La virilidad masculina que debía caracterizar a un buen ciudadano se demostraba manteniendo siempre el papel activo en una relación sexual. En teoría, poco importaba si la penetrada era su esposa, una prostituta, una esclava doméstica o, por qué no, un esclavo joven y guapo. A pesar de todo, sabemos que en muchos casos cualquier tipo de relación fuera del matrimonio era vista como una falta de respeto por parte del hombre[1]. Sin embargo, también existía la opinión más o menos generalizada de que, mientras el hombre casado no fuera excesivamente descarado en sus encuentros sexuales, que desfogara su deseo sexual era lógico y normal, y además mantenía protegidas a las matronas romanas.

Todo ello, siempre y cuando el ciudadano no adoptara una postura pasiva en un acto sexual. En ese caso, su comportamiento era considerado despreciable, una aberración contra natura. De hecho, si dos hombres libres tenían una relación, ambos quedarían completamente deshonrados a ojos de la sociedad. Uno de ellos sería acusado de pasivo y el otro de violar las conductas morales más sagradas atentando contra la virtud de otro romano.

Como ves, los romanos no ponían reparos a las apetencias sexuales de un hombre, siempre y cuando este no perdiera en ningún momento el control de la situación. Para muchos era tan apetecible el cuerpo de una mujer como el de otro hombre, pero se escandalizarían ante la idea de ser penetrados. Contamos con testimonios claros como el de Ovidio, que en sus tres libros dedicados al amor confesaba que a él personalmente le atraían más las mujeres, pero que también le sería difícil resistirse a los encantos del cuerpo de un jovencito guapo.

Creo que ahora ya puedes entender por qué he empezado el capítulo afirmando que en el mundo romano no existía la homosexualidad; aunque tampoco la heterosexualidad, si me permites completar la frase. Ambos son conceptos que describen realidades actuales que difieren ampliamente de la idiosincrasia romana, por lo que difícilmente podremos usarlas para describir su realidad.

Por supuesto, fuera de la normatividad que marcaba la sociedad romana, existían casos y maneras muy diversas de entender el sexo. Por un lado, estaban aquellos que se veían obligados a aceptar los deseos sexuales de quien les penetraba por una cuestión de poder o, simple-

---

[1] A diferencia de esta actitud, si una mujer era descubierta manteniendo una relación sexual con otro hombre o, los dioses no lo quisieran, con otra mujer, era repudiada y condenada severamente por adulterio, pudiendo llegar incluso a ser ejecutada en los casos más extremos.

mente, porque fueran esclavos y su opinión no tuviera ningún valor. Por otro lado, aquellos hombres que realmente disfrutaban de una relación pasiva con otro hombre eran el blanco perfecto para las burlas y el escarnio público. De nuevo, los muros de las ciudades estaban llenos de grafitos que acusaban a «Fulanus» o a «Menganus» de pasivo, afeminado y otros calificativos despectivos mucho peores que seguramente es mejor no reproducir. Entre ellos podemos contar al mismísimo Julio César desde que, con diecinueve años, hizo una visita a Nicomedes IV, rey de Bitinia. Lo único que sabemos con seguridad es que la visita se alargó más de lo esperado. César siempre negó todo, pero los rumores de su sodomización y motes como «la reina de Bitinia» o «la almohada de la litera real» le atormentaron durante toda su vida.

Tampoco podían faltar quienes trataban de explicar las causas subyacentes a ese tipo de comportamientos aberrantes. Conservamos un texto del fabulista del siglo I Cayo Julio Fedro donde nos cuenta que Prometeo, creador mitológico de la raza humana, una noche se emborrachó demasiado. Al modelar a los humanos a partir del barro colocó por error algunos genitales masculinos en cuerpos de mujeres y genitales femeninos en cuerpos de hombres. El resultado, según esta interpretación, es que habría algunas personas con genitales masculinos que, en realidad, serían mujeres y por eso disfrutaban siendo penetrados por hombres. Y, por otra parte, habría también hombres que recibieron genitales femeninos, lo que hacía posible que les atrajeran las mujeres, dando sentido a la peor de las aberraciones sexuales del mundo antiguo: una relación lésbica.

Si hasta ahora solo hemos hablado del sexo visto desde la perspectiva del hombre es porque, en la sexualidad romana, todo giraba a su alrededor. La mujer era un elemento secundario y, en general, poco importaba su placer o bienestar. El sentido común nos demuestra, sin embargo, que las mujeres romanas también disfrutaban del sexo, incluso con ellas mismas a través del uso de accesorios sexuales de cuero con forma fálica; aunque por lo general, todo lo que tiene que ver con ellas, siempre estaba más apartado del foco y peor reflejado en las fuentes históricas.

Sabemos de algunas mujeres que nunca se casaron y que, por ejemplo, pidieron ser enterradas juntas como compañeras para toda la eternidad. En este sentido, debemos buscar más las sutilezas que las evidencias directas, especialmente si queremos ver más allá de lo que la historia siempre nos ha transmitido. No obstante, muchas mujeres romanas también verían una relación lésbica como aberrante puesto que, en su concepción cultural, no existía una relación sexual si no había penetración.

Ya fuera con sus maridos o por otras vías, las mujeres también buscaban el placer sexual. Para evitar embarazos no deseados se solían emplear métodos anticonceptivos que iban desde remedios moderadamente eficaces, como barreras vaginales, hasta brebajes y fórmulas mágicas que, ¡oh, sorpresa!, no solían funcionar bien. Y si todo fallaba, el aborto era una práctica completamente legal, aunque muchas veces era el hombre quien decidía si se realizaba.

Curiosamente, de lo que no tenemos ninguna constancia en el mundo romano es del uso de nada que se pareciera a un preservativo. Pero, sin duda, el método más efectivo para evitar el embarazo era aquel que solo se podían permitir las mujeres con dinero. Aunque la prostitución femenina es mucho más visible, también existían esclavos usados para dar placer a las mujeres. Entre ellos eran especialmente valorados aquellos que, después de llegar a la edad adulta, eran castrados, quedando así infértiles pero pudiendo satisfacer los deseos de su clienta[2].

Por mucho que queramos pensar que los romanos eran como nosotros o, más bien, que nosotros somos como ellos, la realidad nos dice que, aunque sí compartimos algunos conceptos, su mundo fue muy diferente al nuestro, especialmente en algo tan personal como la sexualidad. Precisamente por eso, y por mucho que el cine nos haya querido dar esa imagen de depravados en el sentido moderno del término, los romanos veían el sexo a su manera aunque, por desgracia, muchos salieran perdiendo por el camino.

[2] Esta práctica, de gran crueldad, se abolió junto con otras que atentaban contra la moral por orden del emperador Domiciano a finales del siglo I.

EL PASEO DE LA FAMA

A mucha gente le gusta pensar que es original, que actúa de formas muy innovadoras y que quienes vinieron antes que nosotros no tienen nada que enseñarles. Y, sin embargo, la historia, maestra de la vida, siempre nos termina demostrando que, por mucho que nos esforcemos, incluso nuestras ideas más rompedoras siempre hunden sus raíces en el pasado, muchas veces remoto.

Caminando sobre las estrellas con nombres dorados del Paseo de la Fama de Hollywood, nos damos cuenta de que estamos delante de uno de esos elementos que tanto caracterizan el lujo y la ostentación de las *celebrities* estadounidenses. Una cultura totalmente diferente y única, sin entrar a valorar si mejor o peor. Pero, como en tantos otros aspectos, la vanidad de plasmar para la eternidad las efigies de ciertas personas ya la tenían también los antiguos romanos.

A finales del siglo I a. C., la ciudad de Roma fue testigo de cómo un solo hombre se propuso crear el primer gran Paseo de la Fama de la historia. En él estarían los personajes más destacados de la civilización romana. Desde Rómulo, el mítico rey fundador de la ciudad hasta Eneas, el héroe que escapó de Troya y llegó hasta las costas del Lacio para fundar la estirpe de los romanos. También habría grandes hombres como Escipión el Africano, Catón el Censor, Marco Furio Camilo o los reyes de Roma[1]. Y lo puso en marcha.

Todos los personajes quedaban identificados con una inscripción en la que aparecía su nombre, grabado para el recuerdo eterno en un

---

1 Con la excepción, eso sí, de Tarquinio el Soberbio, el último rey de Roma, expulsado en el año 509 a. C. de la ciudad. En su lugar, para completar la lista de los siete reyes de la Ciudad Eterna se incluyó a Tito Tacio, el rey sabino que se enfrentó a Rómulo en los primeros años de existencia de Roma. Su presencia entre los grandes hombres de Roma estaba, no obstante, más que justificada, puesto que, finalmente, ambos firmaron un tratado por el que unían sus pueblos y gobernaron juntos.

pedestal sobre el que se colocó una estatua de cada uno —ya les gustaría a los de Hollywood—. Las estatuas fueron distribuidas en diferentes hornacinas flanqueadas por columnas con magníficos capiteles corintios y se dispusieron en dos grandes semicírculos o exedras. Así estarían a cubierto y el lugar podía servir como un espacio de reunión popular ante la atenta mirada de los personajes más destacados del pasado.

Estas dos exedras, enfrentadas la una con la otra, pero separadas por una gran plaza central, se encontraban dentro del complejo que se construyó en honor del dios Marte en su advocación de vengador. Con todos estos datos, tal vez ya sepas que el concepto inicial de todas aquellas estructuras salió de la mente del emperador Augusto.

Él fue quien ideó la colocación de lo que se concibió como una manera de honrar el pasado, pero también —supongo que te lo debes estar imaginando— para ensalzarse a sí mismo. Al fin y al cabo, no podemos olvidar que la propaganda política lo era todo en aquel momento y Augusto necesitaba que todos los romanos vieran claramente que él era el legítimo gobernante de Roma, descendiente de los grandes hombres del pasado. No en vano, una de las dos exedras, con Eneas en la parte central, contenía todos los personajes destacados, algunos de ellos totalmente inventados, de la familia Julia a la que Augusto pertenecía como hijo adoptivo de Julio César.

Quienes sucedieron a Augusto siempre le tuvieron como un referente, un modelo de virtud romana que debía ser imitado. Precisamente por ese motivo, el emperador Trajano, más de un siglo después, ideó su propio Paseo de la Fama en el foro que mandó construir junto al de Augusto. En su caso, se colocaron grandes coronas vegetales circulares talladas en mármol en las partes altas de los pórticos que rodeaban la plaza. Cada una de ellas contenía en altorrelieve, una cabeza de tamaño colosal que representaba a algún personaje destacado que se añadía a los de las exedras del Foro de Augusto. Entre los pocos fragmentos que hemos conservado, están los del padre del emperador Trajano, algunas mujeres de la familia imperial y, prácticamente completa, la cabeza del mismísimo Julio César, otro de los grandes referentes del pasado romano en el siglo II.

El ejemplo de los emperadores de Roma fue difundido y otras ciudades del Imperio también se quisieron sumar, colocando estatuas de algunos de estos personajes en los espacios locales de representación del poder político. Por ejemplo, en Mérida se conserva parte de la estatua de Eneas, con su hijo Ascanio a su lado y su padre, Anquises, a cuestas. Es la única copia de gran tamaño del grupo escultórico de Roma que ha llegado hasta nuestros días. Sin salir de la península ibérica encontramos en Córdoba parte de una gran estatua que seguramente representaría al rey Rómulo.

En muchas otras ciudades a lo largo y ancho del Imperio podemos encontrar también fragmentos de monumentos dedicados a los personajes más importantes de su época, en los que destacan la figura de los emperadores. Hablamos normalmente de espacios de culto donde se les veneraba después de haber muerto, cuando se les divinizaba y pasaban a formar parte de los seres inmortales que velaban por el bienestar de Roma y de su Imperio.

Pero cada ciudad, además de contar con las estatuas que rendían culto a los emperadores del pasado, tenía espacio para las figuras locales que también deseaban su ansiada fama, aunque fuera entre una comunidad más reducida. El foro o plaza pública era el lugar ideal para dedicar estatuas a los magistrados, benefactores y demás personajes importantes de una ciudad. Un verdadero Paseo de la Fama de segunda categoría en el que disfrutar de un protagonismo para toda la eternidad. O eso pensaban ellos, porque eran tantas las personas que deseaban, y podían, costearse una estatua que si el foro de la ciudad no era demasiado grande aquello podía convertirse en un verdadero laberinto de piedra. Imagina una plaza pública tan llena de estatuas honoríficas que casi no se pudiera caminar entre todas. No solo era agobiante, sino que no se podía admirar realmente ninguna de ellas. Por este motivo, sabemos que algunas ciudades, ante este tipo de situaciones, optaron por retirar una buena parte de las estatuas más antiguas para dejar paso a otras nuevas.

Como en el mundo actual, la fama no siempre duraba eternamente, aunque en algunos casos su caída era más rápida y más fuerte que en otros. A lo largo de los siglos, no fueron pocos los personajes que vieron retiradas o destruidas sus estatuas, y no porque el foro se hubiera quedado sin espacio, sino porque habían sido condenados al olvido. La conocida como *damnatio memoriae*[2] engloba una serie de acciones

---

2 Literalmente la condena de la memoria. Curiosamente, aunque tiene un nombre latino que podemos asociar fácilmente con la antigua Roma, la denominación *damnatio memoriae*, para referirse a esta idea de condena al olvido, fue usada por primera vez en 1689.

destinadas a destruir todo rastro de la existencia de una persona en la historia. Normalmente era aplicada a personajes muy importantes, en especial a los emperadores que, tachados de tiranos, murieron asesinados. Muchos de ellos, como ya hemos podido descubrir, eran condenados por el odio que les profesaba la más alta aristocracia romana.

La condena al olvido de una persona podía incluir la destrucción de cualquier estatua que la representara[3], la quema de sus documentos personales y hasta el ultraje de su cadáver o de sus cenizas. En muchos casos, sin embargo, esto se cumplía solo en parte porque, por suerte para nosotros, han llegado hasta la actualidad estatuas de emperadores como Nerón, Calígula, Domiciano o Cómodo, que sufrieron esta condena. Aunque, como le pasó a Cómodo, un emperador condenado podría ser después divinizado si a quien le sucedía le interesaba hacerlo por algún motivo. No obstante, sus representaciones son mucho menos numerosas si las comparamos con las de otros emperadores romanos.

La fama, a veces duradera y tantas otras esquiva, vuela rápido y nadie puede alcanzarla. Tanto la buena como también la mala, en ocasiones, genera imágenes que permanecen a través de los siglos. Algunos la consiguen de la forma que deseaban y para otros llega sin quererlo y por los motivos equivocados. La mayoría de los hombres que tuvieron alguna estatua suya colocada en cualquier ciudad del Imperio consiguieron pasar, de una forma u otra, como grandes personajes de su propia historia. Otros no tuvieron tanta suerte. Es momento de que los conozcamos un poco mejor.

---

3 Aunque, en ocasiones, en lugar de destruirlas las reutilizaban para aprovechar el material, haciendo que representaran a otra persona. Conservamos ejemplos como el de una estatua ecuestre de Domiciano, procedente de Miseno, a la que solo se le recortó la cara, que se sustituyó de forma habilidosa por una del siguiente emperador, Nerva.

HERRAMIENTAS CON VOZ

Así es como el polifacético Marco Terencio Varrón describió a los esclavos del mundo romano. Herramientas de las que se extraía fuerza de trabajo, y todo tipo de servicios, y que se diferenciaban de las inertes en que articulaban palabras. Partiendo de esta descripción, te puedes hacer una idea de la consideración que en la antigua Roma tenían quienes, esencialmente, soportaban la base de la sociedad.

Por lo general, los esclavos no eran considerados personas; no tenían alma y sus sentimientos poco importaban. Podían ser traídos de cualquier parte del Imperio, y de fuera de él. Aunque también podían haber nacido en el corazón de Roma. Los romanos eran extremadamente clasistas, pero no racistas en el sentido colonialista del término[1]. No discriminaban por el color de la piel, sino por el estatus social.

Los que se llevaban la peor parte eran los esclavos comprados como mano de obra para la explotación de minas o para los trabajos agrícolas más pesados. Solían ser jóvenes que mayoritariamente no habían pasado la adolescencia y que, por ello, estaban en su plenitud física. A esos pobres chavales se les utilizaba de formas inhumanas hasta que simplemente morían y eran sustituidos por una nueva remesa de esclavos frescos. Este tipo de esclavos raramente llegaba a pasar de los veinte años. La extenuación, los accidentes o el suicidio solían acabar con sus vidas mucho antes.

Por encima de ellos, todavía con unas condiciones ciertamente nada halagüeñas, estaban los esclavos que pertenecían a las familias

---

[1] La excepción que confirma la regla era todo aquello que fuera oriental, una categoría laxa que se relacionaba con aquellas costumbres demasiado alejadas a las romanas como para que ellos las toleraran. Lo oriental era afeminado y lo afeminado, como puedes deducir, era malo.

del medio rural. Al menos, no se encontraban en manos de despiadados empresarios a quienes poco les importaba gastar unos sestercios más para reemplazarlos. En el siglo I el agrónomo gaditano Columela, en su obra *Sobre las cosas del campo*, aconsejaba cuidar bien de los esclavos de la finca, puesto que así su eficiencia sería mayor. Cuidar su alimentación y su vestimenta haría que trabajaran más, mejor y también que se quejaran menos. Quien gastaba un buen dinero en un esclavo pero no disponía del suficiente para sustituirlo fácilmente, debía cuidarlo para mantener en las mejores condiciones posibles lo que, al fin y al cabo, era una propiedad.

En cuanto a las esclavas, mientras eran jóvenes muchas terminaban dentro del mundo de la prostitución, donde sus cuerpos eran usados sin piedad hasta dejarlas destrozadas. En ocasiones, si eran especialmente agraciadas, podían tener la suerte de que algún cliente se enamorara de ellas y comprara su libertad, pero la mayoría nunca llegaban a tener esa opción. Las prostitutas ejercían bajo el control de un *lenus* o proxeneta, que las agrupaba en un lupanar. Estos lugares, a menudo estrechos y sórdidos, disponían de varios cubículos decorados con escenas eróticas y dotados a lo sumo de un somero lecho de obra cubierto con jergones de paja.

Donde mejor se conservan es, una vez más, en la ciudad de Pompeya. Pero, aunque la sensación que se suele tener allí es que prácticamente había un lupanar en cada calle, lo cierto es que no era así. En el pasado se ha creído identificar varios supuestos prostíbulos pompeyanos basándose en la aparición de algún símbolo sexual en suelos o muros. En el caso de los falos, en ocasiones no son más que representaciones relacionadas con la buena suerte. Por otro lado, como se ha demostrado más recientemente, algunas de las pinturas eróticas descubiertas pueden simplemente formar parte de la decoración de un dormitorio privado donde una pareja eligió esos motivos quizá para reavivar su pasión.

En el caso de que una prostituta consiguiera comprar su libertad, a menudo seguiría siendo una marginada el resto de su vida. Desubicadas y cansadas, algunas continuaban ofreciendo sus servicios en la calle o en pequeños cubículos alquilados, en ocasiones por poco más de lo que costaba una copa de vino.

Las felaciones eran los trabajos más sucios y degradantes para las prostitutas, del mismo modo que lo era el *cunnilingus* para los esclavos obligados a prostituirse. Estos últimos eran usados tanto por hombres como por mujeres. Y aunque podríamos pensar que ellas tendrían algo más de recato al reclamar sus servicios, parece que algunos prostitutos los ofrecían a mujeres pompeyanas directamente en la calle, lo que ocasionaba quejas de los vecinos.

Si hablamos de prostitución, la edad tanto de ellos como de ellas no suponía un problema. Recuerda que no eran personas, así que no importaba demasiado lo jóvenes que fueran. De hecho, nada impediría que se tratara de niños pequeños, siempre que fueran esclavos. No tenían derecho a una infancia. Un ejemplo paradigmático es el que Suetonio dejó plasmado sobre el emperador Tiberio. Mientras vivía en su palacio de Capri, aislado del mundo, se divertía haciendo que varios niños pequeños, entre los que había incluso bebés a los que llamaba «sus pececillos», le acariciaran y le dieran mordisquitos en la entrepierna mientras él se relajaba tranquilamente en su piscina. Y aunque probablemente no se trate más que de otra de las crueles exageraciones del chismoso Suetonio, este caso sí nos deja entrever algo importante. La pederastia, aunque no era ilegal mientras se practicara con esclavos, no estaba socialmente bien considerada en la antigua Roma.

Comparándolos con todos los anteriores, los esclavos domésticos que servían a las familias romanas eran, en realidad, muy afortunados. Si conseguían dar con unos buenos amos, podía desarrollarse una relación de confianza donde todos salían ganando. Por supuesto, lo normal era que recibiesen una buena disciplina, al menos eso recomendaban los tratados, puesto que de otra forma podían llegar a tomarse demasiadas confianzas. Sin embargo, un buen amo no azotaba a su esclavo con ira ni disfrutaba del castigo, sino que lo hacía con calma, como una obligación necesaria. Así se trataba de no fomentar posibles actos de venganza.

Pero, a veces, lo improbable sucedía y se desataba la tragedia. Conocemos casos de esclavos que terminaron matando a sus amos, de otros que no soportaron la presión y se suicidaron o que, en el mejor de los casos, intentaron fugarse. Para evitar al máximo este tipo de situaciones, la ley romana establecía que si un esclavo había dado muestras de alguna tendencia problemática —a fugarse, a robar, a suicidarse o a ser violento—, debía indicarse claramente antes de su venta[2]. Así,

---

2 Este tipo de advertencias solía marcarse con pequeñas plaquitas de metal inscritas que se fijaban al cuello del esclavo. En Roma se conserva una de ellas, en la que se advierte de la tendencia a la fuga del esclavo que la llevaba y se ofrece como recompensa un sólido de oro a quien lo devuelva si lo encuentra.

por ejemplo, quien buscara esclavos agresivos para convertirlos en gladiadores los reconocería más fácilmente. En el resto de casos, si el nuevo dueño tenía algún problema en un tiempo prudencial después de la compra, no podría reclamarle nada al vendedor, pues este había avisado claramente de las taras que tenía la mercancía.

Aun así, estas situaciones no eran tan frecuentes como cabría esperar. No todo el mundo podía permitirse tener esclavos, que no dejaban de ser propiedades costosas. Se estima que, aproximadamente, solo una de cada siete familias romanas tenía, al menos, un esclavo. Y de entre ellas, quienes solían abusar más de los esclavos, incluso de los domésticos, eran los que más dinero tenían. Sabemos que, en los banquetes que ofrecían algunos aristócratas para sus amigos, los esclavos eran usados verdaderamente como objetos. O al menos eso es lo que Marcial nos deja ver de manera burlona en sus epigramas. En uno de ellos cuenta cómo un esclavo, con solo un chasquido de dedos, sabía exactamente qué debía hacer con el pene de su amo borracho para que este pudiera mear a gusto.

Aunque algunos esclavos de las familias más ricas tenían que sufrir este tipo de humillaciones, y otras tantas, otros eran especialmente valorados. Tal es el caso de los gramáticos y otros maestros en toda clase de artes, encargados de educar a las nuevas generaciones de romanos. Estos esclavos solían recibir importantes regalos de sus amos, como vestidos de alta calidad. Por eso varias fuentes recomendaban no juzgar a una persona por su apariencia, puesto que había esclavos que vestían de oro y hombres libres que solo podían permitirse harapos.

Con suerte, tras varios años de servicio, un esclavo de vida más o menos acomodada podía ser manumitido, en otras palabras, liberado. Entonces se convertía en liberto, una persona, por fin, libre… pero por debajo en derechos de los auténticos ciudadanos romanos. Aun con esa y otras limitaciones sociales, los libertos podían llegar a amasar grandes fortunas y conseguir prestigio gracias a quienes habían sido sus amos. Era frecuente que los esclavos que habían controlado negocios del señor de la casa lo siguieran haciendo ya como libertos, consiguiendo influencia y poder mientras seguían rindiendo pleitesía a su *dominus*. Así, con el paso de los años, este conseguía rodearse de varios libertos importantes que le apoyarían incondicionalmente en cualquier empresa que se propusiera.

A estos la sociedad les aceptaba, no sin reticencias en algunos casos, aunque el emperador Augusto puso especial empeño en que los libertos estuvieran cada vez más integrados en la sociedad. Y aunque ellos nunca podrían llegar a ser ciudadanos romanos de pleno derecho, sus hijos sí lo serían, permitiéndoles escalar socialmente y así tener la buena vida con la que sus padres no nacieron. Incluso serían lo suficientemente acomodados como para tener propiedades, un negocio y, quizá, hasta sus propios esclavos.

RECUERDA QUE VAS A MORIR

Si hay algo seguro en esta vida es que, en algún momento, llegará a su fin. Ni los romanos ni nosotros podemos cambiarlo; pero, ¿cómo recibían ellos a esta inevitable compañera? ¿Pensaban que había algo más después de la muerte? Vamos a averiguar qué imaginaban ellos al final del camino y cómo influía en la vida cotidiana de la antigua Roma.

Cuando pensamos en la muerte en el mundo clásico es casi imposible no recordar la famosa frase *memento mori*, recuerda que morirás. Los romanos tenían muy presente que la muerte siempre estaba al acecho y, aun así, no lo veían como algo negativo. En realidad, era más bien una invitación a aprovechar el tiempo, disfrutar y atesorar los momentos vividos mientras fuera posible hacerlo porque, en palabras de Horacio, «la pálida muerte, con pie imparcial, llama igual a las cabañas de los pobres que a las torres de los ricos».

Incluso en los momentos más alegres, los romanos siempre tenían presente a la muerte para disfrutar aún más de cada instante. Esto era especialmente visible en los banquetes y las fiestas, donde se la podía ver representada en forma de esqueletos utilizados como motivos decorativos en diversas superficies y utensilios, como los que adornan dos vasos para vino, labrados en plata, del famoso tesoro de Boscoreale, enterrado por el Vesubio en el año 79. Estas figuras, conocidas como *larvae conviviales*, eran espíritus que rondaban los banquetes —*convivia*— animando a los comensales a disfrutar todo lo posible de la velada. De hecho, sabemos que, en algunos casos, los esclavos domésticos llegaban a entrar en la sala con esqueletos metálicos articulados que hacían danzar frente a los invitados para que no olvidaran la presencia de los espíritus.

Después de haber disfrutado de las fiestas, del sabor de la comida y del vino, y de todo lo que la vida podía ofrecer a cada cual, llegaba el momento de unirse a los antepasados. Lo normal cuando una persona

Taza para vino, labrada en plata, perteneciente al tesoro de Boscoreale (c. 50-25 a. C.). Está decorada con esqueletos, que representan a filósofos y poetas griegos, acompañados de máximas epicúreas que invitan a disfrutar de los placeres de la vida y a vivir el presente, pues «el futuro es incierto». Museo del Louvre, París (© DeAgostini Picture Library/Scala, Florencia).

moría era que un familiar muy cercano le cerrara los ojos y dijera su nombre tres veces con los brazos en alto en un ritual conocido como *conclamatio* que tenía como finalidad certificar que la muerte se había producido. Tras lavar, perfumar y purificar el cuerpo se realizaba un velatorio en la casa familiar durante tres días. En los tiempos más antiguos todos estos ritos los llevaba a cabo la propia familia, aunque con el paso del tiempo cada vez se emplearon más los servicios de profesionales encargados de todo ello. Eran los conocidos como *pollinctores*.

Finalmente el cuerpo, que había sido depositado en el suelo de la casa para que estuviera más cerca de la tierra a la que su alma estaba a punto de regresar, se amortajaba y se conducía en una procesión, la *pompa funebris*, hasta la necrópolis, literalmente, la ciudad de los muertos en griego. Los espacios de enterramiento romanos siempre se encontraban fuera de las ciudades, a lo largo de los caminos que conducían hasta las puertas de la muralla. Estaba prohibido por ley enterrarse dentro de la ciudad, una medida sagrada que, a la vez, suponía una buena forma de mantener la putrefacción alejada de la vida diaria.

Allí, en la mayoría de los casos hasta el siglo III[1], se producía la cremación del cuerpo sobre una pira de madera de mayor o menor tamaño según el estatus social del difunto. Todo ello en un recinto sagrado conocido como *ustrinum*, que muchas veces estaba dentro de la propia tumba o junto a ella. Antes de que las llamas empezaran a consumir los restos, un familiar besaba y abría de nuevo los ojos al difunto para que pudiera ver el cielo mientras su alma se separaba del cuerpo mortal.

Pasadas varias horas, cuando las llamas se apagaban, un esclavo especializado conocido como *ossifragus* se encargaba de recoger las cenizas y de trocear los huesos largos que no se hubieran consumido del todo para que cupieran mejor en la urna cineraria, comúnmente hecha de mármol, vidrio, cerámica o metal. Este esclavo era el único que podía tocar los restos, puesto que estaban contaminados por la muerte y la familia debía mantenerse alejada de ellos hasta que hubieran sido recogidos.

Las urnas, entonces, eran depositadas de las formas más diversas. Desde mausoleos familiares, algunos de los cuales podían llegar a te-

[1] La inhumación, por su parte, comenzó a popularizarse en el siglo II y se convirtió en la norma a partir del III, afianzándose definitivamente en la Roma cristianizada.

ner estructuras verdaderamente monumentales, hasta un simple agujero en el suelo marcado con una estela o incluso sin ella, pasando por los columbarios comunales, espacios internos muchas veces subterráneos repletos de hornacinas, que se podían comprar o alquilar para colocar en su interior la urna con las cenizas. Por supuesto, como último recurso, si no se contaba con ningún medio para enterrar un cuerpo, este acababa en los llamados *puticuli* o fosas comunes públicas.

Una vez enterrados los restos, los familiares realizaban diversos rituales que les permitían purificarse y también recordar a la persona fallecida, a quien se hacían ofrendas de vino y aceite conocidas como libaciones. En muchos casos, cuando las tumbas estaban bajo tierra, podían tener unos orificios conectados con la urna a través de un tubo de cerámica o de plomo para que el líquido que se ofrecía les llegara directamente.

A pesar de que, para casi todos los romanos, lo ideal era vivir el mayor número de años posible, para ciertos grupos de pensamiento, como los estoicos, la muerte debía llegar de forma voluntaria y temprana, cuando todavía se estaba en buenas condiciones físicas y mentales. Para muchos de ellos, como Séneca, la forma perfecta de abandonar este mundo era el suicidio[2].

Y, como en la actualidad, las opiniones sobre qué esperaba a alguien después de la muerte eran muy diversas en la antigua Roma. La mayoría, eso sí, pensaba que había un más allá que podía ser desde una existencia más o menos larga y bastante insulsa en el inframundo hasta las peores condenas y castigos del Averno. Como habrás podido ver, para los romanos, antes de la expansión de los cultos de salvación, la única vida que realmente importaba era la terrena.

Y, si la persona se libraba del castigo eterno, después de pasar mucho tiempo entre las almas de los difuntos podía olvidar todo lo que había vivido hasta entonces bebiendo las aguas del río Leteo. Esto permitía que la esencia humana más primaria pudiera reencarnarse y comenzar una nueva vida. Por supuesto, también había quienes pensaban que no existía absolutamente nada después de la muerte, algo que

---

2 Séneca, a pesar de escribir largo y tendido sobre este tema en su obra *Sobre la ira*, paradójicamente se vio obligado a suicidarse cuando ya contaba con setenta y cinco años y, como nos recuerdan las fuentes, la suya fue una muerte especialmente lenta y penosa.

queda reflejado en inscripciones que nos recuerdan que nada somos y, después de la vida, rápidamente volvemos a la nada. Polvo eres y en polvo te has de convertir.

En cualquier caso, esta última era una idea poco extendida. Por suerte contamos con cientos de miles de inscripciones funerarias romanas que nos confirman la visión que más gente tenía. Fórmulas grabadas en la piedra como STTL *—sit tibi terra levis*, que la tierra que te cubre te resulte ligera—, nos muestran que se deseaba a los difuntos un descanso tranquilo y pacífico. Además, el hecho de que las tumbas se encontraran a los lados de las vías de entrada a las ciudades, también permitía que, quienes por allí pasaban, pudieran leer las inscripciones y recordar a aquellas personas[3].

A pesar de la inevitabilidad de la muerte, siempre queda una esperanza: *Non omnis moriar*. No moriré del todo, como decía Horacio, si me seguís recordando cuando ya no esté. La vida de los muertos, en la antigua Roma como ahora, se mantiene en el recuerdo de los vivos.

[3] Algunas inscripciones funerarias llegaban a tener textos en los que el difunto hablaba con aquellos que las leían, recordándoles la inevitabilidad de la muerte. Una procedente de Roma dice: «Eh, tú, caminante, ven aquí y descansa un poco. ¿Me dices que no con la cabeza? Sin embargo, aquí tendrás que volver».

CULTURA

VERBA VOLANT, SCRIPTA MANENT

Las palabras vuelan, los escritos permanecen. Este conocido proverbio latino, cuyo origen se remonta a la Edad Media, curiosamente se puede interpretar de dos maneras que se contraponen entre sí. La primera de ellas postula que las palabras, libres como el viento, vuelan hasta lugares insospechados. Como la fama, se extienden rápidas y nadie puede contenerlas una vez han sido pronunciadas. Las palabras, buenas o malas, son indestructibles y la propia cultura humana se desarrolló y cambió con ellas durante milenios.

¿Qué sería de nosotros sin la tradición oral? ¿Sin los poetas que cantaban las gestas de los héroes con la única ayuda de la memoria? ¿Sin las familias que, sentadas junto al fuego del hogar transmitían a los más jóvenes sus tradiciones y su forma de ver el mundo? Las palabras vuelan y los escritos permanecen. Y pueden permanecer por siempre, pero es posible que nadie los lea. ¿Cuántos escritos habrá que el tiempo nos ha ocultado, que a nadie han interesado o que, simplemente, solo estaban al alcance de unos pocos? Imagina un mundo en el que la escritura es un privilegio, donde las ligeras palabras llegan a todo el mundo pero los escritos son pesadas losas que sepultan y entierran lo que querrían mostrar. Solo unos pocos pueden levantarlas.

Ese mundo ha existido. En los periodos más antiguos de la historia romana la cantidad de personas que podían leer y escribir era sumamente baja. Muchos niños no podían disfrutar del lujo de aprender porque tenían que ayudar a su familia en el campo o en cualquier otro que fuera el negocio que les permitía subsistir. En ese mundo la palabra era fundamental y así ha seguido siendo hasta nuestros días. De eso se aprovechaban las elites para mantener el dominio sobre la plebe.

La vida diaria de muchos estaba bajo el control de unos pocos, que disfrutaban de su ventaja competitiva.

Pero aquel mundo fue cambiando y lo hizo gracias a los avances que conquistaron esos que tenían la palabra como arma. Solo entonces el proverbio pudo entenderse en su forma opuesta. He aquí la segunda de las interpretaciones. Las palabras vuelan, los escritos permanecen: lo que dices vive únicamente durante un instante y luego se lo lleva el viento; los escritos pueden darte la eternidad. En Alejandría podrían haber grabado, en griego, esta frase sobre el dintel de la biblioteca por excelencia. En una biblioteca el saber se acumula, permanece y espera a quien lo quiera descubrir.

En la Roma republicana, las familias aristocráticas se jactaban de pagar grandes sumas de dinero por bellos volúmenes de obras clásicas que atesoraban en sus bibliotecas privadas. En el mundo antiguo los libros se escribían en rollos de papiro que, al desenvolverse de izquierda a derecha, revelaban sus textos. Fue Cayo Julio César quien decidió que todo ese conocimiento debía llegar a cualquier persona que lo deseara, y no solo a quienes los poderosos decidieran invitar a entrar en sus bibliotecas. En una Roma mucho más letrada, donde cada vez más gente aprendía a leer, una biblioteca abierta a todos se hacía imprescindible. Y aunque César vio truncada su idea, fue Augusto quien finalmente la culminó, creando la primera biblioteca pública de Roma. La ubicó en el conocido como Atrio de la Libertad, un lugar de nombre ideal para cumplir su claro cometido.

A aquella le siguieron muchas más a lo largo de todo el Imperio. También en la propia Roma, donde se llegaron a ubicar casi treinta durante los siglos posteriores. El conocimiento era cada vez un poco más libre y la alfabetización de la sociedad aumentaba de forma rápida en las ciudades. Con la popularización del uso de los libros, terminó por desarrollarse la necesidad de modificar su soporte. Por comodidad de uso y por durabilidad, el frágil *volumen* de papiro acabó dando paso durante los últimos siglos del Imperio al *codex*, el libro con páginas tal y como lo hemos conservado hasta la actualidad. Los códices se fabricaban con pergamino[1]; aunque más caro, también era mucho más re-

---

[1] Según Plinio el Viejo, este material derivado del aprovechamiento de la piel curada de los animales debe su nombre a que fue inventado hacia el siglo III a. C. en la ciudad de Pérgamo, en la costa turca. Sin embargo, los hallazgos arqueológicos desmienten esta posibilidad, dado que sabemos que ya se había usado siglos antes en di-

sistente y versátil porque permitía que se pudiera escribir por sus dos caras manteniendo una buena legibilidad de los textos.

Y aunque hasta el siglo IV su adopción no fue común, los códices ya eran usados esporádicamente incluso desde el siglo I. No era de extrañar, pues su origen estaba en otro objeto de escritura que muchos romanos usaban en el día a día. Desde cartas hasta cuentas y ejercicios escolares, en la antigua Roma el soporte más cotidiano para escribir eran las tablillas de madera. Estas pequeñas piezas planas, no mucho más grandes que un teléfono móvil, se podían juntar unas con otras formando pequeños cuadernos y eran perfectas para escribir mensajes cortos, apuntar rápidamente cualquier cosa o documentar hechos que se quisiera preservar.

Algunas eran muy versátiles, porque podían reutilizarse tantas veces como se quisiera. Contaban con un espacio rebajado dentro de un marco que se rellenaba con cera. Así, con un punzón, se podía escribir fácilmente sobre ellas y después borrar lo escrito. Ya fuera con una pequeña espátula plana que solían tener los punzones metálicos a modo de goma, o calentando de nuevo la cera para alisarla. Eran perfectas para un uso cotidiano: tomar apuntes, hacer la lista de la compra o aprender las letras del abecedario. Se escribía y se borraba con rapidez. Pero si se pretendía conservar lo escrito por largo tiempo, lo normal era escribir directamente sobre la madera lisa. Ya no con una punta afilada, sino con tinta negra.

Gracias al uso de las tablillas de madera nos han llegado textos privados de personas que de otra forma serían anónimas. Especialmente importantes son las que se han preservado carbonizadas en Pompeya y alrededores, algunas escritas con tinta y otras que incluso mantienen la cera que se usó como soporte. En un contexto muy diferente, como es el fuerte de Vindolanda en Reino Unido, también contamos con una gran colección de ellas conservadas gracias a haber pasado siglos enterradas bajo la capa freática, en un ambiente en el que la madera nunca se llegó a pudrir. Echando un vistazo podemos encontrar invitaciones a cumpleaños[2], una de las felicitaciones de Año Nuevo más antiguas de la que tenemos noticia, de hace mil novecientos años,

---

ferentes zonas de Oriente. En cualquier caso, Pérgamo sí fue uno de los grandes centros productores de pergamino del mundo antiguo.

2 Una de ellas, escrita hacia el año 100 por Claudia Severa, es uno de los textos latinos de mano femenina más antiguos que conservamos.

y quejas, muchas quejas. En especial de los soldados que vivían en aquel campamento, uno de los puestos de defensa del muro de Adriano, la frontera más septentrional del Imperio. Hay que entender a ese soldado raso criado en el Mediterráneo y destinado a aquel recóndito lugar desde el que, desesperado, escribió a su familia relatando lo insoportable que era vivir en un clima tan húmedo, frío y lluvioso. Otro se quejaba de tener siempre los pies helados y otra carta confirmaba a un tercero que pronto le llegarían unos buenos calcetines de lana que le habían enviado.

Mientras tanto, otro soldado remitía desde Miseno, en la soleada bahía de Nápoles, una carta a su padre. Era un soldado egipcio llamado Apión, alistado en el ejército, donde le habían dado el nuevo nombre de Antonio Máximo. En este caso escrita sobre papiro[3], la emocionada carta de este joven recluta llegó a Egipto. Allí sería hallada muchos siglos después gracias a las condiciones desérticas que favorecieron su perfecta conservación.

Somos inmensamente afortunados de haber conservado miles de documentos privados como estos que nos acercan un poco más a las vidas de todas aquellas personas que, de otra forma, habrían quedado invisibilizadas por la historia. Aun así, entre documentos como estos y las fuentes de los grandes autores que han llegado hasta nosotros, no suman ni el uno por ciento de los textos que se calcula que existieron en el mundo romano. El paso de los siglos y las muchas destrucciones que sufrieron en diferentes momentos de la historia nos han privado de una cantidad ingente de conocimiento.

Más allá de esas joyas que han conseguido sobrevivir como un regalo directo desde la antigua Roma, la mayor parte de los textos que conservamos son copias de copias que, necesariamente, debían hacerse cada cierto tiempo. Esta es una práctica que ya se realizaba en el mundo antiguo, dada la fragilidad de los soportes, y que se siguió llevando a cabo en núcleos de conocimiento medievales como fueron los monasterios desde donde los monjes copistas nos transmitieron el saber del pasado.

Por suerte, la historia se sigue escribiendo cada día y, de vez en cuando, tenemos la fortuna de recuperar nuevos fragmentos de una obra, ocultos en algún monasterio de ubicación remota o gracias a las

---

[3] Por la cuidada caligrafía griega que tiene, sabemos que esta carta fue dictada por el joven y redactada por un escriba para él.

nuevas técnicas de lectura de los papiros carbonizados de Herculano. Estos últimos forman una colección de casi dos mil rollos extremadamente frágiles que el flujo piroclástico del Vesubio nos ha permitido conservar. Fueron hallados en el siglo XVIII y constituyen la única biblioteca que ha llegado hasta nosotros desde la antigüedad. Parte de ellos se destruyeron en un primer momento, al intentar desenrollarlos, por no darse cuenta de que se trataba de algo tan valioso. Pero otros pudieron ser leídos y otros tantos todavía esperan que la tecnología sea capaz de desentrañar sus secretos sin dañarlos.

Pero la biblioteca de la Villa de los Papiros no tenía por qué ser la única de la zona. Tal vez todavía haya otras que sigan enterradas bajo los escombros de aquella terrible erupción. Imagina que algún día recuperáramos las obras perdidas de los autores más importantes del mundo romano como Varrón o Tito Livio. Es muy difícil que algo así ocurra, pero uno siempre puede soñar. Al final creo que me tengo que quedar con una tercera forma de entender aquel proverbio con el que comencé este capítulo. Las palabras vuelan y se hacen eternas y los escritos permanecen para reflejarlas. Solo hay que dejar que, algún día, el tiempo nos permita encontrarlos.

EL AÑO MÁS LARGO DE LA HISTORIA

Hay pocos momentos en los que los romanos cambiaron el mundo de forma tan decisiva, y a la vez tan aparentemente silenciosa, como aquel en el que idearon su calendario. Más de dos mil años después seguimos usando esencialmente el mismo que desarrollaron los romanos, con ayuda de la sabiduría de otros pueblos, claro.

Piensa que el calendario romano no ha influido solo en aquellas zonas que antaño pertenecieron a los dominios del Imperio, sino que se ha expandido prácticamente al mundo entero. Para bien o para mal, la globalización occidental más reciente no ha hecho sino extender aún más la forma en que los romanos medían el paso del tiempo.

Las horas, los días, las semanas, los meses y los años se siguen rigiendo a la romana. Ellos fueron los primeros que marcaron que el cambio de día debía producirse llegada la medianoche[1], los que popularizaron la semana de siete días y los nombres de estos y los que dieron su forma y denominación a los meses del año. De todo ello nada ha cambiado. Llamamos lunes al día de la Luna o jueves al de Júpiter; junio al mes de la diosa Juno y diciembre al duodécimo mes.

Espera. Diciembre, que debe su nombre al número diez, ¿no debería ser entonces el décimo mes? Y septiembre el séptimo, cuando en realidad es el noveno, octubre el octavo y noviembre el noveno. Así, de pronto, y si es la primera vez que te has topado con este asunto, puede resultarte confuso y hasta ilógico. Sin embargo, hay una explicación muy razonable que es, precisamente, la que nos ha traído hasta aquí.

---

[1] Los babilonios empezaban a contar los días desde el amanecer, los atenienses desde que anochecía e incluso los umbros, un pueblo itálico conquistado por Roma en el siglo III a. C., lo hacían, extrañamente, de mediodía a mediodía.

El origen del calendario romano debemos buscarlo en los tiempos más remotos, esos que se pierden entre la bruma de las leyendas y los mitos, cuando Roma no era más que un pequeño poblado de cabañas situado en el monte Palatino sobre un valle todavía empantanado e insalubre. Por aquel entonces, la romana era una sociedad agrícola que comenzaba su año poco después de la llegada de la primavera[2]. El mes de marzo fue el primero para los romanos, nombrado en honor del dios Marte, padre y protector de la estirpe romana y también de sus campos.

El año romano arcaico, del que sabemos realmente poco, tendría un total de diez meses, la mayoría de los cuales nos resultan muy conocidos: *Martius*, *Aprilis*, *Maius*, *Iunius*, *Quintilis*, *Sextilis*, *September*, *October*, *November* y *December*. Si te das cuenta, solo los cuatro primeros tenían nombres que hicieran referencia a la divinidad protectora del mes. A partir del quinto se nombraron simplemente basándose en la posición que ocupaban en el año de diez meses y esos nombres los hemos mantenido hasta la actualidad. Sin embargo, como habrás visto, hay dos excepciones: en el año 44 a. C., y a propuesta de Marco Antonio, se cambió el nombre de *Quintilis* por *Iulius* para honrar a Julio César tras su asesinato; a *Sextilis* le ocurrió lo mismo en el año 8 a. C., cuando el Senado honró en vida al emperador Augusto. Eso sí, para entonces, hacía siglos que habían dejado de ser el quinto y el sexto mes respectivamente, porque mucho tiempo atrás el calendario había sido modificado.

Los 304 días que, según la tradición, tenía el año del rey Rómulo, pasaron a ser 355 días por orden de su sucesor, Numa Pompilio. Él fue quien añadió los meses de enero y febrero para paliar la inconexa relación que había entre los meses y las estaciones del año. Sin embargo, febrero no se colocó en la segunda posición que nos es tan familiar, sino que se ubicó en la última, cerrando el año. Estaba dedicado a los difuntos, a los antepasados y a la purificación antes de entrar en el nuevo año y por ello debía ser el último y tener menos días para completar lo que, en ese momento, se consideraba que era el ciclo del año. Le adjudicaron un total de 28 días, los mismos que conserva hoy. De hecho, era el único mes que tenía un número par de días, puesto que los demás tenían 29 o 31. Esto era así porque los romanos pensaban

---

2 En su concepción la primavera comenzaba en lo que para nosotros sería el 7 o el 8 de febrero.

que los números impares eran más agradables a los dioses del cielo y relacionaban los pares con el inframundo. Unos siglos después, a comienzos de la República, febrero sería reubicado delante de marzo, pero siempre mantuvo sus 28 días, incluso tras la nueva reforma que Julio César hizo en el año 45 a. C. —el llamado calendario juliano—. Y así ha llegado hasta nuestros días. Nadie se ha atrevido a importunar a los dioses del inframundo[3].

Ya sabemos lo que pasó con febrero, pero, ¿y enero? La lógica nos dice que, en algún momento, marzo dejó de ser el primer mes del año para ceder su puesto a enero. En qué momento se produjo ese cambio es algo muy interesante. En los siglos XIX y XX, tratando de responder a esta pregunta, algunos investigadores plantearon la posibilidad de que el cambio se hubiera producido mucho después de la introducción del propio mes de enero, añadido al calendario en los siglos VIII-VII a. C. Según esta propuesta, el año 153 a. C. habría sido el primero de la historia en que el año habría pasado a comenzar el 1 de enero.

Si te interesa el tema, es posible que hasta conozcas este episodio. En el año 154 a. C. los romanos estaban preocupados por la amenaza que suponían los segedenses en Hispania, contra los que estaban en guerra. Los cónsules que partían para luchar contra ellos debían tomar sus cargos en el mes de marzo —concretamente el día 15—, por lo que se propuso adelantar la fecha de las elecciones al 1 de enero. De este modo, los cónsules pudieron ser elegidos dos meses antes para viajar a Hispania y combatir con la llegada de la primavera.

Lo anterior lo sabemos con bastante certeza, por un texto que resume el contenido de un capítulo perdido de la obra de Tito Livio *Desde la fundación de la Ciudad*:

> En el año 598 desde la fundación de la Ciudad [153 a. C.], los cónsules comenzaron a asumir su cargo en las calendas [el día 1] de enero. La causa de este cambio en la fecha de las elecciones fue una rebelión hispana.

---

3 Existe un bulo, que en ocasiones se puede leer por ahí, que dice que febrero tenía en origen 29 días y que fue el emperador Augusto quien le quitó uno de ellos para dárselo al mes de agosto, envidioso de que julio, el mes de Julio César, tuviera un día más que el suyo. No deja de ser curioso que algo que se inventó un monje del siglo XIII llamado Juan de Sacrobosco —al menos de él procede la versión más antigua que conocemos del bulo—, haya llegado hasta nosotros. Por supuesto, no quiero echarle la culpa al pobre monje. Imagínate tener que investigar algo así en plena Edad Media.

Ahora bien, si te das cuenta, el texto de Tito Livio lo único que dice es que en el año 153 a. C. se cambió la fecha de las elecciones. Pero esto no era la primera vez que se hacía: a comienzos de la República los cónsules tomaban su cargo el 1 de agosto; en el siglo v a. C., el 15 de mayo; en los siglos IV-III a. C., el 15 de diciembre, hasta el año 253 a. C. el 1 de julio, y finalmente, hasta el año 154 a. C., el 15 de marzo.

Lo cierto es que esa sí fue la última vez que se cambió la fecha de las elecciones consulares en el mundo romano. A partir de ese año, los cónsules siguieron tomando sus cargos anuales el 1 de enero durante los siglos venideros. La realidad, más allá de esta errada historieta, es que el mes de enero siempre fue el primero del año desde que Numa Pompilio lo añadiera al calendario. Así nos lo confirman varias fuentes que he tenido guardadas hasta ahora para darle un toque más dramático a este tema.

Por desgracia, quienes propusieron todo aquello no las leyeron y quienes lo han defendido más recientemente no han querido leerlas, pero tanto Ovidio como Plutarco, dos fuentes de primer nivel, nos cuentan que el año romano comenzaba el 1 de enero desde los siglos VIII-VII a. C.[4]. Tratar de equiparar el inicio del curso político con el del calendario cívico y religioso no tiene ningún sentido. Es como si en la actualidad dijéramos que nuestro año comienza, por ejemplo, el 1 de septiembre, que es cuando lo hace el calendario judicial en España.

Por otra parte, que enero fue el primer mes del año desde su creación no es algo difícil de creer si tenemos en cuenta que el mes de *Ianuarius* estaba dedicado a Jano bifronte, el dios protector del año. Tenía dos caras, con las que podía mirar al pasado y al futuro, cerrando la puerta del año que terminaba y abriendo la del que comenzaba. ¿En qué otra posición podría colocarse sino en la primera?

Y así llegó el calendario hasta nosotros en su forma de doce meses, de enero a diciembre. Como te decía antes, César lo reformó nuevamente y añadió diez días más para conseguir 365. Un ajuste necesario si tenemos en cuenta que, por aquel entonces, el ciclo de las estaciones estaba tan desalineado con el año civil que el invierno comenzaba en

---

[4] O algo después, si tenemos en cuenta que los romanos reconstruyeron sus propios orígenes a partir de las leyendas que se conservaron a través de los siglos. En cualquier caso, el añadido del mes de enero se produjo muchos siglos antes del año 153 a. C.

agosto. Precisamente por eso, para aquilatar el sistema, fue necesario añadir tres meses adicionales que hicieron del año 46 a. C. el más largo de la historia de la humanidad, con un total de 445 días.

El cálculo de la duración real del año, realizado por el astrónomo egipcio Sosígenes de Alejandría, fue también el que dio lugar a los años bisiestos. Un sistema que todavía seguimos manteniendo en el mes de febrero para compensar las casi seis horas que se suman cada año hasta completar un día entero cada cuatro. Es admirable pensar en cómo pudo realizar un cálculo como aquel en el siglo I a. C., con un margen de error de solo unos once minutos con respecto a la realidad. Precisamente esos once minutos, añadidos cada año, con el paso de los siglos terminaron por sumar varios días completos. Por ello, en 1582, el papa Gregorio XIII ordenó realizar otro pequeño ajuste en el calendario para asegurar que, en adelante, el margen de error fuera imperceptible. Y para reajustar los diez días de error acumulados desde la antigua Roma, el jueves 4 de octubre de ese año fue seguido del viernes 15 de octubre, dando lugar a diez días que nunca existieron, al menos de forma nominal, en la historia occidental.

Así ha llegado hasta nosotros el calendario romano en su forma prácticamente original. Casi sin que nos demos cuenta, el tiempo fluye inexorable de la misma manera que lo hacía en la antigua Roma. Ahora, por un instante, el tiempo se ha detenido mientras entendemos cómo, una vez más, los romanos cambiaron el mundo y lo moldearon para que llegara a ser tal y como ahora lo conocemos.

UN IMPERIO PARA VIAJARLO

Me encanta viajar. La sensación de descubrir lugares completamente nuevos o de ver en persona aquellos con los que, hasta ese momento, solo había podido soñar es indescriptible. Los espacios, las estructuras, el ambiente, todo suma para crear una experiencia perfecta. O casi perfecta. No sé si estarás de acuerdo conmigo, pero la parte que menos se suele disfrutar de un viaje es el trayecto. Dormir, leer, volver a ver una serie de romanos, todo vale para calmar el ansia de llegar al destino y empezar a disfrutar.

Ahora imagina esto mismo, pero en el mundo romano. Aunque nos puede resultar chocante, la cantidad de gente que se desplazaba de un lado para otro durante el periodo imperial era muy elevado. Un mundo globalizado como nunca antes se había visto. Los viajes, por supuesto, resultaban mucho más largos, tediosos e incómodos. Aunque si las condiciones eran favorables se podía llegar a cualquier parte del Imperio en poco más de una semana de viaje.

En cuanto al propósito de aquellos que se desplazaban, ya fuera a caballo, en litera o barco, encontramos las razones más variopintas. Desde los soldados destinados a las fronteras más recónditas, hasta los dignatarios y embajadores que iban a Roma para presentar sus respetos al emperador. Mercaderes recorrían carreteras y vías marítimas haciendo las mismas rutas una y otra vez para poder mantener su negocio. Atletas y actores probaban suerte en nuevos lugares donde todavía no conocían su talento. Devotos viajaban cientos de millas hasta los santuarios de los cultos más diversos. Caravanas de esclavos se dirigían hacia el centro del mundo, siempre necesitado de mano de obra barata, o jóvenes estudiantes iban a Grecia para aprender las artes y las ciencias que guardaban la sabiduría del pasado.

Todos ellos viajaban de un lado a otro sin parar. Pero ninguno lo hacía realmente por placer. ¿Acaso no existía el turismo en la antigua

Roma? Resulta que, junto a todos los anteriores, también podríamos encontrarnos una buena cantidad de romanos ociosos que soportaban el camino solo por disfrutar del mismo placer que nos mueve a nosotros cuando nos vamos de vacaciones.

Piensa en la ciudad de Roma en la antigüedad, un día cualquiera del mes de agosto. Tienes que imaginártela en pleno trajín, no sé si me entiendes. Agua no demasiado limpia corriendo por los bordes de las vías hasta perderse en las cloacas, ruido y bullicio por todas partes, no en vano Roma llegó a tener más de un millón de habitantes durante el siglo II. Carros de un lado para otro, mercancías que se caen al suelo porque un esclavo se ha desmayado por un golpe de calor. Un olor penetrante se te mete por dentro, una mezcla de madera quemada de algún incendio que se ha desatado en una ínsula cercana y sudor de todos los que discurren a tu alrededor. Hay quien diría que es el precio de vivir en la capital del mundo, pero, ¿no te gustaría huir de allí?

Pues igual que tú y que yo pensaban seguramente la mayoría de quienes vivían situaciones como esa en la ciudad, aunque solo aquellos que tenían el dinero suficiente podían permitirse hacerlo realidad. La aristocracia romana, bien lo sabes ya, ocupaba con sus villas de ocio los terrenos más próximos a la ciudad. A la distancia justa para salir de ese infierno enlosado evitando que el viaje se hiciera demasiado tedioso. Allí disfrutaban de banquetes servidos por sus esclavos, se relajaban en sus termas privadas y, en definitiva, gozaban de un lujo sin igual.

Pero hasta los más ricos se aburren de su propia opulencia. Los romanos pronto aprendieron a disfrutar de lo desconocido, visitando lugares lejanos. Incluso si eso suponía tener que ir personalmente hasta ellos. Los más poderosos, incluyendo al emperador, podían permitirse ir a cualquier lugar y hacer diversas paradas por el camino para conocer nuevas ciudades. Allí, las familias más reconocidas les ofrecerían sin dudarlo una habitación para dormir. De hecho, era común que uno de los esclavos de la comitiva de viaje se adelantara cada día hasta la siguiente parada para anunciar que tal o cual personaje estaba a punto de llegar a la ciudad.

Quienes se desplazaban solos porque no tenían tanto dinero o no eran lo suficientemente importantes, por el contrario, debían alojarse en pequeñas posadas donde solía haber más suciedad que paredes. Era normal encontrar varios de estos establecimientos a la entrada de las ciudades y, si uno se atrevía, podría pasar la noche allí por poco dinero[1].

Pero por muchas penurias que los viajeros experimentaran todo valía la pena si conseguían llegar a su destino. Entre los más solicitados estaba Egipto, una tierra exótica que atraía turistas de todo el Imperio. ¿A quién no le va a gustar contemplar los restos de una civilización anterior a la suya? Desde que Augusto la convirtiera en provincia romana, la egiptomanía invadió totalmente el mundo romano. Casas enteras pintadas con motivos al estilo egipcio, decoradas con estatuas de chacales y cocodrilos, obeliscos milenarios y tumbas con forma de pirámide faraónica se pudieron ver en Roma en los siguientes años.

En Alejandría se podía pasear junto al gran templo de Serapis y apreciar las tumbas de los antiguos reyes; a los viajeros importantes incluso les permitían ver el cuerpo embalsamado de Alejandro Magno. De hecho, sabemos que tanto César como Augusto pudieron verlo y, tanto se acercó el último de ellos en su visita, que se cuenta que le rompió la nariz a la momia.

El recorrido más típico continuaba hacia el sur, donde se podían contemplar los antiguos templos de los dioses egipcios, algunas tumbas del Valle de los Reyes que ya se habían descubierto —y que se llenaron de grafitos de turistas— o el famoso coloso de Memnon. Esta última era una de las mayores atracciones de todo Egipto. Se nos cuenta que durante el siglo II cobró tanta fama que había verdaderas multitudes que llegaban hasta allí para admirar aquella estatua sedente que todos pensaban que encarnaba a este héroe luego divinizado, hijo de la diosa Aurora. Aunque en realidad representaba al faraón Amenhotep III, lo interesante era que, al amanecer, la gente decía que se le oía cantar. Tal vez fuera el aire que silbaba al pasar entre las grietas que habían surgido entre las piedras después de un gran terremoto sufrido en la zona en el siglo I, porque tras una restauración de la estatua, llevada a cabo por orden del emperador Septimio Severo a comienzos del siglo III, el coloso dejó de cantar y la atracción perdió bastante fuerza.

Para los más ricos y poderosos, qué mejor que un crucero por el Nilo como el que hizo Julio César acompañado de Cleopatra y en el

---

[1] A la mañana siguiente, el viajero podría continuar el camino… si es que seguía vivo, porque la fama de estos lugares era tan mala que nos han llegado relatos de posaderos que asesinaban a sus huéspedes y los enterraban bajo el estiércol de las cuadras.

que seguramente a punto estuvo de olvidar dónde estaba Roma y quiénes eran sus enemigos. Y aunque los más atrevidos podían llegar a lugares más remotos, la mayoría terminaba su viaje complacido viendo las pirámides de Gizah, una de las que, ya en aquella época, se consideraban como las siete maravillas del mundo.

Otro de los destinos más deseados por los turistas romanos era la ciudad de Ilión. Se trataba del lugar donde la tradición situaba los sucesos de la mítica guerra de Troya. Los romanos, como descendientes del héroe troyano Eneas y ávidos lectores de la *Ilíada* de Homero y la *Eneida* de Virgilio, sentían gran curiosidad por visitar los espacios en los que se había desarrollado la acción. La gente de la zona, acostumbrada a recibir multitud de curiosos, supo sacar provecho de la situación, vendiéndoles *souvenirs* y guiándoles por un módico precio a todos aquellos lugares. Personajes tan destacados como Agripa y Julia, mano derecha e hija de Augusto respectivamente, o el propio Julio César pasearon entre los restos derruidos mientras su acompañante local les aseguraba que aquella era la ciudadela del rey Príamo.

Quienes tenían el suficiente dinero e interés podían encontrar gran cantidad de sitios interesantes. Desde maravillas de la naturaleza, como ríos que emborrachaban a quien bebía sus aguas, hasta espacios sagrados que conservaban objetos relacionados con la mitología, como la sandalia de Perseo, de más de un metro de largo, o parte del barro que Prometeo había usado para crear los primeros humanos.

Pero, sin duda, el viajero por excelencia, aquel que visitó más lugares que nadie, fue el emperador Adriano. Curioso y cultivado como era, pasó más años de su reinado visitando las provincias que en la Ciudad Eterna. A lo largo de veintiún años recorrió literalmente todo el Imperio en varios viajes. Lo descubrió absolutamente todo o, al menos, eso decían de él sus contemporáneos. El emperador dejó además constancia de sus viajes acuñando monedas con el nombre de las provincias, casi como si fueran pequeños recuerdos de los lugares que había visitado. Cuando llegaba a una ciudad le encantaba interesarse por los problemas de los ciudadanos. Necesitaba conocer de primera mano lo que ocurría en el Imperio. Además, aprovechaba para saciar su curiosidad y para llevarse apuntes de estructuras que, como buen arquitecto que era, después trataba de replicar en su villa personal junto a la ciudad de Tibur. Llegó a visitar lugares tan espectaculares como la cima del monte Etna, desde donde se dice que pudo ver el amanecer, pero para él nada era mejor que Grecia, una tierra que amaba profundamente. Se encargó de reconstruir y renovar muchos edificios de Atenas llegando a convertirse, junto a Teseo, en todo un refundador de la ciudad.

También había quienes preferían un turismo algo más relajado y que les permitiera recuperar salud. Había muchos puntos destacados como verdaderos santuarios salutíferos donde poder bañarse en piscinas con diferentes propiedades termales. Las aguas sulfurosas o a gran temperatura eran algunos de los atractivos de estos lugares distribuidos por toda la geografía[2].

No obstante, si quieres que te recomiende el sitio de vacaciones y veraneo por excelencia de los romanos más pudientes, solo podemos hablar de un destino. Sol, aguas termales, mar, buena comida y lujosos espacios pensados para el disfrute y el placer. Así era la ciudad de Baiae, situada en el golfo de Nápoles. A poco más de cien millas al sur de Roma, se llegaba relativamente rápido si se quería huir del calor de la capital en verano. Muchos de los romanos más importantes tenían una villa en la colina frente al mar. Cayo Mario, Cneo Pompeyo, Julio César, y, por supuesto, la mayoría de emperadores de los siglos I y II. De hecho, el propio emperador Adriano murió mientras se encontraba allí.

Los restos que se pueden ver hoy en día no hacen justicia al lujo que debió de tener toda esa zona en época romana. Sin embargo, las imponentes estructuras aterrazadas, propias de una escenografía teatral, aunque expoliadas de todos los mármoles que las cubrían, hacen que la imaginación vuele pensando en cómo pudieron ser. Pero lo más interesante de Baiae está escondido bajo el mar. A partir del siglo VI, por un fenómeno volcánico conocido como bradisismo, la zona se ha ido hundiendo progresivamente hasta dejar las villas de primera línea de mar sumergidas a unos dos o tres metros de profundidad. Bajo los sedimentos marinos se esconden mosaicos, paredes y suelos recubiertos de mármoles tan caros que solo el emperador se podría permitir y hasta un gran comedor abierto directamente al mar.

Aunque el máximo nivel de exclusividad imperial se lograba solo en la isla de Capri. Allí Tiberio hizo construir su gran palacio, la Villa

---

[2] En la península ibérica contamos con varios ejemplos como el de Alange, en Extremadura, que actualmente funciona como balneario, o el de Chaves, en el norte de Portugal, con aguas a casi ochenta grados que sigue llenando las piscinas romanas originales.

de Júpiter, desde donde gobernaba el mundo. Está situada en unos acantilados a quinientos metros sobre el nivel del mar, así que no quiero imaginar a los pobres esclavos cuando tuvieran que subir la litera del emperador. Y por si el soberano no tenía suficiente, el resto de la isla, con sus famosas grutas, era toda ella propiedad imperial y contaba con hasta doce villas más para la corte y los invitados más exclusivos.

Pero volvamos ya, que como en casa no se está en ningún sitio, y también allí hay cosas que visitar. En la ciudad de Roma había lugares especialmente pensados para los turistas. El emperador Septimio Severo mandó construir a comienzos del siglo III una gran fuente monumental que honraba a los siete dioses planetarios justo en el lugar por el que la Vía Apia entraba en el corazón de Roma. Caminando un poco más, y dejando a su izquierda el Circo Máximo y el palacio imperial, el visitante se encontraría directamente con estructuras tan increíbles como el gran templo de Venus y Roma, el Coliseo o la estatua colosal de bronce dorado del dios Sol que estaba junto a él y que dio su famoso nombre al anfiteatro. La columna de Trajano, la antigua cabaña del rey Rómulo o el templo de Júpiter Óptimo Máximo Capitolino con sus tejas doradas, entre tantas otras maravillas de Roma, hacían que miles de personas llegaran constantemente desde todo el Imperio para conocer aquella ciudad, a imagen y semejanza de la cual se habían moldeado todas las demás.

Como en tantas otras ocasiones, cuando creemos que el turismo es algo muy nuestro, resulta que también lo hicieron antes los romanos. ¿Qué pensarían ellos si supieran que ahora visitamos con interés los restos de su civilización?

LA MESA ESTÁ SERVIDA

La *pizza* es, sin duda, uno de los platos más consumidos en todo el mundo. La puedes encontrar en cualquier parte en cientos de estilos distintos y una variedad de ingredientes cada vez más disparatada, ¡empezando por la piña! Y, sin embargo, la original, que proviene de ese maravilloso lugar que es el golfo de Nápoles, es sencilla y perfecta. La masa, muy fina y maleable, el cordón que bordea los ingredientes grueso y esponjoso y, en su interior, solo tomate, mozzarella o *fior di late*, albahaca y aceite.

Y ahora, la pregunta del millón de sestercios es: ¿tiene algo que ver el origen de la *pizza* con la antigua Roma? Si nos ponemos serios la respuesta debe ser que no, puesto que difícilmente podrían haber usado tomate en sus recetas, por aquello de que no llegó a Europa hasta los primeros contactos castellanos con el continente americano. Sin embargo, si desmontásemos la *pizza*, el resto de los ingredientes podríamos encontrarlos en la cocina romana. Especialmente importante es la masa, con la que sí parece existir cierta conexión en el mundo romano.

Ellos tenían como uno de los elementos básicos de su dieta el pan. Se solía hacer en hogazas redondas que después se cortaban en gajos. En Pompeya y Herculano se han conservado muchos ejemplos carbonizados. El pan, que también se elaboraba añadiendo algunas especias y condimentos a la masa, tal vez dio origen en los siglos posteriores a lo que terminaría siendo la *focaccia*, uno de los antecedentes de lo que más adelante llegaría a ser la *pizza*[1].

Era frecuente que cada familia amasara su propio pan y después lo llevara a cocer al horno de la panadería del barrio. Esta práctica, todavía en uso en algunos pueblos, permitía que cada cual hiciese el pan

---

[1] También en la *Eneida* de Virgilio, a su llegada a Italia, Eneas y sus hombres comieron algunas frutas y verduras servidas sobre una especie de pan o torta de harina fina usada como soporte. Tenían tanta hambre que se comieron no solo la comida, sino también el «plato» hecho de pan. ¿Estaban inventando la *pizza* sin darse cuenta?

como más le gustara sin tener que construir su propio horno, ya que en la ciudad no resultaba práctico. Para diferenciar qué pan era de cada cual, se solía marcar la masa con un sello de bronce en el que aparecía el nombre del señor de la casa a la que pertenecía.

Y así, cada familia podía disfrutar de pan recién horneado para acompañar las comidas del día. Nada más levantarse, con la salida del sol, los romanos tomaban el desayuno o *ientaculum* que, junto con las tortas de pan, podía incluir leche, miel y algo de fruta, además de huevos si se lo podían permitir. Hacia las once de la mañana, o sobre la hora quinta como dirían ellos, tomaban la comida o *prandium*, muy ligera y normalmente rápida. Las ciudades solían tener numerosos establecimientos de comida fría y caliente llamados *cauponae* en los que cualquier persona podía comer de pie o incluso llevarse algo para picar por la calle.

Después llegaba la hora de hacer un pequeño descanso antes de volver al trabajo. Muchos aprovechaban para echarse la *meridiatio*, la siesta, que en castellano se llama así por el momento en que se realizaba: la hora sexta, el mediodía. Y hacia las cinco o seis de la tarde llegaba el momento de la comida más importante del día, la *cena*. Era cuando las familias se juntaban y compartían lo poco o mucho que tuvieran para comer. Lo hacían antes de que se fuera la luz diurna puesto que, aunque contaban con las lucernas para iluminar la casa por la noche, el gasto podía ser grande y muchos se iban a dormir en cuanto oscurecía.

Para la mayor parte de los romanos la dieta diaria era bastante insulsa y hacía poco más que cumplir su función de llenar el estómago. Las gachas eran la única comida que mucha gente se podía permitir. Complementaban los platos con algunas verduras y hortalizas y tal vez, en ocasiones especiales, podían permitirse comer algo de carne. El Estado romano se encargaba de que, al menos, no faltara el grano en ningún hogar, haciendo repartos periódicos a través de una institución conocida como la *annona frumentaria*. A partir de los siglos II y III también comenzó el reparto de aceite y de otros alimentos entre los más pobres. Y eso en el mundo civil. Piensa ahora en los soldados en campaña que tenían que cargar con todo su equipo, incluyendo un pequeño hornillo, cazos, vasos y todo lo que fuera necesario para preparar la comida. Lo hacían en grupos de ocho personas que compartían una misma tienda y que, en conjunto, recibían el nombre de contubernio.

Por otra parte, los más ricos sí podían disfrutar de manjares mucho más exquisitos. No existían los restaurantes de lujo a los que acudir para saborear estos platos, por lo que las cenas de degustación debían hacerse en casas particulares. Cuando alguien deseaba celebrar algún acontecimiento, invitaba a varias personas a un banquete o *convivium*. La tradición marcaba que no asistieran menos de tres personas pero que no pasaran de nueve. Y aunque también los había más multitudinarios, siempre dividían a los comensales por grupos para que estuvieran en ambientes más personales y que la conversación y las bromas, comunes en los banquetes, pudieran fluir[2].

Todos los asistentes comían recostados en lechos, comúnmente colocados en forma de U, de tal modo que un lado quedara abierto para que los esclavos pudieran traer y llevar la comida. Comían con la mano derecha, usándola desnuda o ayudándose de cucharas y pinchos. Aunque los romanos sí conocían la forma básica del tenedor, no era un cubierto que se encontrara en las vajillas. Tan solo hemos hallado algún ejemplo integrado con otras herramientas dentro de una especie de navaja suiza tal vez de un militar de alto rango o de un viajero frecuente que hoy se expone en el museo Fitzwilliam de Cambridge; una pieza realmente interesante.

Entre los platos que se solían comer, muchos salpicados con un chorrito de *garum* como ya te comenté, había algunos que venían directos del mar: erizos, ostras, vieiras, ortiguillas o mejillones, que servían de entrantes. Como platos principales se servían carnes que podían ser de corzo, jabalí, pato, buey, pollo, cerdo, lirón, liebre y hasta loro, flamenco o pavo real. Preparadas y presentadas de las formas más espectaculares para que dejaran boquiabiertos a todos los invitados. Pastel de ubres de cerda, buey relleno de pichones, en ocasiones vivos, y hasta cerdo relleno de salchichas que daban la impresión de ser los intestinos del animal cuando se le abría delante de todos para crear un verdadero trampantojo gastronómico que rivalizaría con la innovación culinaria más vanguardista de la actualidad.

Llegados a este punto, tal vez hayas oído hablar de que, después de haber comido todos aquellos platos, los invitados se excusaban para ir un momento a vomitar y así seguir comiendo y comiendo aún más. Fue el estoico Séneca quien describió, en un tono ciertamente exagerado, los excesos cometidos por aquellos privilegiados que, de tanto dinero que tenían, no sabían cómo gastarlo. Y aunque sabemos que una elite que hacía alarde de un esnobismo totalmente pasado de vueltas sí llegó a hacerlo durante el reinado de Nerón, las fuentes nos confirman

---

2 Y claro que fluían, especialmente cuando las regaban con buen vino. Con la *gustatio* o aperitivo solía servirse un vino que ya conoces: el *mulsum*, peligroso si uno no quería salir arrastrándose de la cena.

que esto no era algo común. La gran mayoría de los romanos en todos los periodos de su historia se escandalizarían ante algo así[3]. Sabemos que se usaban plumas de ave para provocar el vómito introduciéndolas por la garganta, pero eran utilizadas con fines médicos y no por vicio.

Precisamente para evitar los excesos de los más poderosos, durante la República se promulgaron diferentes leyes que ponían coto al lujo y a la ostentación estableciendo ciertos límites en el número de comensales que se podían reunir, cuánto se debía gastar en cada uno y hasta qué platos se podían consumir y cuáles estaban prohibidos. Las regulaciones, en el ocaso de la República, comenzaron a ser cada vez más permisivas, ampliando los límites durante las festividades públicas y las celebraciones privadas más especiales. Con la llegada del Imperio quedaron ya completamente relegadas ante una sociedad de aristócratas que se sentían impunes frente a leyes que tenían varios siglos de antigüedad y a las que cada vez se prestaba menos atención.

Aun así, también había quienes, ante las restricciones, optaban por soluciones muy interesantes, como decorar los suelos de los salones de banquetes con mosaicos que representaban los restos de un copioso festín: si no era real, no era ilegal. Un fantástico ejemplo procedente de una villa situada en el monte Aventino y conservado en los Museos Vaticanos, muestra con gran realismo los desperdicios de un fastuoso banquete, con patas de langostas, conchas de erizos, ostras y otros restos de manjares de primer nivel. A simple vista se trataba de una estampa que sacaría una sonrisa a más de uno, aunque seguramente también buscaba sugerir el poder adquisitivo de los propietarios de aquella villa o, al menos, el que el señor de la casa quería aparentar. Y, quién sabe si también insinuar, a quien supiera entender, que la comida prohibida suele tener mejor sabor.

Lo que está claro es que a los romanos se les ganaba, como a nosotros, por el estómago. Tal vez el suyo estaba acostumbrado a platos con sabores más intensos que ahora no terminaríamos de apreciar, pero estoy convencido de que, si probamos unos cuantos, seguro que daríamos con más de uno hecho para figurar en la carta de un restaurante con estrellas Michelin.

---

3 Por supuesto, y esto sí que es un bulo por completo, no existía una habitación a la que ir a vomitar llamada *vomitorium*. Esta palabra hace referencia al pasillo de comunicación entre una galería interna y el exterior de un graderío. A través de los vomitorios, el nombre que aún reciben hoy en día, la estructura «vomita» y distribuye a los espectadores.

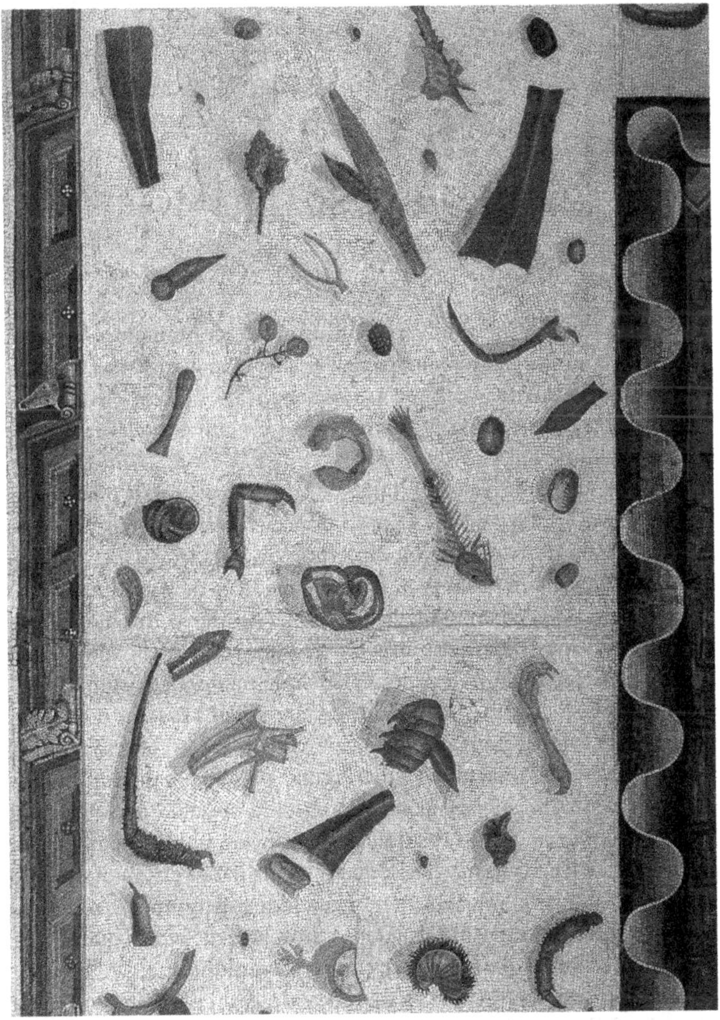

Fragmento del mosaico que decoraba el triclinio de una villa de tiempos del emperador Adriano, situada en el Aventino. Reproduce el motivo decorativo del *asárotos òikos*, 'suelo sin barrer', que básicamente consiste en representar con el mayor realismo posible lo que serían los restos, esparcidos por el suelo, de un suntuoso banquete. El motivo, importado de Grecia, se puso de moda en Roma, donde causó furor. Museos Vaticanos, Ciudad del Vaticano (© V. Pirozzi/DEA/Album).

¿QUIÉN RÍE EL ÚLTIMO?

La risa es una reacción universal inherente al ser humano. Cada uno se ríe por cosas diferentes y lo hace de maneras muy distintas, algunas de las cuales provocan risa en sí mismas. Ha estado presente en el mundo desde hace milenios, pero, ¿te has preguntado alguna vez de qué se reían los romanos?

Ellos, al igual que nosotros, también se cuestionaron de dónde provenía la risa. Incluso en un sentido puramente fisiológico. Algunos como Cicerón no consiguieron discernir con claridad cuál era su origen. Fue demasiado hasta para famosos médicos de la antigua Roma como Galeno de Pérgamo, médico personal de Marco Aurelio. La risa dejaba perplejos a quienes se atrevían a analizarla. Solo algunos, como Plinio el Viejo, llegaron a proponer de qué manera se originaba. El gran naturalista, como investigador de tantísimos aspectos de la existencia, muchas veces errado pero valeroso en sus argumentaciones, pensaba que la risa nacía en el diafragma. Y no iba mal encaminado. Aunque también asociaba con este músculo crucial que se pudiera provocar la risa haciendo cosquillas en las axilas, porque pensaba que el diafragma llegaba hasta ellas, o que si un gladiador era apuñalado en la zona del esternón muriera riéndose; aunque seguramente se refiera a una contracción espasmódica de los músculos de la cara que se asemeja a una sonrisa que se conoce como risa sardónica.

Los romanos eran capaces de reírse de casi cualquier cosa. Por ejemplo, de los problemas más cotidianos, como el mal aliento:

> Un hombre con halitosis le dice a su mujer:
> —Cariño, ¿por qué me odias?
> —Porque te empeñas en besarme —le responde ella.

Y de los más trascendentales, como la muerte:

El padre de un hombre fallece y el hijo entrega su cuerpo a unos embalsamadores egipcios en Alejandría. Pasado un tiempo regresa para recogerlo. El embalsamador, que tiene varios cuerpos allí, le pide ayuda para identificarlo:
—¿Tu padre era alto, bajo, gordo, delgado, cojo, manco…? ¿Algún lunar o algo?
—¡Uy!, a mi padre se le reconoce bien porque siempre tiene una tos malísima.

La mayor parte de los chistes romanos que conservamos proceden de una recopilación fechada entre los siglos IV y V conocida como *El amante de la risa*. En ella se pueden encontrar más de doscientos sesenta chistes romanos, muchos de los cuales nos pueden parecer algo extraños. Recordemos que estamos hablando de una sociedad muy diferente a la nuestra. Como argumentó la profesora Mary Beard en uno de sus brillantes ensayos, ni siquiera podemos estar seguros de si los romanos sonreían con el significado social que le damos nosotros, puesto que en latín hay palabras para «reír» y «risa» pero no para «sonreír».

Aun así, algunos de ellos se han seguido contando hasta la actualidad con carcajadas aseguradas. Otros, ya te aviso, despiertan la risa de lo malos que son. Entre las temáticas más repetidas en los chistes de *El amante de la risa*, encontramos los referidos a avaros:

Esto era un viejo muy viejo, tan avaro, tan avaro, que en su testamento se nombró heredero a sí mismo.

Pesados:

Un barbero, de esos que no paran de hablar, después de dar la turra a su cliente durante un buen rato, le pregunta:
—Y dígame, ¿cómo quiere que le corte el pelo?
—En silencio, por favor —le responde el otro.

Tontos de remate:

Un hombre acude al médico, preocupado.
—Creo que tengo algo grave. Todos los días, cuando me levanto, me entra un dolor de cabeza terrible. Por suerte, al cabo de media hora se me pasa.

—¡Tengo la solución! Levántese media hora más tarde —le responde el médico.

Y no faltan los chistes de abderitas, los habitantes de la ciudad de Abdera —algo así como el Lepe de la antigüedad—, y otros muchos sobre misóginos, salidos, glotones y borrachos. Pero los chistes estrella, los más celebrados, los que más carcajadas despertaban entre los romanos, eran los protagonizados por intelectuales o estudiosos que, por estar demasiado metidos en sus cosas, ignoraban el sentido común.

Uno de estos estudiosos, que está de viaje por Grecia, recibe la carta de un amigo pidiéndole que le traiga unos libros aprovechando que está allí. Al estudioso, que está en su mundo, se le olvida hacerlo. Cuando regresa, su amigo acude a visitarle:
—¿Qué tal fue el viaje?
—Magnífico, interesantísimo, ya te contaré…—responde con vaguedad el erudito, que acaba de darse cuenta de su olvido—. Por cierto, ¿recuerdas esa carta que me enviaste pidiéndome unos libros? Pues nunca la recibí.

A los romanos también les gustaban los juegos de palabras y los dobles sentidos, aunque a veces resultaran chascarrillos obvios y muy malos, lo que ellos llamaban *frigidi* o fríos. En una comedia de Plauto, llamada *La maroma*, un personaje que ha llegado nadando hasta la costa después de un naufragio dice que está helado, en latín *algeo*. Se produce un juego de palabras porque, posiblemente, al salir del mar estaría cubierto de algas.

Si bien algunas obras incluían de forma más o menos aislada estas y otras bromas, existían las que directamente estaban compuestas para la burla y la chanza. Es el caso de la titulada *Apocolocyntosis divi Claudii* —literalmente, *Calabacificación del divino Claudio*—, una sátira atribuida a Séneca en la que al emperador Claudio se le deniega su divinización. El propio título juega con la palabra *apotheosis*, transformación en divinidad, y *apocolocyntosis* o conversión en calabaza.

La risa es dueña de sí misma y puede atacar cuando menos te la esperas. Incluso si el momento no es para nada apropiado. Cuenta Suetonio que cuando el emperador Claudio estaba leyendo por primera vez su obra sobre la historia de Roma ante un numeroso público, el banco de madera que soportaba a un hombre obeso se rompió. Todo el mundo se rio y se armó un buen gallinero que costó calmar. Cuando por fin parecía que la gente estaba dispuesta a seguir escuchando al emperador, el propio Claudio sufrió un ataque de risa y no pudo parar de reír recordando lo que había pasado. Se cuenta que a duras penas pudo continuar la lectura.

Pero la risa no siempre agrada a todos por igual. Algunas son alegres y contagiosas, otras pueden llegar a ser muy crueles. Tal es el caso de una noche en la que Calígula, reclinado en un banquete junto con los dos cónsules de ese año, estalló en carcajadas sin venir a cuento. Nadie sabía por qué el emperador no podía parar de reír y uno de los cónsules le preguntó amablemente qué ocurría. Calígula, secándose las lágrimas, alcanzó a decir que le parecía muy gracioso pensar en que, con hacer un simple gesto, a los dos magistrados les cortarían el cuello inmediatamente.

No todos los emperadores fueron tan crueles. De hecho, algunos tuvieron que soportar las bromas dirigidas contra ellos. El que mejor las encajaba era, sin duda, Augusto. Como una vez que un hombre de sorprendente parecido con el emperador llegó a Roma. Todos le miraban asombrados. Cuando Augusto se enteró de aquello, ordenó que lo llevaran ante él. El emperador, después de constatar el parecido, le preguntó admirado si su madre había estado alguna vez en Roma, a lo que el otro respondió que no, pero que su padre sí lo había hecho muchas veces.

La reputación de Augusto no se veía comprometida, porque él mismo tenía fama de bromista. Durante las saturnales, fiestas dedicadas al dios Saturno que se celebraban cada año entre el 17 y el 19 de diciembre[1], solía hacer muchas bromas a sus cortesanos y le encantaba organizar rifas públicas. La gracia estaba en que en ellas se podían ganar grandes premios, como importantes sumas de dinero o telas de alta calidad, pero también artículos de broma como esponjas, pinzas de depilar o mantos de pelo de cabra.

---

1 Las saturnales eran consideradas por muchos como el día más feliz del año. Eran festividades que permitían que, por un momento, todos fueran iguales. Las clases y sus diferencias desaparecían y todos disfrutaban de unos días de descanso y fiesta. Su origen se remonta al siglo V a. C. y celebraban el descanso invernal que llegaba en el campo después de la siembra de invierno. Aunque hayas oído lo contrario, porque sus fechas son cercanas, no tienen nada que ver con la Navidad.

Podemos encontrar la risa incluso en simples dibujos garabateados sobre las paredes de una casa. En el atrio de la Villa de los Misterios de Pompeya alguien, probablemente un niño, dibujó un retrato de un hombre narigudo y debajo añadió la leyenda: «Este es Rufus». No sabemos quién era el susodicho Rufus, pero estoy seguro de que su caricatura despertó las risas de quienes lo conocían. Así que, como hacían los romanos más de dos mil años atrás, ríe por cualquier cosa que quieras, pero ríe, porque, como dijo Cicerón, una mente cansada se despierta con la sorpresa y se refresca con la risa.

INGENIERÍA

EL PRINCIPIO DE TODAS LAS COSAS

Vitruvio, uno de los grandes teóricos de la arquitectura del mundo antiguo, escribió: *Omnium rerum principium aquam est.* El agua es el principio de todas las cosas.

En la antigua Roma, como en la actualidad, gestionar el agua de que disponemos es fundamental para mantener el mundo en marcha. El viaje del agua, invisible para nosotros en la mayoría de ocasiones, nos nutre sin parar jamás. Su origen está en las fuentes naturales, donde antiguamente se veneraba a las divinidades silvestres más arcaicas. La fascinación que en los tiempos más remotos sentían por aquel fenómeno, que daba su comienzo a la vida, era tan grande que solo podía explicarse por la presencia de la divinidad.

Plinio el Viejo nos cuenta sobre los manantiales que podían tener las más variadas propiedades. Sanar heridas, mejorar la memoria, cambiar el color del pelo, prevenir abortos y hasta emborracharte. La sociedad romana pronto comenzó a recoger la esencia de esos lugares sagrados tanto de forma ritual como práctica. Desde el punto de vista religioso, cuando los santuarios pasaron a construirse en la ciudad, aquellos relacionados con los manantiales se rodearon de bosquecillos artificiales y pequeñas grutas con cascadas conocidas como ninfeos que imitaban los manantiales naturales.

En el día a día lo fundamental era contar con un suministro continuo y abundante de agua que, además, fuera de gran calidad. El agua del río podía servir en caso de necesidad, pero como normalmente no fluía demasiado limpia comenzaron a construirse canales que buscaban abastecerse de las fuentes más puras, aunque eso supusiera construir millas y millas de conducciones.

Los acueductos pronto se convertirían en elementos esenciales para la supervivencia de la ciudad romana y una de las señas de identidad más destacadas de su urbanismo a través de la historia. Seguro que tienes en la cabeza el acueducto de Segovia, uno de los monumentos más reconocibles de España, o el Pont del Diable, cerca de Tarragona. Y, sin embargo, lo fundamental de un acueducto, como su propio nombre latino indica, es el *aquae ductus*, el canal del agua. La parte más importante es el llamado *specus*, la canalización por la que discurre el agua.

Los acueductos romanos más antiguos datan del siglo IV a. C. y no tenían más de diez o quince kilómetros de largo; pero, con el paso de los siglos, las distancias que la tecnología romana era capaz de cubrir para conducir el agua se hicieron cada vez más grandes. En el Imperio llegó a haber acueductos de más de cincuenta y hasta cien kilómetros de largo. El que abastecía a la ciudad de Constantinopla, por ejemplo, construido en el siglo IV, tenía más de doscientos kilómetros de recorrido. Para que te hagas una idea, el agua que desembocaba en lo que hoy es la ciudad de Estambul, en Turquía, fluía desde un manantial localizado en Bulgaria.

En algunos tramos de muchos acueductos el canal que conduce el agua debía colocarse encima de una gran estructura de arcos que permitía salvar el desnivel de un valle, pero lo cierto es que la mayor parte del trazado de todo acueducto romano es un canal subterráneo, de una altura similar a la de una persona, excavado directamente en la roca. De otro modo sería inviable construir tantos kilómetros de arcos: los romanos eran muy prácticos. El interior del canal, por supuesto, estaba recubierto para impermeabilizarlo y minimizar pérdidas. Primero se forraba con *opus caementicium*, el resistente hormigón romano y después con una capa de mortero hidráulico fabricado con trozos de cerámica machacados que permitía impermeabilizar el canal.

Por descontado, no todos los acueductos eran iguales: en algunos casos en los que no se requería un caudal tan grande, en lugar de picar la roca natural se enterraban directamente tuberías de plomo, de cerámica o de madera. Este tipo de conducciones también suponían un reto por la alta presión que debían soportar. Los romanos dominaban perfectamente todos los conocimientos necesarios para conseguir que el agua llegara de la mejor manera posible. Trigonometría, geodesia e incluso conocer la esfericidad de la Tierra y su tamaño eran elementos clave a la hora de construir un acueducto.

Usando herramientas como el corobate calculaban la pendiente exacta que debía tener el recorrido. Si no alcanzaba la suficiente velocidad, el agua terminaría sedimentando y bloqueando los canales, pero si tenía demasiada erosionaría la roca o haría estallar los conductos. El grado de precisión era altísimo: por cada kilómetro de acueducto la variación en la inclinación debía estar entre los diez y los cincuenta centímetros.

Cuando por fin el agua llegaba a la ciudad lo hacía libre de cualquier tipo de contaminación, al conducirse siempre por canales cubiertos. Sin embargo, existía también un sistema de filtrado por decantación que la limpiaba de toda impureza arrastrada por el camino. Así, el acueducto cruzaba la muralla, ya fuera de forma subterránea o a través de arcos, llegando hasta un *castellum divisorium*. Se trataba de un sofisticado sistema de distribución de aguas que permitía realizar un reparto justo del suministro.

En su interior había una serie de exclusas colocadas a diferentes alturas. Cada una permitía que el flujo de agua pasara, o no, a los diferentes ramales en los que se dividía el canal principal. Por una parte, la esclusa más baja conseguía que el agua llegara a las fuentes públicas, garantizando el acceso comunitario al agua incluso cuando el caudal se redujera mucho. La siguiente solía dirigirse al abastecimiento de termas y letrinas públicas y, finalmente, la exclusa más elevada permitía que las casas de los más ricos tuvieran agua corriente, que recibían a través de complejas redes de tuberías, normalmente de plomo[1].

El ejemplo mejor conservado del mundo romano lo encontramos, por supuesto, en Pompeya, donde todavía está en pie el *castellum divisorium* junto a la puerta norte de la ciudad y bajo cuyas aceras aún descansan los canales y tuberías de plomo que abastecen las fuentes públicas y a la mayoría de edificios de la ciudad. Otro ejemplo interesante es el de la ciudad de Nemausus, la actual Nimes, en Francia. Allí también se conserva un gran sistema de división con muchas salidas de agua, algunas de las cuales conducen directamente al sistema de cloacas. De esta manera se conseguía que siempre mantuvieran un flujo constante de agua, evitando acumulaciones de residuos que podrían crear focos de insalubridad.

Tan importante como llevar agua limpia a la ciudad era evacuar las residuales. Muchas casas acomodadas contaban con su propia letrina, conectada directamente con el alcantarillado público, y en las ciudades

---

[1] Aprovecho para comentarte que, contra lo que se ha dicho siempre, los romanos no se envenenaban con el plomo de las tuberías al beber el agua que salía de ellas. El flujo hacía que, al poco tiempo de usarlas, desarrollaran una capa de calcificación interna que sellaba el interior y lo aislaba de forma efectiva del plomo.

siempre había varios lugares, especialmente dentro de o junto a las termas públicas, donde cualquier persona podía hacer sus necesidades. Estas instalaciones contaban con un banco corrido de obra con asientos de piedra, de mármol o de madera en los que se abrían una serie de orificios que iban a parar a un canal inferior por el que siempre circulaba el agua para arrastrar los excrementos[2]. Frente a los asientos había otro canalillo, por donde también discurría agua, que se empleaba para limpiarse. En ocasiones, en las letrinas había esponjas hincadas en el extremo de un palo de madera. Pero no, no servían para limpiarse el trasero, y menos hacerlo compartiendo una misma esponja de forma comunal. De hecho, el *xylospongium*, el nombre que recibía esta herramienta, tiene un paralelo que se sigue usando hoy en día exactamente para lo mismo para lo que se empleaba realmente en la antigua Roma: es la escobilla del váter.

Un sistema de canalización como aquel, con estructuras tanto de abastecimiento como de desagüe, era muy costoso de mantener. Piensa en los esclavos que debían introducirse periódicamente en las cloacas para realizar su mantenimiento. Y no solo estaban las cloacas, sino también los cientos de kilómetros de canales de los acueductos, con sus pozos de decantación y sus torres de aireación. Únicamente una sociedad muy avanzada y organizada es capaz de mantener activa una estructura tan compleja como esa. Y es que los acueductos no dejaban de ser una comodidad romana más, una forma de demostrar poder y bienestar. Precisamente por eso la mayoría de los tramos de acueductos con impresionantes arquerías estaban cerca de las ciudades o en zonas de paso de las vías. Y, por supuesto, sobre los arcos se fijaban, con grandes letras de bronce dorado, inscripciones conmemorando a aquellos personajes que los financiaron. Incluso ciudades pequeñas como Segovia, que no llegaría a cinco mil habitantes, contaban con su propio acueducto monumental, cuando podrían haberse contentado con salvar el desnivel del valle de una forma igual de efectiva, pero más barata, y que sí se aplicó en cambio en zonas en las que nadie

---

[2] La orina era un bien preciado en la antigua Roma. Por su contenido en amoniaco se usaba para limpiar la ropa en las lavanderías. Por supuesto, la ropa se aclaraba después con abundante agua limpia. Precisamente por su valor, a la entrada de todas las lavanderías había tinajas en las que cualquier persona podía orinar. Tan preciada era que el emperador Vespasiano implantó un impuesto sobre ella, dando lugar a la famosa frase: el dinero no huele.

se iba a fijar: el sifón. El agua se hacía bajar hacia el fondo del valle por una tubería mucho más estrecha de lo normal y, por la presión, gracias a la teoría de los vasos comunicantes, lograba volver a subir hasta el otro extremo.

Así que, ya fueran de piedra o de hormigón y ladrillo, de diez o de cien kilómetros, subterráneos o monumentales, los acueductos eran parte inherente de la estructura urbana de la sociedad romana. Muchas ciudades romanas contaron con, al menos, uno. Roma llegó a tener hasta once. Todos ellos marcaron un alto nivel tecnológico que permitió un estatus de vida en las ciudades nunca visto hasta entonces. El agua es el principio de todas las cosas y los romanos supieron dominarla de forma efectiva y contundente, mejorando no solo la vida cotidiana de los ciudadanos sino permitiendo el desarrollo de muchas otras estructuras, algunas de las cuales nos siguen maravillando hasta el día de hoy. El agua y los acueductos no solo aseguraron el bienestar de una sociedad, sino que también dejaron su impronta para siempre en la historia de la humanidad.

¿SE ADELANTÓ LA ANTIGUA ROMA A LA REVOLUCIÓN INDUSTRIAL?

¿Preferirías vivir en el presente o en la antigua Roma? Cuando, en ocasiones, me han hecho esta pregunta, suelo adivinar en el gesto de quien la formula la esperanza o, tal vez, el interés, por recibir una sola respuesta: «Me encantaría», seguida de una descripción detallada de los aspectos más interesantes de lo que podría sentir viviendo en la antigüedad. Sin embargo, mi respuesta siempre ha sido, y creo que siempre será, la contraria: «Ni loco». No me entiendas mal, después suelo añadir que me encantaría ver la antigua Roma, disfrutar en persona cómo fue realmente. Pero no me quedaría a vivir allí.

Si lo piensas bien, no deja de ser una respuesta lógica dadas las comodidades y los avances que tenemos en la actualidad. Aun así, y entendiendo que esto es cierto, tampoco quiero que te lleves una idea equivocada. La antigua Roma no era netamente «peor» que nuestro mundo actual. La sociedad no evoluciona linealmente; se desarrolla como si fuera una gran existencia compartida, adaptándose al medio y a sus necesidades.

Los romanos tenían una sociedad ciertamente avanzada y globalizada. Esto permitía que disfrutaran de un alto nivel de vida, aunque no se extendiera a todos ni en todas partes. En estas condiciones no es extraño plantearse lo que Roma podría haber hecho si su tecnología hubiera avanzado lo suficiente. ¿Habrían alcanzado los romanos su propia revolución industrial si el Imperio hubiera seguido en pie más tiempo?

Para poder responder a esta pregunta, tenemos que valorar aquello en lo que Roma se adelantó a la que realmente se llevó a cabo en la Inglaterra del siglo XVIII. Me refiero al gran desarrollo tecnológico que se produjo en el Mediterráneo mientras el mundo bajo dominio romano vivía en un clima de relativa paz y estabilidad. Aunque el tópico nos dice que fueron los griegos, y no los romanos, los verdaderos inventores de todo y que los romanos solo se dedicaron a «copiarles», veremos que la realidad es muy diferente. En otro capítulo te explicaré que esto no fue así con el ejemplo más claro que tenemos: los dioses. Por ahora bastará con que veamos algunos ejemplos de invenciones prácticas que desarrollaron los romanos para mejorar sus vidas.

Es obligado comenzar por algo tan fundamental para la construcción de las grandes estructuras del Imperio como el hormigón. El *opus caementicium* romano es un material fascinante que, a la vista está, resiste muy bien el paso del tiempo. Se compone de mortero, arena, grava y agua, a los que se añadía la *pozzolana.* Este tipo de grava volcánica, muy abundante en la zona de Nápoles, le confiere una fuerza y una resistencia tan elevadas que supera la de los materiales industriales actuales. Sin hormigón los romanos no podrían haber construido las grandes bóvedas de sus palacios, termas y basílicas. Sin él no tendríamos todavía en pie la gran cúpula del Panteón de Agripa.

Pero la innovación no se quedó ahí, también en la minería fueron expertos en optimizar y mecanizar el trabajo para conseguir el mayor rendimiento posible. Especialmente importante fue, como ya sabes, en Hispania, de donde se extraía cobre, plomo, plata y, en particular, oro. En las minas de Las Médulas, en la provincia de León, se conseguían miles de kilos de oro al año a través de un agresivo pero efectivo sistema conocido como *ruina montium*, que consistía en desmontar las montañas gracias a la presión del agua. Esta se llevaba hasta las zonas más altas a través de acueductos y se acumulaba para después ser lanzada por galerías subterráneas que presionaban el aire atrapado en su interior hasta que terminaba explotando y todo se derrumbaba. Después solo era necesario conducir el sedimento hasta estaciones de filtrado para recoger el oro.

Además de los metales, Hispania también dio minas de yeso, en concreto de selenita o *lapis specularis*, una variedad translúcida que tenía varios usos. Por ejemplo, se esparcía machacada en la arena del Circo Máximo para que brillara con el sol. Pero el uso más interesante fue el que, por su fractura natural en láminas, dio lugar a la creación de «cristales» para ventanas. No eran perfectos y no convenía que los vanos fuesen muy grandes, pero tenerlos suponía un gran avance que permitía conservar mejor la temperatura en el hogar. De su comercio vivió especialmente la ciudad de Segóbriga hasta que, a mediados del siglo I a. C. llegó una de las más grandes innovaciones técnicas que se dieron en la época: el vidrio soplado.

Esta técnica permitía crear piezas que hasta entonces habrían sido impensables. Intrincadas decoraciones, formas muy complejas y también vidrios para ventanas, de mayor calidad y transparencia que el yeso segobricense. Aunque la técnica todavía tardaría unos años en extenderse desde el extremo oriental del Imperio, la posibilidad de soplar vidrio dentro de moldes de barro dejaba al *lapis specularis* sin buena parte de su atractivo.

En la manufactura de cerámica hacia esa misma época, y en especial en los siguientes dos siglos, también se produjeron grandes cambios productivos que mejoraron tanto la calidad como la velocidad de la producción de forma notable. Hacia finales del siglo I a. C. comenzó a fabricarse un nuevo tipo de cerámica de mesa de elegante barniz rojo brillante que dejó anticuada toda la tradición de barniz negro que venía marcando la tendencia desde hacía siglos. Era la llamada *terra sigillata*, o tierra sellada, por los sellos que los talleres de producción les ponían a las piezas. Para su elaboración, rápida pero de gran calidad, se solían emplear moldes y diseños prefabricados que se aplicaban de forma muy sencilla. Posteriormente, todas las piezas se colocaban en hornos que, con el tiempo, se hicieron cada vez más grandes. Los talleres más importantes, que se desarrollaron primero en Italia y más tarde en Galia, Hispania y África, llegaban a cocer varias decenas de miles de piezas cada vez. Lo mismo ocurría con la producción de ánforas: era tan rápida y barata que se terminaron acumulando por millones en el monte Testaccio que ya descubrimos anteriormente.

En el sector agrícola, donde realmente se encontraba la base de la economía romana, también existieron avances muy importantes, aunque algunos tuvieron más éxito que otros. Plinio el Viejo y varios relieves funerarios nos dan cuenta de una máquina llamada *vallus*, con forma de gran pala dentada, que colocada sobre dos ruedas e impulsada desde atrás por fuerza animal era capaz de cosechar los campos de cereal de una forma muy rápida y eficiente, separando la cabeza de la espiga del tallo directamente en el campo. Sin embargo, y a pesar de los grandes beneficios que podría haber tenido una máquina de estas características, su uso no se implantó más allá de la zona norte de la Galia, donde había sido inventada. Esto nos demuestra que lo que podríamos entender nosotros como progreso no tenía por qué ser visto por los romanos de la misma manera.

También en relación con la producción agrícola existe otro invento que sí supuso una mejora sustancial. Sabemos que funcionó en varios lugares del Imperio, pero el mejor conservado está en Barbegal, cerca de la ciudad de Arlés, en Francia. Se trata de una gran fábrica de molienda accionada por la fuerza del agua, todo un hito tecnológico y productivo del mundo romano.

Aprovechaban la fuerza del agua del acueducto que iba hacia Arlés. Se conducía a través de dos canales paralelos con un importante desnivel para dotar al agua de gran fuerza. Esta era usada para mover ocho norias en cada canal que, a su vez, hacían girar los molinos harineros del interior de la estructura. En total, dieciséis molinos que podían producir más de cuatro toneladas de harina al día, suficientes para abastecer a los más de diez mil habitantes de la antigua ciudad de Arelate, la actual Arlés.

La presión del agua también sirvió para crear prácticas canalizaciones, ingeniosos juegos de agua e instrumentos musicales que pueden parecernos más propios del Medievo o el Renacimiento, como el *hydraulis*, un órgano de tubos del que se han conservado algunos ejemplares y que usaba el agua para comprimir el aire que lo hacía sonar. La descripción de este último invento se encuentra en un tratado escrito por Herón de Alejandría, gran matemático e ingeniero egipcio del siglo I a quien también se le atribuye el primer molino de viento de la historia y… ¡hasta el primer motor de vapor!

Así como lo lees. El inventor egipcio nos cuenta cómo construir un motor accionado por la fuerza del vapor. Aunque Vitruvio ya lo había mencionado un siglo atrás, y ambos bebían probablemente de una idea planteada en el siglo III a. C., fue Herón quien dejó por escrito la descripción más detallada de la máquina. Se trata de la llamada *aeolipyle* o bola de Eolo, dios del viento. Recibía su nombre de los «soplidos» de vapor que expulsaban dos tubos que salían de una bola de metal llena de agua. Al calentar el agua del interior, esta comenzaba a girar al encontrarse suspendida sobre dos apoyos laterales. Y aunque la máquina no tenía una funcionalidad concreta, el concepto fue usado por Herón para desarrollar inventos que pretendían asombrar a quienes los contemplaban. Seguramente la más impresionante de todas las descripciones se refería a las puertas de un templo que se abrían solas cuando se encendía el fuego del altar que se encontraba fuera. Esto se conseguía gracias a un sistema de poleas que tiraban de las hojas de la puerta movidas por una caldera de agua, accionada a su vez por el calor de las llamas del altar.

Viendo todas y cada una de estas invenciones de la antigua Roma, especialmente las relacionadas con ese primer motor de vapor de la antigüedad, es el momento de plantearnos de nuevo la pregunta inicial: ¿habría alcanzado Roma la revolución industrial? La respuesta, a pesar de que parezca ir en contra de los ejemplos anteriores, es que seguramente no. Al menos no de la manera en que sucedió en nuestra historia moderna. Algo muy diferente es si Roma hubiera tenido la capacidad de llegar a un estado similar a la revolución industrial. Entonces podemos decir que algo así sería probable. Como has visto, ya conocían incluso un motor de vapor básico. Solo tendríamos que añadir tiempo a la mezcla para que algún sabio tratadista hubiera propuesto mayores avances prácticos basados en esa idea. Pero, ¿se habrían generalizado?

Roma no era una sociedad capitalista moderna, ni pretendía serlo. Era una sociedad con base agraria, realmente compleja y avanzada, sin duda, pero no tenía las aspiraciones o incluso la necesidad de llevar a cabo algo así. En el mundo romano no había empresarios a gran escala que apostaran por tecnologías disruptivas. ¿Para qué arriesgarse con una solución diferente si sus sistemas de trabajo funcionaban perfectamente? No eran menos avanzados; simplemente no necesitaban la industrialización moderna para funcionar. Estar en la cumbre del desarrollo y el bienestar social no requiere necesariamente un camino hacia la revolución industrial.

La antigua Roma nos ha legado muchos inventos extraordinarios y procesos innovadores, pero su sociedad tendría que haber cambiado enormemente para llegar a necesitar una revolución industrial. Y, si lo pensamos bien, así sucedió con el paso de los siglos. Los romanos tenían los conocimientos suficientes para llegar hasta ese punto con el tiempo si hubieran querido. Pero, como dije antes, la sociedad no evoluciona linealmente; se desarrolla como si fuera una gran existencia compartida, adaptándose al medio y a sus necesidades.

EL DODECAEDRO MISTERIOSO Y OTROS OBJETOS FUERA DE LA HISTORIA

En ocasiones la arqueología nos regala tesoros tan impresionantes como decenas de piezas de una vajilla de plata casi intactas, estatuas de emperadores de varios metros de altura o, simplemente, las trazas de los camastros de unos esclavos que vivieron hace dos mil años. Son hallazgos increíbles, cada uno en su justa medida y siempre pensando en la información que nos aportan sobre el pasado. Pero muy de vez en cuando, en tan pocas ocasiones que tendremos suerte si vivimos alguna de ellas, aparece algo completamente diferente. Un objeto tan distinto a todo lo que pensamos de las civilizaciones antiguas que rompe con nuestros esquemas y nos hace repensarlos.

Los terraplanistas históricos, amigos de la especulación y no tanto de la investigación rigurosa, suelen calificar este tipo de objetos con el nombre de *oopart*, las siglas de «objetos fuera de lugar» en inglés. Muchos de ellos, que según los conspiranoicos provienen de civilizaciones perdidas o, directamente, del espacio exterior, suelen ser simplemente falsificaciones o restauraciones modernas demasiado fantasiosas, como el astronauta tallado en la catedral de Salamanca a comienzos de los años noventa. Pero algunas de esas piezas extrañas, solo unas pocas, pertenecen realmente al mundo antiguo. Claro está, no son objetos fuera de lugar, tan solo ocurre que todavía no los hemos comprendido del todo.

Algunos son sumamente complejos como el llamado mecanismo de Antikythera, que se conserva en el Museo Arqueológico de Atenas. En el año 1900 se hallaron junto a la isla griega del mismo nombre los restos de un barco hundido a mediados del siglo I a. C. La nave, que tal vez se dirigía hacia las costas italianas en el momento del naufragio, llevaba a bordo una carga compuesta de varias estatuas entre las que había dos de gran tamaño: una en mármol de Hércules en reposo y otra de bronce de gran calidad que posiblemente representaba a Perseo con la cabeza de Medusa en la mano. Entre los restos se hallaron algunas estatuas más de diferentes tamaños y un buen montón de trozos de bronce sin forma aparente.

Aquellos últimos fragmentos, en principio carentes de interés, pasaron más de medio siglo guardados en los almacenes del museo, esperando pacientes a revelar sus secretos. No sería hasta los años setenta del pasado siglo cuando finalmente se publicaron de forma extensiva, confirmando que se trataba de una serie de más de treinta engranajes diferentes que encajaban unos con otros y que parecían crear una máquina compleja. Casi como si fuera una moderna, con la salvedad de que estaba datada hacia el año 200 a. C.

En la actualidad, y después de muchos estudios, controversia y hasta documentales pseudocientíficos, sabemos que se trata de un mecanismo que era empleado para predecir acontecimientos astronómicos con gran precisión. Entre sus ruedas están grabados los signos del zodiaco, los meses y los hitos de celebración de los festivales deportivos más famosos de la antigüedad. Los análisis más recientes han sido capaces de recrear virtualmente los mecanismos de la máquina, confirmando que era especialmente útil para predecir eclipses, posiciones astrales y otros eventos astronómicos muy importantes para griegos y romanos. En el fondo del mar tuvo que esperar aquella singular pieza, posiblemente fabricada en Rodas, que nunca llegó a su destino. El conocimiento necesario para la creación de una máquina como esta se perdió para siempre y su nivel tecnológico no se volvió a alcanzar hasta el siglo xvi. Pensar que un objeto así no pudo pertenecer al mundo clásico tan solo demuestra el desconocimiento de lo que aquellas civilizaciones eran capaces de hacer. Subestimarlas es siempre un error.

Tenemos suerte de vivir en un tiempo en el que un artefacto como el que acabamos de conocer ya tiene un lugar claro en la historia. A pesar de su complejidad, podemos decir que hemos conseguido descifrarlo e interpretarlo. No obstante, no pienses que sucede así en todos los casos, pues hay objetos que todavía escapan a nuestra comprensión para los que se han propuesto diversas hipótesis posibles, pero ninguna prueba definitiva. Y lo más curioso de todo es que el más extraño de estos objetos sin explicación no es en absoluto complejo. Todo lo contrario: se trata de un simple dodecaedro de bronce.

Una pieza que se compone de doce caras de bronce unidas entre sí para crear esta forma poligonal no es lo que uno esperaría cuando se imagina el objeto más misterioso del mundo romano. Un artefacto como este, tan sencillo a primera vista, resulta tan sorprendente precisamente porque, a pesar de su simplicidad, no tenemos ni la más remota idea de lo que es.

El primero de estos pequeños dodecaedros, datados entre los siglos III y IV, que rematan sus vértices con bolitas metálicas que parecen actuar como puntos de apoyo, fue hallado en el siglo XVIII. Desde entonces se han encontrado unos ciento treinta, repartidos por las provincias del norte del Imperio. Desde los más orientales en Pannonia, en la actual Hungría, hasta los del extremo occidental en Britannia pasando por Germania o Galia, donde se encuentra la pieza más meridional de la que se tiene constancia. Quizá el expolio arqueológico nos haya privado de algunos más, pero resulta curioso descubrir que no han aparecido en Hispania, Italia o, prácticamente, ningún territorio del Mediterráneo.

Esto ha hecho pensar a los investigadores que, se trate de lo que se trate, su origen puede estar relacionado con las poblaciones galas y germánicas de la zona. La tradición más antigua los interpretó primero como armas arrojadizas. Después como objetos de medición de trayectorias de proyectiles, gracias a los agujeros circulares que muchos de ellos tienen en sus caras. Estas interpretaciones, por supuesto, se relacionan con la idea que se tenía en el siglo XIX de la historia antigua, cuando lo que importaba era conocer las guerras.

Más adelante se plantearon teorías que los identificaban como elementos mágicos. Amuletos, herramientas para la adivinación o incluso utensilios rituales. Uno de ellos, hallado como parte del ajuar funerario de una tumba femenina en Alemania, apareció asociado a un hueso largo que podría encajarse en uno de los agujeros, casi como si fuera una especie de cetro o varita mágica. Por otro lado, y sin salir del campo de la interpretación mágico-religiosa, podemos enfocarnos en el simbolismo pitagórico de los prismas. El tetraedro representa el fuego, el hexaedro la tierra, el octaedro el aire y el icosaedro el agua. Según esta teoría, el dodecaedro representaría el universo que englobaba a todos los demás. ¿Serían entonces estos objetos una representación conceptual del todo? ¿Una forma de sentir el universo en tus propias manos?

O, tal vez, solo fuera un elemento decorativo, un mero juguete o el diseño de moda de la época para usarlo como sujetavelas; de hecho, se han hallado restos de cera asociados a dos dodecaedros. Aunque los agujeros de distintos diámetros que presentan en sus caras, o que alguno de ellos no tenga siquiera agujeros, complica todavía más las cosas.

Pero la teoría más reciente, por innovadora, es la más interesante de todas. A través de la arqueología experimental, varias personas se dedicaron a imprimir en 3D réplicas de estas piezas y a intentar usarlas para diferentes cometidos y tareas. Resulta que gracias a sus agujeros y a las bolitas de los vértices pueden servir perfectamente para tejer los dedos de los guantes de lana. Una explicación, sin duda, creativa y sencilla que nos aleja de rebuscadas argumentaciones y que nos conduce a la vida cotidiana de la gente corriente. Podría parecer que el misterio por fin se ha resuelto con esta última explicación, pero lo cierto es que, aunque este uso es perfectamente posible, no termina de encajar con las evidencias de todas las piezas, siendo un método demasiado complejo para algo que se podía hacer más fácilmente mediante otros procedimientos que no requieren el dodecaedro, o incluso planteando que la técnica necesaria para que este uso tenga sentido no era conocida en la antigua Roma.

Realmente, así es como se hace la investigación. Podemos haber descartado decenas de teorías, conservar algunas que podrían cuadrarnos y, aun así, no tener una solución definitiva. De esta forma se forja el pensamiento crítico ante aquellos que pretenden imponernos algo solo «porque sí». Lo que sabemos con seguridad es que los dodecaedros de bronce son piezas galorromanas con influencia celta, que no parecen ser muy costosos, pero muchos están decorados con atención al detalle, que no son excesivamente raros, pero tampoco muy abundantes, y que nunca se extendieron más allá de su zona de influencia hacia el Mediterráneo. A partir de aquí es fundamental que sigamos encontrando más piezas y que su descubrimiento se haga siempre en excavaciones arqueológicas regladas. El expolio arqueológico es una lacra que nos priva de información vital que ayudaría a explicar, de una vez por todas, para qué servían los misteriosos dodecaedros de bronce. Tal vez algún día podamos hacerlo. En ocasiones solo es cuestión de esperar un poco más para desvelar los misterios de la historia.

TODOS LOS CAMINOS LLEVAN A ROMA

Roma consiguió desarrollar una sociedad globalizada por primera vez en la historia de la humanidad. La eficiente interconexión de lugares separados por miles de kilómetros de distancia cambió el mundo para siempre. Para hacerlo se valieron de rutas navales que abarcaron todo el Mediterráneo y una nada despreciable parte de la costa Atlántica, desde las islas británicas hasta el sur de Portugal. Los viajes en barco no eran precisamente cómodos, pero sí bastante rápidos.

Aun así, el mar no dejaba de plantear grandes problemas a quienes se aventuraban en sus aguas. El fondo del Mediterráneo se encuentra repleto de barcos romanos hundidos que nos muestran cómo eran sus cargas, sus técnicas de construcción naval y que, en definitiva, nos permiten conocer mucho más sobre la vida en la antigua Roma. Aunque algunos fueron presa de piratas o de batallas, la mayoría se hundieron a causa de los temporales, que constituían el mayor peligro de la navegación. Por ese motivo se establecía una temporada para navegar libremente, que iba aproximadamente del 10 de marzo al 11 de noviembre. A partir de ese momento se declaraba lo que se conocía como el *mare clausum*. No se trataba de una prohibición para navegar, sino de una recomendación, pero más le valía hacer testamento al pobre que se atreviera a salir a la mar en esa época. La experiencia es un grado.

Durante ese tiempo, por supuesto, el mundo romano seguía activo. La gente necesitaba viajar y los comerciantes distribuir sus mercancías. Por suerte, existía también una intrincada red de vías que se extendían a lo largo y ancho del Imperio. Formaban ramificaciones que permitían que de un camino principal salieran otros secundarios que llegaban a todos los rincones imaginables. En total, el sistema contaba con más de cuatrocientas vías principales y más de ochenta mil kilómetros en total.

Y, como dice el refrán, todas llevaban a Roma. O, más bien, partían desde allí. En el centro del mundo se encontraba lo que podríamos considerar su kilómetro cero[1]. Se trataba de un miliario, una especie de columna cilíndrica usada para marcar la distancia de una milla romana, cerca de 1479 metros. A diferencia de los que se situaban a lo largo de todas las vías, que eran de piedra, el llamado miliario áureo estaba hecho de bronce dorado y se alzaba junto a la tribuna de oradores del Foro Romano. Junto a él, en una posición simétrica en el otro lado de la tribuna, se hallaba el llamado *Umbilicus Urbis*, el ombligo de la ciudad, venerado como el centro de Roma y, por tanto, del mundo romano.

A través de la Vía Sacra y el resto de calles principales que salían del Foro, como el Argiletum, el Vicus Tuscus o el Vicus Iugarius, se podía llegar hasta las murallas de la ciudad, donde comenzaban las diferentes calzadas por las que distribuir viajeros, soldados y mercancías a todo el Imperio. Solo las primeras millas de las vías más importantes a la salida de las ciudades estaban pavimentadas con las grandes losas que seguro que tienes en tu mente. Habría sido costosísimo y muy complejo construir de esa forma todas las carreteras, por no hablar de que no permitirían la circulación a gran velocidad por la irregularidad de las losas.

La mayoría de los caminos estaban construidos por los ingenieros romanos a partir de la compactación de diferentes capas de materiales pétreos, arenas y gravas. Por ello se las conocía como *viae stratae*, de donde surge la palabra *strada* en italiano o *Straße* en alemán para referirse a las calles.

Un viajero que quisiera llegar desde Cádiz, la antigua Gades, hasta Roma por tierra debía recorrer 1840 millas —más de 2700 kilómetros— a través de vías tan importantes como la Augusta en Hispania, la Domicia en Galia o la Aurelia en Italia. Así lo indican con gran precisión los llamados Vasos Apolinares, cuatro pequeños cilindros de plata con forma de vaso, que recuerda a la de un miliario, hallados en 1852 en la localidad italiana de Vicarello[2]. En ellos se muestra el reco-

---

[1] Los romanos, sin embargo, no conocían el número cero. Para ellos este punto simbolizaba el inicio de la primera milla de todo su sistema viario.

[2] Se localizaron ocultos entre las rocas de un santuario natural de aguas termales junto con miles de monedas y otros recipientes de oro y plata depositados allí como ofrendas al dios Apolo. La mayor parte de las piezas, incluyendo los Vasos Apolinares, puedes verlas en el Museo Nacional Romano situado en el Palazzo Massimo alle Terme, en Roma.

rrido completo, ciudad por ciudad, que un viajero del siglo I debía realizar para llegar a la capital del Imperio.

¿No es maravilloso que los romanos contaran con estas guías de carretera que te cabían en la palma de la mano? De ahí a llevar el móvil con una aplicación de mapas abierta, no te creas que hemos cambiado tanto. Pero aquí no acaba la cosa, porque los vasos solo contienen una de las muchas rutas del Imperio. Sin embargo, en el año 12 a. C. el emperador Augusto encargó a su mano derecha, Marco Vipsanio Agripa, que creara un enorme y detallado mapa de todo el Imperio que incluyera todas las vías y las ciudades por las que estas pasaban, así como los montes, los ríos y los mares. Una maravilla de la cartografía antigua.

Por desgracia, Agripa no llegó a ver completado aquel mapa porque murió ese mismo año. Sin embargo, el trabajo continuó bajo la supervisión de su hermana Vipsania, quien dedicó un gran pórtico columnado en honor de Agripa en cuya pared trasera de mármol se grabó con todo detalle el mapa completo. El pórtico, terminado después del año 7 a. C. por orden del propio Augusto, se situó a lo largo de la Vía Flaminia, que entraba a Roma desde el norte, facilitando que cualquier viajero que llegara a la ciudad pudiera contemplar aquella magnífica obra cartográfica.

Por supuesto, el mapa fue copiado también en formatos más manejables, como volúmenes de papiro que permitían su transporte durante un viaje. No sabemos cuántas copias se llegaron a hacer del mapa de Agripa, aunque la fabricación de cada una de ellas no tenía que ser precisamente barata. Desgraciadamente, ninguna ha llegado hasta nosotros. De hecho, el original de mármol tampoco. Y, sin embargo, tenemos una idea bastante precisa de cómo era aquel gran mapa del Imperio romano.

Plinio el Viejo, en su *Historia natural*, nos confirma que incluía no solo todos los territorios del Imperio sino también algunos situados fuera de sus límites, especialmente en Oriente, llegando hasta la India. Pero además de la sucinta descripción de Plinio en la que, por cierto, se quejaba de que la zona de la provincia Bética estaba mal representada, ¿tenemos más datos? Pues lo cierto es que sí.

Aunque el mapa original, de finales del siglo I a. C., no se conserva, sabemos que en el IV se le hicieron algunas mejoras para reflejar cambios en las fronteras y las provincias, así como para añadirle nuevas ciudades. Posteriormente, en pleno siglo V, concretamente en el

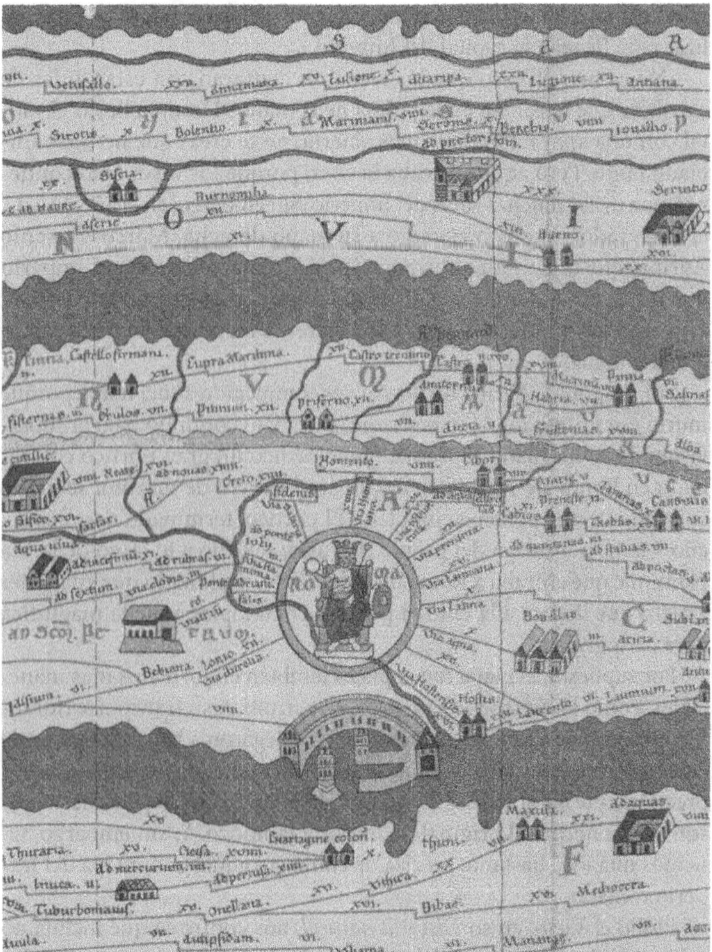

Segmento V de la *Tabula Peutingeriana* donde aparece representada Roma, verdadero «kilómetro cero» de la extraordinaria red de vías que recorrían el Imperio romano, interconectando sus puntos más remotos. Edición facsimilar del manuscrito realizada en 1887 por Konrad Miller. Ulrich Harsch, Bibliotheca Augustana (© Album).

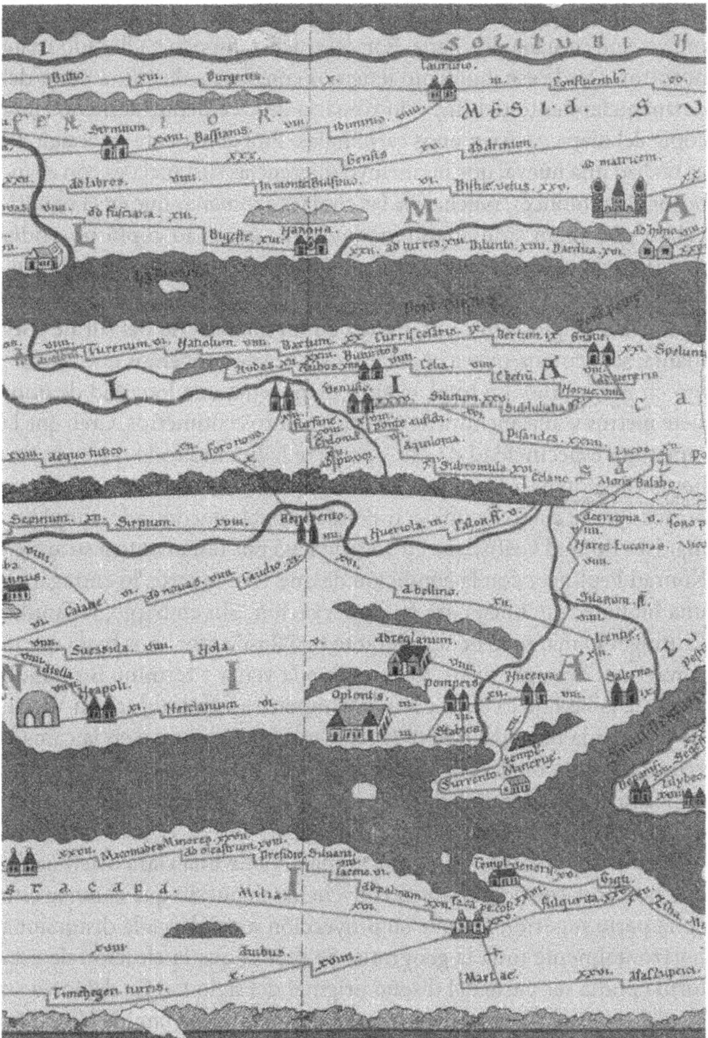

Segmento VI de la *Tabula Peutingeriana* que nos permite remontarnos al mapa original de Agripa. En esta parte del manuscrito pueden leerse los nombres de Herculano (*Herclanum*), Pompeya (*Pompeis*) y Estabia (*Stabios*), sepultadas por la erupción del Vesubio en el año 79. Entre esos montes dibujados detrás de Oplontis dormía precisamente el volcán que, literalmente, las haría desaparecer a todas del mapa. Ulrich Harsch, Bibliotheca Augustana (© Album).

año 435, el emperador Teodosio II ordenó realizar la que sería la última versión romana del mapa. Por desgracia tampoco ha llegado hasta nosotros. Desde ese momento tenemos constancia de que, a pesar del desmantelamiento del Imperio romano de Occidente, al menos una copia del mapa pasó a manos carolingias. Probablemente en el siglo IX se realizó una nueva, que no incluyó diferencias sustanciales con el anterior. Por entonces, muchas de las ciudades romanas que en él se indicaban ya habían sido abandonadas, pero quien lo copió no podía saberlo, así que las mantuvo en el mapa. Como supongo que te imaginarás, esta copia tampoco se conserva.

Entre los siglos XII y XIII, tal vez en un monasterio del sur de Alemania, se hizo una nueva copia. En esta ocasión sabemos que se plasmó en pergamino. En total, el gran mapa tenía una longitud de unos siete metros y una anchura de treinta y cuatro centímetros. Creo que la repentina especificidad de estos datos te habrá indicado que, por fin, hemos llegado hasta la copia del mapa que sí conservamos. Su descubridor, que se cuidó de no decir dónde lo había encontrado, fue el humanista Konrad Celtis, que en 1508 lo legó por testamento a su amigo Konrad Peutinger con la condición de que, a su muerte, lo entregara a una biblioteca pública para su preservación. Sin embargo, la familia Peutinger lo mantuvo oculto durante casi doscientos años hasta que, a comienzos del siglo XVIII, fue puesto a la venta y terminó formando parte de la biblioteca de la corte del Imperio austrohúngaro en Viena. Hoy en día la llamada *Tabula Peutingeriana* se conserva en la cámara acorazada de la Biblioteca Nacional de Viena, de donde prácticamente nunca sale por la fragilidad de los once fragmentos en los que fue dividida en el siglo XIX para facilitar su manejo[3].

Es muy interesante saber que el mapa tiene una clara orientación que nosotros consideraríamos convencional, puesto que el norte está en la parte superior, aunque su proyección muy alargada distorsiona horizontalmente toda la geografía. Se piensa que la elección de esta forma podía ser parte del diseño original del siglo I a. C., debido a su disposición inicial en la larga pared del pórtico de la familia Vipsania.

---

[3] Por desgracia, la primera parte del mapa, donde aparecían Britania e Hispania ya se había perdido cuando Konrad Celtis encontró esta copia. La primera edición, publicada en 1598, la omitió, pero en 1887 el historiador y cartógrafo alemán Konrad Miller hizo una nueva edición en la que intentó recrearlo por completo, incluyendo las ciudades romanas conocidas por las fuentes clásicas en ese momento.

También es importante remarcar que el mapa ofrece una gran cantidad de datos útiles. Nombres de ciudades y *mansiones*, lugares de parada en los que pasar la noche si el camino entre dos ciudades era demasiado largo; montañas, ríos y otros accidentes geográficos; y hasta las distancias entre ciudades, indicadas en millas, y la calidad y cantidad de servicios que un viajero podía encontrar en las paradas destacables de cada ruta a través de un sistema de representación gráfico que muestra diversos tipos de estructuras.

Como detalle final, en el pergamino hay varios nombres de ciudades que nos demuestran que el mapa original, del que todos los demás fueron haciendo copia tras copia, era realmente el de Agripa, diseñado en el siglo I a. C. En la zona que representa la provincia de Italia, bajando desde Roma, se pueden leer con claridad los nombres de Herculano y Pompeya, ciudades que desaparecieron en el año 79 bajo la erupción del Vesubio y que nadie volvería a recordar hasta el siglo XVIII.

Aunque no hayamos encontrado los restos de mármol del mapa de Agripa, ni las copias de papiro y pergamino anteriores al siglo XII, la *Tabula Peutingeriana* es un documento de primer nivel que nos demuestra cómo, una vez más, los romanos le dieron forma al mundo, en este caso de manera literal, entregando su legado a la posteridad.

ESPECTÁCULOS

¡AVE, CÉSAR! LOS QUE [NO] VAN A MORIR, TE SALUDAN

Tal y como lo estás leyendo. La gran mayoría de los combates de gladiadores no terminaban con la muerte de uno de los contendientes. Se estima que solo un cinco por ciento de ellos acababan con una ejecución y normalmente era porque el gladiador se había rendido demasiado pronto o que había luchado sin mostrar ningún tipo de habilidad o valor. Entonces, ¿de dónde viene la famosa frase? ¿Es histórica? ¿También se la inventó el cine de romanos?

Lo cierto es que esta cita es real y aparece solo una vez, en un texto de Suetonio. En el latín original sería: *Have*[1] *Imperator, morituri te salutant!* Se pronunció en presencia del emperador Claudio junto al lago Fucino, no muy lejos de Roma. Pero no fueron gladiadores los que la corearon al unísono, sino un grupo de condenados a muerte que estaban a punto de enfrentarse en una batalla naval que se iba a representar en el lago para divertimento de una gran cantidad de espectadores congregados allí para ver el espectáculo.

La famosa frase no formó nunca parte de ningún combate de gladiadores. Sin embargo, contaban con un juramento que les comprometía a morir si era preciso. Se trataba de una frase que debían pronunciar en el momento de convertirse en gladiadores. El *sacramentum gladiatorium* era el siguiente: *Uri, vinciri, verberari,*

---

1 Cuando una palabra latina lleva la grafía V los romanos la pronunciaban como una U o como una W. Un buen ejemplo es precisamente la palabra *ave*, el saludo más común del mundo romano. Sin embargo, el caso de la frase de Claudio la encontramos escrita como *have*, una hipercorrección que surgió en la lengua hablada en el siglo I. Al pronunciarla, algunos lo hacían con una hache aspirada que finalmente pasó incluso a la lengua escrita.

ferroque necari. Me comprometo a ser quemado, atado, golpeado y muerto a hierro.

Una jornada de espectáculos gladiatorios era mucho más que un simple combate. Estos juegos, celebrados en los anfiteatros, duraban todo el día y eran siempre costeados por alguna persona adinerada a quien se daba el nombre de *editor*. En Roma, durante el Imperio, el *editor* era el emperador, pero en cualquier otra ciudad había muchos que ofrecían juegos para ganarse la simpatía de la plebe y, tal vez, conseguir favores a cambio, por ejemplo, su voto en las siguientes elecciones.

El origen de estos juegos tenía mucho que ver, precisamente, con esa idea propagandística. Surgidos en la zona de Etruria y también en Campania, los primeros combates eran rituales fúnebres que se realizaban en honor de un difunto. En el año 264 a. C. se pudo ver en Roma el primero de estos espectáculos, en el que se enfrentaron tres parejas de combatientes. A partir de ese momento, cada vez fueron más los personajes públicos que dedicaron este tipo de espectáculos en honor de familiares fallecidos. Y aunque el carácter fúnebre siempre estuvo en su esencia, pronto los difuntos se convirtieron en una mera excusa para patrocinar juegos gladiatorios para el pueblo. Julio César, por ejemplo, pagó unos en Roma en honor de su padre, que llevaba muerto veinte años. Normalmente se realizaban en plazas como el Foro Boario, donde tuvo lugar aquel primer combate de la historia de Roma, o en el Foro Romano, la gran plaza principal de la ciudad, que se cercaba con tablones para hacer una suerte de recinto donde llevar a cabo los combates de gladiadores y, como te contaré más adelante, también las cacerías de animales.

Los *ludi* eran gratuitos para todo el mundo, aunque cuando pasaron a realizarse en grandes anfiteatros sabemos que comenzó a hacerse necesario gestionar el aforo a través de invitaciones. En muchos casos se trataba de fichas de hueso o cerámica, pero en los lugares más importantes y en las ocasiones destacadas parece que se acuñaban en metal. Cada pieza llevaba el número de la puerta por donde la persona que la portaba podía entrar al recinto, distribuyéndose después por los corredores interiores hasta llegar a la zona del graderío asignada según su posición social. Conservamos algunas de estas fichas, acuñadas en plata o bronce, y muchas, además del número de puerta, llevan también grabada alguna postura sexual. Tradicionalmente se las llamó *spintriae* y se pensaba que eran utilizadas en los prostíbulos para pagar los servicios que allí se ofrecían, pero actualmente la hipótesis más aceptada parece esta otra, que las identifica como entradas para espectáculos con un toque erótico-festivo.

La mañana comenzaba con las *venationes*, cacerías de animales en las que se buscaba un entretenimiento cinegético. Es decir, en ningún momento se pretendía que el animal cazase al *venator*, sino todo lo contrario. Eran espectáculos de habilidad donde el hombre debía vencer a la bestia.

Al mediodía, aprovechando que mucha gente salía del anfiteatro para comer o echar una pequeña siesta, tenían lugar las *damnationes*, condenas a muerte de aquellos que, no siendo ciudadanos romanos, no tenían la suerte de conseguir una ejecución digna. Los condenados, normalmente, eran expuestos a los animales salvajes para que acabaran con sus vidas. Atados, sometidos o extenuados, eran presa fácil para lobos, osos, jabalíes o toros, así como tigres, leones o rinocerontes, entre otros depredadores, cuando había dinero suficiente para traerlos desde los confines del Imperio. No a todo el mundo le gustaba ver estas condenas tan grotescas, motivo por el cual se realizaban como interludio en ese momento del día. Precisamente en los *ludi meridiani*, como se les denominaba, acabaron condenados algunos cristianos, no por serlo, sino por haber cometido algún delito. Si no eran ciudadanos, la *damnatio ad bestias* les esperaba. De aquí surgiría después el mito propagandístico de los mártires cristianos devorados por fieras salvajes para divertimento de paganos no menos salvajes.

En cualquier caso, para el disfrute de los espectadores que se quedaban a ver este cruel entretenimiento, se solían realizar representaciones variadas que trataban de renovar un poco el espectáculo. Seamos sinceros, una vez vistas varias personas despedazadas por animales, el interés tenía que diluirse incluso para los más sádicos y morbosos.

Se representaban escenas mitológicas como el vuelo de Ícaro, lanzando al condenado desde las alturas para que «volara», o el encuentro sexual de Pasifae con el toro de Creta. En el mito original, la reina de Creta fue condenada a enamorarse perdidamente de un toro blanco enviado por Zeus que el rey Minos, egoísta, se había negado a sacrificar. Ella, en su delirio amoroso, le pidió a su amigo Dédalo, el inventor, que fabricara una vaca de madera para que el toro pudiera montarla estando ella dentro. De esa relación nacería más tarde el famoso Minotauro, mitad hombre y mitad toro, a quien el mismo Dédalo encerró en el laberinto. Creo que no hace falta que describa lo que Marcial, en su *Libro de los espectáculos*, relata sobre la recreación de este mito en la arena, con una mujer encerrada en medio del anfiteatro dentro de la vaca de madera y siendo embestida por un toro bravo.

El plato fuerte de la jornada llegaba por la tarde, cuando comenzaban los *munera* o combates de gladiadores. Los primeros se llevaban a cabo con espadas de madera a modo de calentamiento y poco a poco el nivel iba subiendo. Los combates siempre se realizaban por parejas y contaban no con uno, sino con dos árbitros que velaban por que la lucha fuera justa y legal. Una parte muy importante era, de hecho, que los gladiadores estuvieran muy nivelados en cuanto a armamento y fuerza. Uno de los combatientes podía ir muy bien protegido, pero su armamento sería pesado y con algún tipo de limitación, como un casco con agujeros muy pequeños que dificultara su visión. En ese caso lucharía contra otro con muy pocos elementos de protección, pero también con mayor agilidad y libertad de movimientos y equipado con armas para luchar a distancia.

Este era el caso de luchas como la del *murmillo* contra el *retiarius*. El primero simbolizaba al pez, portando una cresta en el casco que parecía representar a un animal marino, y el segundo al pescador, con su red y su tridente. En cualquier caso, también existían combates en los que ambos gladiadores eran pesados o ligeros. Y aunque los tipos fueron cambiando con el paso de los siglos, la igualdad en la lucha fue siempre invariable.

En algunas ocasiones, los combates se intercalaban con espectáculos de lucha entre enanos, más jocosos que sangrientos, o con enfrentamientos entre gladiadoras. En la actualidad podemos confirmar que estas últimas existieron, a pesar de tratarse de casos más infrecuentes y estar peor documentados. El British Museum conserva, por ejemplo, un relieve que muestra a Aquilia y Amazona, dos mujeres que combatieron entre sí en Halicarnaso en una lucha que imitaba aquella mítica de Aquiles contra Pentesilea, la reina de las amazonas. Aunque, en este caso, parece que el enfrentamiento fue tan reñido que ambas fueron declaradas vencedoras y liberadas.

Lo mismo les ocurrió a Prisco y Vero, los gladiadores más famosos de la antigua Roma, que lucharon sin parar durante horas frente al emperador Tito en los juegos inaugurales del Coliseo. Después del combate más largo y habilidoso que nadie había visto jamás, a ambos se les dio la libertad, simbolizada en una espada de madera conocida como *rudis*. Todos los gladiadores eran esclavos y, los pocos hombres libres que se presentaban voluntarios para luchar, perdían inmediatamente su libertad. No obstante, un gladiador bien entrenado podía conseguir fama y dinero con muy pocos combates de alto nivel, incluso tal vez menos de diez.

Pero, ¿quién decidía el resultado del combate? ¿Qué gestos hacía realmente el público? La primera pregunta tiene una respuesta muy sencilla. Era el *editor* de los juegos quien decidía cuál de los dos gladiadores resultaba vencedor y si se le perdonaba o no la vida al derrotado. Es interesante recordar que, si un gladiador era condenado, se debía abonar a su dueño, el *lanista*, una cantidad a modo de compensación. Al fin y al cabo, el mantenimiento de los gladiadores le exigía fuertes inversiones económicas. Debían estar fuertes, sanos y bien atendidos en caso de resultar heridos[2]. De esta forma, cuanto más experimentado fuese el gladiador, más posibilidades tenía de sobrevivir y más elevado era el precio que habría que pagar para ejecutarlo si no estaba a la altura del combate. Muchos de ellos, fuera de la arena, compartían escuela, por lo que llegaban a ser buenos amigos. Precisamente por eso demostraban sus habilidades de tal forma que los espectadores quedaran complacidos, pero tratando de que nadie acabara muriendo. De aquel espectáculo lo que se esperaba era destreza, no sangre. Para eso ya estaban las ejecuciones.

Cuando uno de los dos gladiadores decidía rendirse y dar por terminado el combate, ya fuera por haber sido despojado de sus armas o por sus heridas, se arrodillaba y levantaba el dedo índice de la mano derecha. En ese momento el público comenzaba a gritar palabras como *Mitte!*, '¡sálvalo!', o *Iugula!*, '¡muerte!', y a hacer gestos con los brazos mirando hacia el palco donde se iba a tomar la decisión final. Qué gestos se hacían en concreto es algo que todavía no hemos conseguido descifrar. Quizá no lo hagamos nunca con seguridad.

---

[2] Los gladiadores contaban con los mejores médicos, que suturaban sus heridas tras el combate. Su dieta era rica en proteínas, especialmente vegetales, pero también en grasas. Por ello sus cuerpos eran grandes y fuertes, pero sus músculos no estaban marcados y definidos, sino protegidos por una espesa capa de grasa que, en caso de sufrir una herida, servía de barrera. Así, un corte podía afectar a la grasa, pero difícilmente dañaba sus músculos u órganos vitales.

Tal vez tengas en mente la imagen de un montón de romanos con los pulgares vueltos hacia abajo o hacia arriba. Bórralo todo. Ninguno de esos dos gestos existió jamás en la antigua Roma. Esas malas interpretaciones vienen del siglo XIX, de la mano del pintor historicista francés Jean-León Gérôme, que pintó un cuadro titulado *Pollice verso* —pulgar vuelto— en 1872. Se basó en estas mismas palabras, prácticamente las únicas que han llegado hasta nosotros para describir el gesto que hacían los espectadores al pedir la muerte del gladiador. Parece claro que el pulgar tenía algo que ver en aquellos gestos, actuando como si fuera una espada. Se ha planteado que el gesto que pediría la vida mostraría el pulgar dentro del puño cerrado, como una espada envainada, y el que pedía la muerte extendería el pulgar junto con la mano entera. Aun así, piensa que no había un contador de pulgares en el anfiteatro ni se hacía una encuesta, uno por uno, a los miles de espectadores que habían presenciado el combate. Así, tal vez estos gestos irían acompañados del brazo levantado con el puño bien cerrado para pedir la salvación del gladiador y la mano abierta con el pulgar apuntando hacia el suelo para pedir su muerte. Era algo tan obvio para ellos que nunca se molestaron en describirlo con detalle; o acaso lo hicieron, pero la historia no nos ha permitido conservar ese texto.

Por supuesto, estos eran los espectáculos más frecuentes, pero también había otros como los combates navales que mencionaba al principio. Normalmente, las llamadas naumaquias tenían lugar en grandes lagos o en el mar, junto a la costa. No se realizaban muy a menudo por su elevado coste, pero su espectacularidad las hizo legendarias. De vez en cuando también se llevaron a cabo, aunque a menor escala, en lagos artificiales construidos junto al Tíber, las llamadas Naumaquia Augusta y Naumaquia Trajana en honor de los emperadores que ordenaron su construcción. Pero el hito más espectacular fue conseguir que se pudieran realizar dentro de un anfiteatro. Sabemos que, en los primeros años de uso del Coliseo, celebraron pequeñas batallas navales en su interior en al menos tres ocasiones. El emperador Domiciano concluyó los trabajos de construcción del anfiteatro ordenando la excavación de un foso más profundo en el hueco central de la arena. Allí se aprovechó para realizar los combates antes de que, en su interior, se levantaran numerosas estructuras subterráneas que incluían grandes rampas y ascensores de tracción esclava para subir a la arena. Por supuesto, desde ese momento nunca más se pudo volver a realizar un combate naval en el gran Anfiteatro de los Césares[3].

Los combates de gladiadores continuaron celebrándose por todo el Imperio durante siglos hasta que la moral cristiana los prohibió en el siglo V. Las cacerías, sin embargo, se mantuvieron hasta el VI, como atestigua la inscripción que conmemora la última restauración del Coliseo después de haber sufrido un gran terremoto. Pero ni gladiadores ni cacerías tenían nada que hacer ante el que seguramente haya sido el deporte seguido durante más tiempo de forma ininterrumpida de toda la historia. El verdadero espectáculo rey de la antigua Roma del que te voy a hablar ahora.

---

[3] Aunque lo conocemos con el nombre de Coliseo, por la estatua colosal que representaba al dios Sol y que estaba situada junto a él, el nombre oficial que recibió en su inauguración fue el de Anfiteatro Nuevo. Más adelante se le conocería como el Anfiteatro de los Césares. El nombre de Anfiteatro Flavio es el más empleado actualmente y hace referencia a la familia imperial que lo construyó: los Flavios, Vespasiano, Tito y Domiciano.

UNA CARRERA DIGNA DE LOS DIOSES

¡Donde esté una buena carrera, que se quiten los gladiadores! Nada supera a un día de carreras en el Circo Máximo. La emoción de ver los carros pasar a toda velocidad, el ambiente festivo y, por qué no, los ocasionales accidentes, eran todo lo que el romano medio podía soñar. Los aurigas eran los verdaderos deportistas de elite del Imperio romano. Solo hay que comparar la capacidad del anfiteatro más grande del mundo, el Coliseo, con la del mayor circo, el Máximo, como su propio nombre indica. Aunque estaban situados prácticamente uno junto al otro, se estima que el Coliseo podía acomodar a unas cincuenta mil personas y el Circo Máximo el triple: ciento cincuenta mil. Además, a diferencia del anfiteatro, en el circo no había restricciones ni reglas marcadas sobre dónde debía sentarse cada espectador. Pobres, ricos, hombres y mujeres, no había distinciones para disfrutar del espectáculo[1]. Era tanta la gente que se congregaba en el circo para ver las carreras que sabemos que el emperador Augusto, en ese tipo de situaciones, ordenaba patrullar el resto de la ciudad para evitar que los ladrones aprovecharan la ocasión para asaltar las casas que estaban vacías.

Y mientras los espectáculos gladiatorios tenían carácter privado, las carreras del circo eran sufragadas por el Estado. Por supuesto, había algunos que acudían un poco a regañadientes, como Julio César, que reconocía que aprovechaba para responder correspondencia cuando

---

[1] Algunos autores, como Ovidio, animaban abiertamente a sus lectores a ligar en el circo, pues el propio espacio favorecía el roce y les permitiría acercarse a quienes quisieran sin restricciones. Incluso alentaba a los hombres a arrimarse a ellas un poco más de lo decoroso, justificando su actitud por la cantidad de gente que se aglomeraba en el graderío.

se veía obligado a asistir. Otros directamente se alejaban de la ciudad para huir del alboroto de los días de circo, como Cicerón. Plinio el Joven reconocía que vista una carrera, vistas todas. En una de sus cartas dejó constancia de la estupefacción que le provocaban tantos miles de adultos poseídos por aquella pasión infantil de ver una y otra vez a los caballos galopando con los aurigas montados detrás en sus carros.

Pero aquellas opiniones eran bastante aisladas, teniendo en cuenta la cantidad de personas que iban a Roma solo para asistir a los diferentes momentos en los que se celebraban los *ludi circenses* durante el año. Especialmente importantes eran los de septiembre, los Grandes Juegos Romanos, y los de noviembre, los Juegos Plebeyos. La ciudad se engalanaba durante casi todo un mes, las gradas estaban abarrotadas día tras día y los comerciantes aprovechaban también para desplazarse hasta la capital y rentabilizar al máximo todo aquel fervor. Aun así, había carreras a lo largo de todo el año y no solo en el Circo Máximo. La propia Roma contaba con algunos circos más, como el que comenzó Calígula y completó Nerón en la colina Vaticana, o el que el emperador Majencio construyó casi tres siglos después junto a la Vía Apia, aunque este último parece que acogió solo los juegos fúnebres de Rómulo, el hijo del emperador, que murió joven. Otras ciudades también contaban con sus propios circos, en muchos casos permanentes, construidos en piedra, ladrillo y argamasa, pero también temporales, hechos de madera, que no han llegado hasta nosotros.

Pero, ¿por qué se molestaba el Estado romano en costear todo aquello? ¿De verdad era tan importante tener entretenido al pueblo, como reza el dicho «Pan y circo»? Lo cierto es que estos espectáculos mantenían contentas a las masas, pero, aunque parezca extraño, el motivo principal era otro. Para los romanos, los juegos del circo eran los responsables directos de que Roma mantuviera todo su poder.

Las carreras de carros constituían, además del mayor espectáculo del mundo romano, las ceremonias religiosas más importantes y multitudinarias que se podían realizar. Antes de las carreras, con todo el público expectante, entraba a la arena la gran procesión que portaba a los verdaderos protagonistas de aquel gran espectáculo, a quienes estaban dedicados los juegos. Las estatuas de los dioses eran conducidas en carros, dando varias vueltas al circuito en el sentido contrario a las agujas del reloj, para que todo el mundo pudiera verlas antes de colocarlas en el *pulvinar*, el palco de honor desde donde ellas también verían las carreras junto a los mortales. Después entraban en escena los sacerdotes, los jóvenes de la ciudad, los magistrados, los propios aurigas y todo un séquito de músicos y bailarines que completaban la procesión.

Aquel era un espectáculo que contentaba a todos los romanos, los humanos y los divinos, y permitía que se mantuviera intacta la concordia entre todos ellos lo que, a su vez, fortalecía la legitimidad y el poder del Estado romano, amparado por los dioses. Las carreras eran la forma más sencilla y popular de venerar a los dioses. ¿Te imaginas que en el cristianismo, el judaísmo o el islam las celebraciones religiosas consistieran en asistir gratis a un partido de fútbol, de baloncesto o a una carrera de Fórmula 1?

Pero los elementos religiosos no terminaban con la procesión circense. El propio circo y las carreras eran símbolos de la piedad romana. La estructura del circo representaba una verdadera alegoría del universo alrededor del cual sucede la vida. En el centro se encontraba la llamada espina, decorada con pequeños templetes y estatuas de los dioses más importantes. Destacando por encima de todos estaba Sol, simbolizado a través de un gran obelisco llevado a Roma desde Egipto por el emperador Augusto en el año 10 a. C. A este, en el año 357, Constancio II añadió otro aún mayor que hoy en día se encuentra junto a la basílica de San Juan de Letrán y es el más grande de Roma, con cerca de cuarenta metros de altura.

Los carros daban siete vueltas a la pista, como días tiene la semana planetaria, contadas con unos grandes marcadores en forma de huevos y delfines; normalmente una jornada de circo estaba compuesta por veinticuatro carreras, como horas tiene el día, y los cuatro equipos o *factiones* que se disputaban la victoria representaban las cuatro estaciones del año. La *russata* o roja, simbolizaba el verano; la *veneta* o azul, el otoño; la *albata* o blanca, el invierno; y la *prasina* o verde, la primavera. Todo en el circo giraba alrededor del cosmos, el paso del tiempo y lo divino.

La mayoría de los *agitatores equorum*, los aurigas que conducían los carros, eran esclavos. Comenzaban desde muy jóvenes montando carros de dos caballos, las bigas, y de ahí pasaban a los de cuatro caballos, cuadrigas, mucho más difíciles de controlar. También existían modalidades más inusuales, como los carros de tres caballos, o ciertas carreras donde el auriga debía bajarse del carro y completar la carrera corriendo. La mayoría no conseguían la gloria, sino una corta carrera en la que acababan siendo sustituidos por otro atleta más querido por la gente o, en otros muchos casos, heridos o muertos por los frecuentes accidentes que tenían lugar en la pista. Los aurigas iban atados a las riendas del carro por la cintura y, aunque llevaban un pequeño cuchillo para cortarlas si era necesario, los golpes solían ser fatales.

Incluso los mejores y más aclamados aurigas solían morir jóvenes. Conservamos los nombres de algunos, como Crescens, que comenzó a competir con tan solo trece años y murió a los veintidós tras ganar cuarenta y siete de las casi setecientas carreras que disputó y obtener unas ganancias de más de un millón y medio de sestercios. Fuscus, que murió a los veinticuatro, recordado por ser el primero en ganar en su primera carrera con el equipo verde. O Scorpus, uno de los más famosos, nacido en Hispania y que compitió en época del emperador Domiciano. Llegó a ser tan rico que compró su libertad y siguió compitiendo. Venció en 2048 carreras y murió sin haber cumplido todavía los veintisiete años. No sabemos cómo sucedió, pero parece posible que fuera precisamente en un accidente durante una carrera. A él, quizá por el origen hispano que compartían, le dedicó Marcial algunos de sus epigramas como el siguiente a modo de epitafio:

> Yo soy el famoso Scorpus, la gloria del circo clamoroso, el muy aplaudido y efímero amor de Roma. La envidiosa parca Láquesis, contando mis victorias en lugar de mis años, creyó que era anciano y me arrebató en mi vigésimo sexto año.

Tal vez la única excepción que conocemos sea la de Cayo Apuleyo Diocles. Este auriga nació en la provincia hispana de Lusitania a comienzos del siglo II y compitió durante veinticuatro años para los cuatro grandes equipos. Comenzó en la facción blanca en el año 122, consiguiendo su primera victoria dos años después. Gracias a una larga inscripción dedicada en su honor por sus seguidores, lamentablemente hoy perdida, sabemos que llegó a disputar 4257 carreras, de las que venció en 1462 ocasiones, la mayor parte con el equipo rojo. Acumuló casi treinta y seis millones de sestercios en premios y se retiró con cuarenta y dos años; rico, famoso y, lo que es más importante, vivo para disfrutarlo. Probablemente murió mucho después en la ciudad de Praeneste, donde pasó el resto de sus días.

Con el transcurso de los siglos, los equipos verde y azul fueron tomando más importancia que los demás. Los rojos y los blancos se habían integrado dentro de cada uno de los otros dos equipos. A diferen-

Un día en las carreras. La cuadriga de la facción *veneta*, los azules, ha ganado la carrera y su auriga, exultante, exhibe en la mano la palma de la victoria. El *iubilator* saluda al triunfador mientras el *sparsor* prepara el agua para los agotados caballos. Mosaico del siglo III procedente de Roma. Museo Arqueológico Nacional, Madrid (© G. Nimatallah/DEA/Album).

cia de los espectáculos gladiatorios, la fama de las carreras siguió intacta en el Imperio romano tras la caída de Occidente. El hipódromo de Constantinopla fue muchas veces escenario de grandes carreras. Y también de grandes trifulcas, como la que vamos a conocer ahora y que a punto estuvo de costarle la vida al emperador.

HINCHAS Y TRIFULCAS DEPORTIVAS

Fanáticos del deporte ha habido siempre. Y alborotadores, para los que el deporte es sinónimo de violencia, también. La antigua Roma no era una excepción y esta historia lo demuestra. Nos tenemos que desplazar al Imperio de Oriente, en el año 532. La parte occidental del Imperio había caído cincuenta años atrás, aunque esa no sea más que una convención que usamos los historiadores como descubrirás más adelante. Justiniano, el emperador que ocupaba el trono, llevaba poco tiempo en el cargo pese a lo cual ya había comenzado a implantar algunas medidas importantes.

Entre las más destacables estaba la subida de impuestos, que no había sentado nada bien ni a los más ricos ni a los pobres. Como en los siglos anteriores, muchos de esos ciudadanos eran asiduos seguidores de las carreras de carros, que continuaban celebrándose en el hipódromo de Constantinopla y lo harían hasta el siglo x. Aunque no era tan grande como lo había sido el gran Circo Máximo de Roma, se estima que podía acoger la nada desdeñable cantidad de cien mil personas. Imaginarlos a todos gritando y coreando el color de su equipo favorito es sobrecogedor.

Mientras que los azules eran apoyados por la gente de clase alta, y por el emperador, los verdes eran los favoritos de los más humildes. Se da la circunstancia de que entre los verdes había un gran resentimiento hacia Justiniano, a quien reprochaban que, pese a sus raíces campesinas, no hubiese apoyado a «los suyos» desde el principio. Y aunque el emperador no hacía caso a estas demandas, a los más ricos, por otra parte, tampoco les hacía demasiada gracia que el emperador tuviera ese tipo de vínculos en su pasado.

Las disputas entre seguidores de uno y otro equipo, sin embargo, raramente saltaban más allá de las gradas. El emperador, en su palco elevado, conectado con el palacio imperial, era ajeno a todo ello. Sin embargo, el día 13 de enero de 532, verdes y azules descargarían su ira no entre ellos, sino contra Justiniano.

Además de la subida de impuestos, unos días atrás habían sido condenados algunos cabecillas destacados de una y otra facción, por lo que los ánimos estaban encendidos. Las primeras carreras se desarrollaron de forma relativamente normal. Cada bando apoyaba a los suyos con la pasión de siempre, pero a medida que se sucedían las carreras los gritos y el fervor fueron dando paso a la violencia.

Casi al final del día, de forma espontánea, una proclama común empezó a oírse, propagándose con fuerza por todo el hipódromo. Verdes y azules al unísono se volvieron juntos hacia el emperador al grito de *¡Nika!*, ¡vence! en griego. El descontento general, mezclado con la tensión y la emoción de las carreras, había desencadenado una revuelta. La tensa situación terminó por hacer huir a Justiniano hacia el interior del palacio imperial. Los disturbios se propagaron por todo el estadio y se extendieron por buena parte de la ciudad. Barrios enteros fueron arrasados durante cinco días; hasta la primera basílica de Santa Sofía quedó completamente destruida.

Justiniano, sitiado en el palacio con sus oficiales de alto rango, no sabía qué hacer. A punto estaba de dar la orden de huir cuando su esposa, la emperatriz Teodora, tomó la palabra. Demostrando más valor que todos los hombres de la corte juntos, les instó a quedarse y luchar. El historiador Procopio nos cuenta que ella estaba preparada para morir si era necesario y que llegó a decir que la púrpura, el color imperial, era una buena mortaja. Aquellas palabras infundieron valor al general Belisario quien, al mando de las tropas fieles al emperador, trazó un plan. Narsés, un liberto del emperador, se infiltró entre las masas que se concentraban en el hipódromo con una bolsa de oro. La entregó a los líderes de la facción azul para recordarles a quién apoyaba el emperador. Y así, mientras algunos de los azules más destacados huían discretamente, Belisario condujo a sus tropas hacia el hipódromo y bloqueó las salidas, atrapando a todos los que habían quedado en su interior. Ese día fueron masacradas de forma indiscriminada cerca de treinta mil personas. La revuelta concluyó y aquella sanguinaria experiencia consolidó las bases del reinado de Justiniano. Jamás nadie se volvió a atrever a levantarse en armas contra él.

Pero las broncas en el circo, aunque no fueran contra el emperador de turno, siempre estuvieron a la orden del día, también en la ciudad de Roma. Las facciones eran apoyadas por diversos grupos de presión que se constituían como verdaderos gremios que vivían con pasión sus colores. Normalmente eran los más jóvenes quienes llevaban a cabo actos de vandalismo, que llegaban hasta el extremo de lanzar todo tipo de objetos a la pista para intentar que los carros se estrellaran. Por este motivo, y por los accidentes fortuitos que podían darse durante una carrera, había operarios que tenían que jugarse la vida corriendo por la arena de la pista para intentar apartar cualquier objeto que hubiera sido arrojado a ella y evitar así males mayores.

Pero los problemas no acababan ahí. Los momentos de salida y, especialmente, de entrada a los circos podían llegar a ser realmente peligrosos al concentrar gran cantidad de gente en los puntos de acceso. Sabemos que en época de César ya se produjo algún episodio de aplastamiento con víctimas y el propio emperador Calígula provocó otro. Era habitual que, de madrugada, muchos esperaran a las puertas del Circo Máximo para poder entrar los primeros cuando abrieran y así asegurarse los mejores asientos. El barullo, por supuesto, era considerable. Una noche Calígula, que tenía problemas de insomnio, se despertó y ordenó a la guardia que los dispersara. En la confusión nocturna más de veinte nobles, otras tantas matronas y muchos ciudadanos más murieron aplastados.

Tragedias como estas eran casos excepcionales, pero cuando se producían era más común que lo hicieran en los circos que en los anfiteatros. Estos últimos contaban con una clara separación por estamentos en sus gradas. Tener asientos asignados evitaba bastantes problemas. Algunos como el Coliseo llegaron a diseñarse también con un sofisticado sistema de entradas y corredores diferenciados que permitían un flujo muy rápido de espectadores.

Sin embargo, en al menos una ocasión sí se produjo un grave altercado que pasó a los libros de historia. Sucedió en el año 59, pero no tuvo lugar en Roma sino en Pompeya. La ciudad del Vesubio contaba con un gran anfiteatro con capacidad suficiente para acoger a unas veinte mil personas. Dado que Pompeya pudo tener aproximadamente esa población, sabemos que se trataba de un espacio diseñado no solo para los pompeyanos sino para que pudieran asistir gentes de otras ciudades cercanas, como Herculano, Estabia, Nola o Nuceria.

Precisamente el día de la tragedia, el anfiteatro contaba con una buena cantidad de espectadores nucerinos que, por lo que vamos a ver, no tenían una relación demasiado sana con los pompeyanos. Durante el espectáculo de gladiadores, pagado por un tal Livineio Régulo, un paria que había sido expulsado del Senado, el ambiente empezó a caldearse. Al principio solo se cruzaron insultos, pero pronto el combate entre gladiadores pasó a segundo plano desplazado por el que se entabló entre pompeyanos y nucerinos. Unos y otros se lanzaron piedras y terminaron por saltar a la arena para tomar las armas.

La batalla campal se extendió incluso fuera del anfiteatro, mientras buena parte de la gente que había acudido para disfrutar del espectáculo trataba de huir. Así lo podemos ver en una gran pintura mural hallada en la llamada Casa de Anlceto, en Pompeya, que muestra con todo detalle a unos y otros enzarzados en aquel vergonzoso combate. Aunque los pompeyanos salieron mejor parados, aquel día murieron incluso padres con sus hijos y otros muchos terminaron mutilados o gravemente heridos. Cuando el Senado se enteró de lo ocurrido prohibió los espectáculos gladiatorios en Pompeya durante un periodo de diez años, disolvió algunas agrupaciones locales que podrían estar detrás del origen de la revuelta, ordenó la renuncia de los duoviros, los máximos magistrados de la ciudad y, tal vez, los envió al exilio junto con Livineio y otros tantos.

No obstante, un terrible suceso que tuvo lugar poco después, en el año 63[1], permitiría a los pompeyanos recuperar sus espectáculos gladiatorios, aunque por poco tiempo. El mismísimo emperador Nerón acudió a la ciudad en ayuda de los pompeyanos. Y no, no me refiero a la erupción del Vesubio. ¿Entonces? Lo vas a averiguar enseguida.

---

1 Según cuenta Séneca, que escribió sobre el suceso poco después de que se produjera. Porque, si hacemos caso a Tácito, que también lo menciona —aunque años más tarde— , tuvo lugar en el año 62.

UN TERREMOTO PARA UN GRAN ARTISTA

El cinco de febrero del año 63, una fortísima sacudida hizo temblar el suelo de una forma tan violenta que la vida se detuvo por completo en el golfo de Nápoles. En las profundidades de la tierra acababa de producirse un gran terremoto que afectó severamente a la ciudad de Pompeya y cuyos efectos se dejaron sentir en otras tantas. Una parte importante de las casas de la ciudad quedaron dañadas y algunos edificios públicos, como los templos de Isis, Venus o Júpiter, posiblemente se derrumbaron.

Los habitantes de la ciudad quedaron estupefactos ante aquel desastre, sin saber que solo era el primer gran aviso de un volcán que estaba despertando de su sueño milenario. La ciudad sería arrasada por completo dieciséis años después. Muchos ciudadanos se marcharon a otros lugares menos afectados. Algunos se vieron obligados a malvender sus casas para subsistir y los más ricos de la ciudad comenzaron a reconstruir tanto los espacios públicos como los privados.

Un año después, cuando los trabajos ya habían comenzado, hizo acto de presencia el mismísimo emperador Nerón junto con su esposa Popea. Su visita tenía un sentido muy especial, pues la familia de ella, la de los Popeos Sabinos, era oriunda de la ciudad y poseía una de las casas más lujosas de Pompeya, así como campos y villas en los alrededores. Para aliviar un poco el sufrimiento por la catástrofe, el emperador decretó que el castigo impuesto unos años atrás a los pompeyanos quedara sin efecto y se pudieran retomar los espectáculos gladiatorios.

Sabemos que la pareja imperial quiso también contribuir en la reconstrucción de los espacios públicos, especialmente del templo de Venus, patrona y protectora de los pompeyanos. A la estatua de culto de la diosa le ofrecieron perlas y esmeraldas engastadas posiblemente en un collar que pudo haber sido representado en un fresco de una casa de la ínsula occidental de la ciudad. También se cuenta que el emperador donó una suma importante de oro al templo. Por desgracia, las excavaciones no nos han permitido conservar ni el collar ni el oro, aunque con una increíble y afortunada excepción. En el año 1863, junto al templo, fue descubierta una lucerna de oro macizo con un peso de casi un kilo. Una pieza excepcional que posiblemente fuera donada junto con otros objetos de oro en ese mismo momento. Imaginar esa lámpara de aceite todavía encendida iluminando tenuemente el interior del templo nos conecta de forma directa con la historia. Poder verla hoy en persona, en el Museo Arqueológico de Nápoles, lo mejora todavía más.

Aquella visita del emperador, que supuso todo un honor para los pompeyanos, se enmarcó dentro de un viaje que Nerón estaba realizando por la Campania. Sabemos que también estuvo en Neápolis, la actual Nápoles, donde aprovechó para debutar como artista. Según cuentan Suetonio y Tácito, el teatro de la ciudad fue el escenario donde Nerón cantó en público por primera vez. Dicen las malas lenguas que fue un desastre y que incluso los dioses se horrorizaron hasta tal punto que, durante la representación, se produjo otro terremoto, aunque no tan fuerte como el del año anterior. El emperador, sin embargo, continuó con su número hasta terminarlo. Lo que pasó inmediatamente después se interpretó como algo positivo y también de forma negativa. En el preciso momento en que todos salieron del teatro tras la representación, la estructura entera se vino abajo a causa de los daños que el seísmo había producido. Pero nadie resultó herido.

En la actualidad, los restos de ese mismo teatro se encuentran integrados dentro de los edificios de Nápoles, muy cerca de la céntrica Via dei Tribunali, lo que indica que o bien se apresuraron a reconstruirlo o las fuentes exageraron más de la cuenta al transmitirnos esta historia. De una u otra forma, el teatro era uno de los edificios más significativos de cualquier ciudad. Sin él, una parte importante del ocio romano no estaba completa.

Los orígenes del teatro romano debemos buscarlos en el mundo griego hacia el siglo IV a. C., cuando comenzaron los primeros contactos entre griegos y romanos en el sur de Italia. Un siglo después ya se había establecido el gusto por los espectáculos teatrales entre los romanos, con los primeros grandes autores como Livio Andrónico o Nevio, cuyas obras no se han conservado.

Las representaciones incluían géneros clásicos como la tragedia, la comedia, el mimo, la poesía o el baile. Todos ellos se escenificaban dentro de los llamados *ludi scaenici* que, de forma análoga a las carreras de circo, eran costeados por el Estado. De hecho, ir al teatro también tenía un sentido religioso en la antigua Roma, pues los espectáculos iban precedidos igualmente de rituales en honor de los dioses.

En cuanto a la temática de las obras, muchas veces se adaptaban tragedias y, especialmente, comedias del mundo griego. Para los romanos, las escenas mitológicas representadas eran una forma más de entretenimiento, no una realidad. De hecho, pensaban que los dioses también disfrutaban viendo aquellas novelas teatralizadas escritas por los antiguos poetas y adaptadas por los comediógrafos para su divertimento.

Ya en el siglo II a. C. comenzó a despuntar una nueva generación de autores especializados en obras de temática romana. Las llamadas *fabulae togatae* eran comedias de tema puramente romano, desarrolladas especialmente por autores como Plauto o Terencio. En ellas se reían de temas cotidianos a través de personajes tópicos muy reconocibles por los espectadores: el viejo verde, el adolescente o el soldado fanfarrón. Precisamente este último, con apariencia de arrogante pero realmente cobarde y bobalicón, es el protagonista de una de las comedias más celebradas de Plauto que hemos conservado y que lleva el mismo nombre: *Miles gloriosus*.

A diferencia de los aclamados autores, los actores estaban bastante mal considerados socialmente. En ocasiones eran esclavos, aunque los mejores podían conseguir su libertad y alcanzar fama y aprobación, sobre todo entre la plebe. Actuaban siempre con máscaras que acentuaban los rasgos de su personaje para que incluso los espectadores de las gradas más alejadas pudieran ver bien lo que sucedía en la escena. Tradicionalmente se ha pensado que los actores siempre eran hombres, también cuando representaban papeles femeninos, y esa era la norma. Pero la historia nos ha revelado más recientemente que las mujeres participaban en las representaciones y no solo en papeles mudos, sino en algunos importantes con diálogos. Sin embargo, lo hacían de forma mucho menos frecuente y en especial ya en el bajo Imperio.

Los actores debían tener una gran forma física y buena resistencia para poder declamar con fuerza, aunque la estructura de los teatros pétreos, particularmente durante el Imperio, ayudaba con su impresionante sonoridad. A diferencia de otros lugares, en especial en

Oriente, hasta el año 55 a. C. los actores que interpretaban sus papeles en Roma tenían que hacer esfuerzos mucho mayores con su voz, puesto que los teatros eran temporales y de madera. Fue el general Pompeyo quien se atrevió por primera vez a construir un gran teatro para el pueblo de Roma, aunque se preocupó, atendiendo a razones propagandísticas, de dedicar un templo a Venus victoriosa en lo más alto del graderío. Lo hizo para que, llegado el caso, pudiera interpretarse que aquello no era tanto un teatro sino, más bien, una escalinata monumental y semicircular que daba acceso al santuario de la diosa. Y la estrategia funcionó porque, pocas décadas después, bajo el mandato de Augusto, muchas grandes ciudades del Imperio imitaron a Roma y construyeron magníficos teatros de piedra donde todavía hoy, en muchos casos, siguen resonando las voces de actores y actrices antiguos y contemporáneos.

RELIGIÓN

¿ERAN LOS DIOSES ROMANOS UN PLAGIO DE LOS GRIEGOS?

Te voy a pedir que leas de nuevo el título de este capítulo. No hay ningún truco. Solo una pregunta concisa y sencilla. Una pregunta así debería tener también una respuesta igualmente concisa y sencilla. Y esta pregunta la tiene.

No, los dioses romanos no eran un plagio de los griegos.

Nunca lo fueron, aunque te lo hayan enseñado así. Ni los cogieron prestados, ni les cambiaron el nombre ni se dedicaron simplemente a venerarles de ese modo. Podría terminar el capítulo en este punto, dejando resuelta la pregunta que te planteaba. Pero imagino que, si estás leyendo esto, ahora te gustaría que justificara mi respuesta y, tal vez, que explicara por qué es muy frecuente pensar que los romanos les copiaron los dioses a los griegos, aunque no sea correcto. Vamos allá.

Desde muy pequeño, con suerte, te habrán explicado algunas historias sobre griegos y romanos. Tal vez en el colegio te enseñaron una lista de diferentes dioses y algunos mitos relacionados con ellos. Primero los griegos: Zeus, Atenea o Hermes —no nos engañemos, seguro que a ti también te gustó la película *Hércules* de Disney, independientemente de la edad que tuvieras cuando se estrenó—. Y después los romanos: Júpiter, Minerva o Mercurio. Y de estos últimos te contaron mucho menos; al fin y al cabo, ya te habían explicado algo sobre los griegos, ¿para qué detenerse en estos otros si, esencialmente, eran iguales? El currículum escolar es muy largo y no hay tiempo para detenerse mucho más. Tal vez hiciste una lista de correspondencia entre los más importantes y pasaste a lo siguiente[1].

---

[1] Que probablemente serían los Reyes Católicos, ninguneando más de diez siglos de historia de la tardoantigüedad y la Edad Media en las que todo era «muy oscuro» y prácticamente «no pasó nada».

Aquí estoy yo para enmendar este error y para explicarte la causa de esta extendida confusión, que hunde sus raíces en esa simplificación que compara unos dioses con otros. Algo que, por otra parte, precisamente ya hicieron los romanos. Pero antes de llegar a esa idea es necesario que entendamos que, cuando hablamos de dioses, podemos estar entrando en diversos campos de la teología del mundo antiguo.

Igual que hoy en día, en el pasado remoto había muchas formas diferentes de entender la religiosidad. Una de las más antiguas es, sin duda, la explicación mitológica. Los mitos son una serie de historias, narradas por los poetas, que nos muestran el mundo a través de vivencias de las divinidades y otros seres. La mitología[2] griega nos legó una gran cantidad de esos relatos, en ocasiones moralizantes, que mostraban el lado más humano de los dioses: sus logros, sus fracasos y también sus más bajas pasiones. Pero, ¿qué pasa con los romanos? ¿Acaso no tuvieron mitos propios?

Ciertamente, todas estas historias, al igual que en el mundo griego, llegaron a ser conocidas por los romanos, que terminaron por hacerlas también suyas siglos después. Pero, en sus orígenes, Roma también tuvo su propia mitología. Se trata de un conjunto de historias relacionadas con los orígenes de la ciudad de Roma. Esta mitología cívica no trataba de explicar el origen del mundo o del ser humano, sino que se miraba a sí misma para intentar mostrar el origen de los romanos. Como dijo Varrón en el siglo I a. C., en sus *Antigüedades humanas y divinas*, primero son las ciudades y después lo que aquellas instituyeron. Por este motivo los romanos tenían un gran interés en los mitos fundacionales sobre su ciudad, y no tanto en los ajenos.

Más adelante descubrirán también los mitos griegos y crearán sus propias adaptaciones de estos relatos, como las que aparecen en las famosas *Metamorfosis* de Ovidio, pero ellos consideraban que la mayoría de estas historias no eran más que mero divertimento para los mortales... ¡y también para los dioses! Pero la idea de que aquellos mitos solo eran historietas inventadas por los poetas no solo la plantearon los romanos. En pleno siglo VI a. C., filósofos griegos como Jenófanes de Colofón ya habían criticado de esta forma los relatos mitológicos,

---

2 Mitología o, más bien mitologías, porque no existe una sola tradición clásica, sino que hay muchas diversas que, en ocasiones, se solapan y, en otras, chocan frontalmente.

diciendo que los poetas tan solo habían modelado historias de dioses a imagen y semejanza de los mortales.

Por ello, la mayoría de romanos seguía otra tendencia teológica que cuadraba mucho más con su idea de la ciudad como centro de la vida social y con la *pietas* como ideal de vida en el día a día. La *pietas* era la virtud más importante de cualquier romano. Podríamos definirla como el sentido del deber de cada uno para con los dioses y el resto de los mortales. La religiosidad tradicional romana no se basaba en la esperanza de una salvación futura, sino que se vivía a diario. Los dioses estaban presentes en cada momento de la vida y podían favorecer a quienes los veneraban, ayudándoles a mejorarla. Las peticiones, las ofrendas y los ruegos eran frecuentes; y no solo sacrificando animales —aunque sea lo más llamativo y extraño para nosotros—, sino también a través de unos frutos depositados en un altar, de una pequeña estatuilla votiva o del solo pensamiento de gratitud hacia la divinidad.

Todo esto que te cuento es necesario para que entiendas el modo tan particular que los romanos tenían de ver la religión. Una vez comprendido esto, podemos entender cómo se originaron los dioses romanos. Efectivamente, existen similitudes entre las divinidades griegas y romanas, y también entre las romanas y las etruscas. Es lógico que las culturas del pasado relacionaran poderes divinos con los elementos más comunes de la naturaleza como el sol, los rayos, el día o a conceptos como la guerra o la paz. Es por eso que siempre encontraremos divinidades asociadas a todas estas realidades en diversas culturas. Zeus, Júpiter o Tin y Ares, Marte o Laran son todos dioses de origen muy antiguo que comparten rasgos similares en las culturas a las que pertenecen. Aunque, como veremos más adelante, si los miramos con más detenimiento podremos comprobar que también existen importantes diferencias entre ellos.

Es lógico, si tenemos en cuenta que cada uno se desarrolló de forma independiente cuando estas culturas todavía no habían establecido contacto con las otras. Aunque tradicionalmente aprendemos que primero existieron los griegos y luego los romanos —de los pobres etruscos pocas veces nos acordamos, a pesar de su relevancia en el posterior desarrollo de la cultura romana—, todos ellos coexistieron de forma solapada en el tiempo.

Griegos y romanos no tuvieron, sin embargo, una relación directa relevante hasta los siglos IV-III a. C. Fue entonces cuando autores como Livio Andrónico comenzaron a traducir al latín las obras cumbre de la literatura griega, como la *Odisea* o la *Ilíada*. Y ahí se encontraron con un problema. El romano de a pie no tenía ni la más remota idea de quiénes eran los dioses que ayudaban o perjudicaban a los héroes de la épica griega, por lo que fue necesario realizar un proceso de comparación y asignación de paralelos. Lo que los romanos conocían como *interpretatio*.

A este mismo concepto podríamos llamarle «localización», que difiere de una traducción literal en que se hace un esfuerzo por adaptar el texto original a los referentes culturales del idioma de destino para que se entienda mejor. Por ejemplo, nosotros usamos la expresión «hablando del rey de Roma», mientras que en inglés no hay rey, sino diablo —*speaking of the devil*—. Y cuando para nosotros llueve a cántaros —o chuzos de punta—, en inglés llueven perros y gatos —*it's raining cats and dogs*—, en francés cuerdas —*il pleut des cordes*— y en griego patas de silla —βρέχει καρεκλοπόδαρα—.

Como puedes comprobar, el significado literal de estas frases es sensiblemente distinto, pero gracias a la adaptación que hacemos al traducirlas nos podemos entender. Pues algo parecido les pasaba a los romanos con los dioses. Cojamos los ejemplos anteriores. Zeus es el soberano supremo de los dioses. ¿Quién lo es en Roma? Júpiter. Entonces podemos interpretar que eran equivalentes, aunque realmente fueran dos divinidades distintas.

Aun así, teniendo en cuenta lo que comentaba al principio sobre la teología mítica, podemos estar bastante seguros de que a los romanos de los siglos IV y III a. C. no les habría hecho demasiada gracia saber que Zeus, con sus amoríos y otras cosas peores, podía llegar a ser equiparado con el sabio y venerable Júpiter. Otros como Ares y Marte también comparten atributo como dioses de la guerra. Sin embargo, el romano Marte tenía además una clara relación con el campo y los cultivos —algo fundamental en el padre de un pueblo de origen esencialmente agrícola como el romano—, vinculación que no tenía Ares para los griegos. Al fin y al cabo, Marte no solo era dios de la guerra, sino el dios protector de todos los romanos. Finalmente podemos acercarnos al caso de Hermes. Además de representar la rapidez y ser mensajero, también conducía las almas de los difuntos al inframundo griego. Mercurio no hacía esto último aunque, con el paso de los siglos y por influencia del dios griego, acabara asumiendo también ese papel, como vemos en muchas representaciones del periodo imperial.

También hubo casos de dioses importados directamente desde Grecia, como Apolo o Asclepio, de otros que lo fueron de Roma a Etruria, como Minerva —la Mnerva etrusca— e, incluso, de alguna divinidad romana muy arcaica que pudo influir en el desarrollo de una griega, como el caso de la diosa romana Fortuna y la griega Tyche. Además, también existían dioses tan específicos y propios de una cultura que no tenían ningún paralelo posible en otras. No había dioses griegos que se pudieran comparar en un sentido global con, por ejemplo, los penates romanos, protectores de la patria. Pero eso es algo que no ocurría en la mayoría de los casos.

En definitiva, los romanos pensaban que existían numerosos poderes divinos —*numina*— repartidos por el mundo. A los que ellos descubrían les daban nombre y, en muchas ocasiones, también aceptaban a los que descubrían otros. Aunque no siempre permitían una veneración tan profunda como la que tenían los dioses patrios y, a veces, trataban de modificar y adaptar los cultos para que tuvieran un toque más romano.

Los dioses griegos, los etruscos, los romanos y tantos otros convivieron durante muchos siglos. Los mortales, para entenderse entre ellos, los relacionaron y asociaron, pero no hicieron un corta y pega. Esto es algo que nos contaron de pequeños para simplificar una realidad mucho más compleja. En cualquier caso, yo me doy por satisfecho si, en su momento, tus profesores te hablaron de los dioses romanos y ahora has aprendido a separarlos de los griegos.

ROMA, ¡NO PIERDAS LA CABEZA!

Esta es la historia de un engaño en el que, literalmente, Roma estuvo a punto de perder la cabeza por completo. Algo que habría destruido totalmente cualquier esperanza de la grandeza futura que después consiguió. Un solo hombre estuvo a punto de cambiar el mundo para siempre estafando a una civilización entera y, sin embargo, hoy en día casi nadie conoce su identidad. Es verdad eso de que la historia la escriben los vencedores.

Para descubrir este engaño, que involucraba a los mortales y a los dioses, debemos regresar a un tiempo anterior a la gran Roma que, llegados a este punto, tú y yo tenemos en la cabeza. Una Roma todavía no revestida de mármol, sino de terracota policromada con colores tierra, cuyos templos estaban todavía muy lejos de la magnificencia de las columnas esbeltas y los capiteles corintios con sus exuberantes hojas de acanto. Nos encontramos en el siglo VI a. C., todavía en pleno periodo monárquico.

Mientras en el valle ya se alzaban las primeras estructuras de gobierno de la ciudad alrededor de la plaza del Foro, pavimentada por primera vez un siglo atrás, en la cima del monte Saturnio habían comenzado los trabajos de la construcción de un nuevo y colosal templo dedicado a Júpiter. Bajo el mandato del rey Tarquinio Prisco se consagró el terreno que delimitaba el recinto sagrado. Pero antes de que allí se alzara hacia los cielos ninguna estructura, los romanos debían excavar en las profundidades del monte para cimentarla correctamente.

Dado que el templo estaba destinado a tener unos sesenta metros de largo y ancho, se crearon unas grandes trincheras de casi diez metros de profundidad que después fueron rellenadas de nuevo con grandes bloques de toba apilados. Si has estado en Roma sabrás que todas las palabras que pueda dedicarle a esos cimientos son pocas en comparación con la tremenda impresión que produce verlos en persona. Hoy en día una parte de ellos están excavados y a la vista dentro de los Museos Capitolinos. De hecho, tendrás que «conformarte» con estos restos, porque son los únicos que han llegado hasta nosotros del gran templo, en buena medida debido a que, en el siglo XVI, la familia Caffarelli decidió destruir todo lo que quedaba del templo —que era bastante— para construirse un palacio.

Pero volvamos a ese momento en el que el templo era solo un proyecto, antes de que se nos olvide que no estamos aquí para juzgar la historia, por mucho que a veces nos duela pensar en momentos como el de esa destrucción. Porque si el engaño que estamos a punto de descubrir hubiera tenido éxito, los Caffarelli no habrían tenido que destruir ningún templo. Es más, quizá el monte Saturnio nunca se hubiera convertido en uno de los lugares más importantes del mundo.

También debes saber que Saturnio era el nombre que se le daba a ese lugar antes de recibir aquel por el que lo conocerían los romanos durante buena parte de su historia —y también de la nuestra—. Su antigua denominación la recibía en honor al dios Saturno, de quien los romanos decían que había tenido su reino terrenal en la cima del monte muchos siglos antes de que se instalaran ellos. No era casualidad que hubiera llegado el momento en el que el dios padre dejara paso a su más poderoso hijo, Júpiter.

Capitolio —o Campidoglio, en italiano— es el nombre que recibiría después, dándole al templo el de Júpiter Óptimo Máximo Capitolino. Precisamente este nombre nos habla del resultado de toda esta historia, puesto que Capitolio es una palabra que viene del latín *caput, capitis*, que significa 'cabeza'. Esa que Roma estuvo a punto de perder. El monte Capitolino estaba destinado a ser la cabeza de la ciudad y del mundo. Pero cuando hablamos de cabeza, no pienses solo en una en sentido figurado, sino literal.

Cuentan Tito Livio y Plinio el Viejo que mientras se estaban excavando los cimientos del templo se descubrió una cabeza humana que, según se decía, estaba incorrupta. Este sorprendente hallazgo fue tomado como un *prodigium*, un extraño fenómeno divino que debía interpretarse. Inmediatamente se consultó a los adivinos romanos, los augures, pero como estos no pudieron dar una explicación satisfactoria se decidió recurrir a los arúspices, grandes sabios etruscos cuyos conocimientos adivinatorios eran más poderosos que los de cualquier otra persona en el mundo. Una comitiva romana se desplazó hasta el vecino territorio etrusco para consultar al que, en su época, era el más famoso de estos arúspices: Oleno Caleno.

Aquel hallazgo que le presentaron le sorprendió enormemente. El adivino comprendió que se trataba de un signo inequívoco de grandeza futura que los dioses habían enviado a los romanos: Roma estaba destinada a ser la cabeza del mundo entero. Y así se lo reveló a los embajadores romanos. Pero Caleno no solo era un tipo muy inteligente, sino también muy astuto, así que intentó engañarles para transferir los beneficios de aquel prodigio al pueblo etrusco.

Inmediatamente esbozó en el suelo un *templum*, el recinto que delimitaba un espacio sagrado, y pidió a los romanos que le dijeran exactamente el lugar donde había aparecido la cabeza, animándolos a que lo señalaran allí mismo, en el dibujo.

«¿Es así, romanos, como decís?» dijo el adivino señalando el punto del *templum* que acababa de dibujar en el suelo. «¿*Aquí* se halló la cabeza? Entonces, *aquí* debe estar el templo de Júpiter todopoderoso».

La petición era engañosamente ambigua y los romanos casi caen en la trampa del hábil Caleno, pues aquel croquis, aunque pretendía ser una representación del monte Capitolio de Roma, no dejaba de ser tierra etrusca. Los romanos estaban, literalmente, a punto de perder la cabeza para cedérsela a los etruscos, y con ella el favor de los dioses. Una estafa que, según ellos mismos dejaron por escrito, podría haber dado al traste con toda su civilización. No olvidemos que los romanos pensaban que todo su poder y legitimidad provenía directamente de los dioses. Sin ellos, estaban perdidos.

Sin embargo, el hijo de Caleno, que también estaba presente, como impulsado por una fuerza divina, advirtió en el último momento a los emisarios romanos de las intenciones de su padre. Dándose cuenta estos de dónde quería llevarles el adivino, se apresuraron a responder con insistencia que el hallazgo no se había producido *allí*, sino en Roma. En el que, desde entonces se conocería como monte Capitolio, la cabeza de Roma y del mundo.

ENFERMEDADES Y MALDICIONES

Enfermar en la antigua Roma era bastante más peligroso que para nosotros en la actualidad. Piensa en un mundo que no conoce las medidas sanitarias básicas. En un mundo en el que la gente no se lava las manos de forma habitual o que simplemente ignora que una enfermedad se pueda contagiar. Ese es el mundo de los romanos. No me entiendas mal, no creas que te estoy diciendo que fueran unos asquerosos o que no tuvieran educación; tan solo que sus estándares, especialmente los de las clases bajas, eran muy diferentes a los nuestros.

La tasa de natalidad de los romanos era muy alta. Sin embargo, sabemos que la esperanza media de vida estaba sobre los treinta o treinta y cinco años. Pero conviene puntualizar. En primer lugar, no era igual entre las clases altas y las bajas. Estas últimas no tenían ciertas comodidades que provocaban que la media bajara drásticamente para ellos. En segundo, y más importante, hablamos solo de una media, lo que no debe llevarte a pensar, equivocadamente, que una persona de cuarenta años en el mundo romano fuera un anciano longevo.

Tenemos constancia de que, en especial algunas mujeres romanas, llegaron a vivir más de cien años, algo que sí era excepcional. Sin embargo, no era raro que una persona de clase alta llegara a vivir sesenta o setenta años. El emperador Augusto, por ejemplo, llegó hasta los setenta y cinco pese a su «mala salud de hierro». Para los que no tenían tan buena posición social lo normal era llegar hasta los cincuenta y quienes vivían en el campo veían reducida su vida normalmente a poco más de cuarenta años en muchos casos. Pero ninguno de ellos se quedaba en esos treinta que he mencionado antes. ¿Qué está pasando? La respuesta se halla en la enorme mortalidad infantil que existía. Del mismo modo que nacían muchos niños, también morían la mayoría, lo que bajaba drásticamente la media de edad que podemos calcular.

La infancia era la época más dura de la vida de cualquier romano, pero, si lograba sobrevivir, tenía más o menos asegurados bastantes años más. La esperanza de vida no paraba de mejorar en un mundo cada vez más globalizado y con grandes avances médicos. Los cirujanos romanos contaban con una buena cantidad de técnicas e instrumental que incluía bisturíes, fórceps o catéteres, muchos de los cuales no fueron superados hasta el siglo XVI o incluso el XVIII. Aunque la disección de cadáveres humanos era una práctica ilegal en el mundo romano, por una cuestión de respeto religioso, algunos médicos tenían grandes conocimientos heredados de la Grecia helenística, especialmente de Alejandría, donde incluso estuvo permitida durante un tiempo la vivisección, realizándose en condenados a muerte.

Galeno de Pérgamo, que vivió en el siglo II y llegó a ser el médico personal del emperador Marco Aurelio, era experto en anatomía gracias a sus estudios con animales, en particular monos y cerdos, que tienen estructuras internas similares a las humanas. Era capaz de realizar cirugías que ningún otro osaría acometer y con un alto nivel de éxito. En cualquier caso, una de las habilidades más importantes de un buen cirujano romano era la rapidez. Otra, la capacidad de no verse afectado por los terribles gritos de dolor del paciente al que estaba interviniendo puesto que, más allá de algunas hierbas calmantes, vivir en un mundo sin anestesia tenía que ser algo verdaderamente horrible. Los cirujanos en formación, aquellos que no eran simples charlatanes, solían servirse del mejor campo de pruebas que tenían a su disposición: la guerra. El ejército romano, en consecuencia, fue el primer cuerpo militar de la historia en contar con hospitales de campaña y personal especializado entre sus filas que podían dar una respuesta médica inmediata a sus compañeros.

Aunque la operación fuera exitosa y el paciente sobreviviera, la recuperación no estaba asegurada. Las heridas se cosían y se sellaban con miel y vendas de lino, pero lo peor solían ser las infecciones posteriores. Los romanos desconocían por completo la existencia de virus y bacterias. Ellos creían que había unos aires ponzoñosos y contaminados que fluían por el mundo y que iban de un lado a otro de forma cíclica. Así explicaban estas pestilencias[1], como ellos las llamaban, ca-

[1] Para los romanos, las *pestilentiae* —de donde deriva nuestra palabra *peste*— eran consecuencia de una grave ruptura de la *pax deorum*. Como tales, se las consideraba dentro del campo de los prodigios y era necesario atajarlas con expiaciones y rituales.

paces de contagiar a mucha gente al mismo tiempo y en un mismo lugar.

Los autores clásicos nos han trasmitido una larga lista de epidemias, localizadas en diferentes puntos del mundo romano, que acababan con la vida de miles de personas. Tan solo un par de años después del gran terremoto de Pompeya, la ciudad de Roma padeció una de las más graves hasta entonces registradas, en la que murieron más de treinta mil personas. Ricos y pobres, libres y esclavos, nadie estaba a salvo. Lo peor de todo era que, al no ser conscientes de los mecanismos del contagio, las familias cuidaban a sus enfermos muy de cerca, terminando por engrosar todos juntos las listas de infectados.

Las pestilencias, sin embargo, solían tener un radio de extensión localizado y rara vez se propagaban más allá de una ciudad. Como mucho, una pequeña región. O, al menos, así fue hasta la segunda mitad del siglo II. Para entonces, el Imperio romano ya había desarrollado, por primera vez en la historia, un ecosistema completamente globalizado. Como pudimos ver en un capítulo anterior, mercancías y personas fluían libremente por todas partes, pero también lo hacían los virus. Así fue como se produjo la primera pandemia de la humanidad.

Se estima que la llamada «peste antonina» mató, en los más de veinte años que duraron sus diversos brotes, entre siete y diez millones de personas; más de un diez por ciento de todos los habitantes del Imperio romano. Por la descripción de los síntomas que nos dejó Galeno de Pérgamo, se piensa que posiblemente se tratara de una cepa de viruela. Sin embargo, ni él ni sus contemporáneos acertaban con el remedio para atajar, de forma efectiva, el contagio masivo que se estaba produciendo. Para Galeno, aquella plaga estaba causada por un exceso de bilis negra, uno de los cuatro humores corporales que, según la teoría hipocrática, provocaban serios problemas cuando se descompensaban. Desde los poderes públicos se realizaron numerosos rituales en honor de los dioses para tratar de apaciguarlos, aunque sin mucho éxito. Se costeaban funerales públicos rápidos y se incineraban cadáveres, por miles, en fosas comunes, teniendo que llegar a subastar bienes imperiales para poder hacer frente a los costes. Es probable que el propio emperador Marco Aurelio muriese víctima de la misma enfermedad, aunque no es posible saberlo con certeza.

Ante aquella situación, la mayoría de médicos y curanderos poco podían hacer, salvo recomendar amuletos protectores que, en muchos casos, portaban frases escritas en pequeños trozos de papiro o metal. Y aunque algunas incluían consejos útiles, como evitar el contacto físico con otras personas o no dar besos, la mayoría eran fórmulas mágicas sin sentido. Y lo digo de forma literal. La magia en el mundo romano llegaba desde Egipto y muchos de los conjuros mágicos que se usaban eran palabras inventadas, vacías de significado. Este, por ejemplo, servía para curar dislocaciones:

> Huat haut haut istasis tarsis ardannabou dannaustra.

Este otro, para hacerse invisible:

> Borke phoiour io zizia aparxeouch thythe lailam aaaaaa iiiii oooo ieo ieo ieo ieo ieo ieo ieo naunax ai ai aeo aeo eao.

Algo tan extraño, también para ellos, no podía ser falso.

Aunque no todos los romanos recurrían a la magia, pues era una práctica religiosa ajena a la tradición romana, cada vez más personas probaban suerte. Incluso los cristianos lo hicieron. Las prácticas mágicas fueron condenadas oficialmente en el siglo IV, pero los amuletos y los conjuros siguieron muy presentes en la vida privada de la sociedad. Tal vez incluso conozcas uno de los hechizos sanadores más potentes que existían. A diferencia de los anteriores, se trata de una única palabra que se podía escribir fácilmente en un trozo de papiro que después se introducía en un tubito de metal y se colgaba al cuello:

> ¡Abracadabra!

Pero no todo eran fórmulas mágicas y hechizos. También había remedios que amalgamaban el saber tradicional de las plantas curativas con instrucciones que hoy calificaríamos de supersticiosas, una visión que los romanos más piadosos compartirían. Varios tratados de la época mencionaban que la epilepsia podía curarse bebiendo sangre caliente de gladiador recién muerto y había viejas curanderas, llamadas *praecantrices*, que curaban la impotencia con rituales que incluían escupir, mezclar saliva con polvo y llevar unas piedrecitas encantadas envueltas en una tela púrpura.

Aunque la magia más común en el mundo romano no tenía tanto que ver con hacer el bien como con desear el mal. Usar magia oscura implicaba convocar a las más terroríficas divinidades infernales, por lo que solo los más avezados en estas artes o con claras instrucciones entregadas por un mago osaban abrir esa puerta. Lo habitual cuando alguien quería dañar o humillar a otra persona era escribir su nombre, seguido de las atrocidades que se le deseaban y las fórmulas mágicas apropiadas, en una lámina de plomo que luego era enrollada en forma de cilindro y atravesada por un clavo. A continuación, la maldición en cuestión debía arrojarse a un pozo o a un manantial para que el mensaje llegara rápidamente al inframundo, donde terminaban todas las aguas.

A diferencia de los rituales tradicionales, una maldición no pedía la colaboración de la divinidad, sino que trataba de controlarla para que obedeciera, en una especie de contrato maligno vinculante. Abrasax era la divinidad más solicitada para estos asuntos y a él se le pedía que provocara cegueras, cojeras, los más terribles dolores y las muertes más atroces para los destinatarios del conjuro, incluyendo la de todos sus seres queridos. En ocasiones, las maldiciones también se acompañaban de pequeñas muñecas al estilo vudú hechas de diver-

Amuleto fálico en bronce, en forma de media luna, que presenta una *manus fica* a la izquierda y un falo a la derecha, todo en una pieza. Dos amuletos en uno: el falo promete abundancia y buena suerte, la higa protege contra el mal. ¿Alguien da más? Museo Nacional de Arte Romano, Mérida (© José Luis Sánchez Rodríguez/Museo Nacional de Arte Romano de Mérida).

sos materiales y atravesadas por clavos en las zonas que se querían dañar.

Y aunque los romanos más piadosos no creían ni en demonios ni en brujas —pero, como las meigas, «haberlas, haylas»—, solían protegerse con amuletos de la buena suerte y contra el mal de ojo. Los más comunes, como ya vimos, eran los que tenían forma de falo. Los había de diversos materiales, grandes o pequeños, pero lo normal era que se colgaran al cuello desde el momento del nacimiento formando parte de un collar. Además, para mayor protección, algunos amuletos eran dobles y al icónico poder del falo sumaban el de la higa, un gesto para alejar el mal que consistía en colocar el pulgar entre los dedos índice y corazón mientras se mantenía el puño cerrado, equivalente al gesto actual de cruzar los dedos para desearse buena suerte.

Como ves, la enfermedad en el mundo romano era vista e interpretada de formas muy diferentes, en ocasiones superpuestas, por médicos, curanderos, magos y ciudadanos en general. Con todo, la romana siempre fue una sociedad muy resiliente que, en conjunto, fue capaz de sobreponerse a epidemias, maldiciones e incluso a la pandemia más grande que, hasta aquel momento, había sufrido el mundo.

JESÚS, SOL Y EL ORIGEN DE LA NAVIDAD

¡Ay!, la Navidad. Ese momento tan mágico que mucha gente espera cada año para reunirse con los suyos, sentir un reconfortante calorcillo interior, aunque fuera haga frío, y que cada cual celebra de la forma que más le gusta. Nuevamente, se trata de uno de esos momentos que se gestaron en la antigua Roma y que cambiaron para siempre el mundo hasta nuestros días. Pocos casos habrá tan importantes como este, por lo que es posible que alguien ya te haya contado, al menos en parte, cuál es el origen de las festividades celebradas en esta fecha. Pero por si te lo han contado mal, se han quedado cortos o, simplemente, he llegado yo antes que los demás, voy a intentar explicarte cuál es el verdadero origen de la Navidad.

Te aviso de antemano de que este es un tema interesantísimo, pero puede ser delicado y por ello hay que abordarlo de la mejor manera posible, aportando datos objetivos y conforme al consenso de la investigación más actualizada. Así evitaremos caer en bulos negacionistas de la Navidad y nos quedaremos, al margen de la fe, en el terreno de la historia.

Debes saber que la palabra *Navidad* proviene del latín *nativitas*, que significa nacimiento. En el mundo romano, el día 25 de diciembre coincidía con el solsticio de invierno. Que para ti y para mí el solsticio tenga lugar hacia el día 21 se debe a las variaciones que se han producido en nuestro calendario desde la antigua Roma hasta la actualidad, que ya conoces. En el año 354, un tal Furio Dionisio Filócalo publicó un calendario de las festividades de todo el año en formato de códice. Allí aparecen todas las fiestas de la ciudad de Roma para ese año y, si miramos la fecha del 25 de diciembre, encontraremos la celebración del *Natalis Invicti*, el nacimiento del Invicto, con treinta carreras de carros en el circo.

Aunque no aparece expresamente el nombre del dios al que se refiere el calendario, se acepta que, tratándose del día que se indica y por su relación con las carreras de carros, estamos hablando claramente del dios Sol. Sol, que no «el Sol», era un dios romano bastante destacado que, como todos los demás, contribuía a mantener vivo el poder de Roma beneficiando a los ciudadanos que le rendían culto. Con su corona de rayos y montado en su cuadriga voladora, surcaba el cielo cada día, repitiendo el ciclo una y otra vez; de ahí su relación con las carreras de carros y con el apelativo «invicto», puesto que se oculta cada día, dando paso a la noche, para volver a renacer a la mañana siguiente sin que nadie lo pueda evitar.

Tradicionalmente se ha dicho que la festividad del nacimiento del dios Sol Invicto fue establecida por el emperador Aureliano en el año 274, pero lo cierto es que no tenemos ninguna prueba ni fuentes que lo confirmen. Lo que sí está documentado es que, en esa época y, especialmente en las décadas siguientes, el culto a Sol en torno al 25 de diciembre cobró gran importancia para los romanos.

Hasta entonces, la fecha del solsticio de invierno no había tenido especial relevancia en el mundo romano. Era un día más y no se conmemoraba de ninguna manera. Sol, sin embargo, era un dios mucho más antiguo, venerado en Roma desde los tiempos del rey Rómulo. Su culto, como el de otras divinidades tradicionales, fue establecido por el rey sabino Tito Tacio, que gobernó Roma junto con Rómulo después de que resolvieran las diferencias entre sabinos y romanos.

Fueron dos los espacios de culto con los que contó este dios en Roma. El más importante se situaba en el interior del Circo Máximo. En el centro del graderío había un templo en su honor, al considerársele el auriga celeste por excelencia. No olvides que todo en las carreras de carros hacía referencia al universo y al paso del tiempo, gobernado por Sol desde su posición preeminente. Tanto se veneraba a Sol en el contexto de las carreras que en el año 10 a. C. el emperador Augusto mandó llevar desde Egipto un gran obelisco dedicado a este dios para colocarlo en el centro de la espina alrededor de la que daban vueltas los carros.

Y aunque ya a finales del siglo II a Sol se le empezó aplicar el apelativo de Invicto, no fue hasta finales del III cuando adquirió toda su importancia por las connotaciones militares del término y el fuerte componente bélico que tenía en aquellos momentos el Imperio. Emperadores como Galieno o Aureliano convirtieron a Sol en su compañero y protector divino.

Otro dios al que se suele relacionar con la fecha del 25 de diciembre es el famoso Mitra; de hecho, son muchas las inscripciones en las que esta divinidad aparece mencionada como Sol Invicto Mitra. Sin embargo, y pese al gran interés que despierta el culto a este dios por su singularidad y su evidente relación con Sol, no tenemos ningún dato que nos indique que los fieles de Mitra celebraran ese día algún tipo de festividad específica en su honor, y mucho menos su nacimiento. Es más, los signos zodiacales fundamentales en su culto, Tauro, Leo y Escorpio, no tienen nada que ver con el invierno. La asociación de Mitra con las festividades del 25 de diciembre es muy posterior; se produjo en el siglo XIX, por un error en la interpretación de las fuentes, así que hemos de eliminarlo de la ecuación.

Hasta aquí todo claro; pero, ¿qué tiene que ver entonces la fecha del 25 de diciembre con la Navidad? ¿Por qué el cristianismo escogió esta fecha para celebrar el nacimiento de Jesucristo?

Tal vez hayas oído que existía un enfrentamiento entre el culto cristiano y el de Sol, pero el tema es algo más complejo. Para poder acercarnos un poco más a la verdad, lo primero que tenemos que hacer es hablar del protagonista del día: Jesús de Nazaret. Partamos de la base de que el consenso científico acepta sin problemas la existencia de Yeshua Ben Yosef. Aun así, hay que evitar confundir al personaje histórico con la figura de «el Cristo», una construcción mística que, como ahora explicaré, es posterior.

Por supuesto, es lógico que, llegados a este punto te surjan algunas dudas. ¿Cómo podemos afirmar todo esto? Si tomamos los datos históricos con los que actualmente contamos, el hombre mortal descrito en el Nuevo Testamento, Jesús, es un personaje que cuadra muy bien con la realidad de la Judea del siglo I. Un estudioso de la ley judía que no se desviaba ni un ápice de las doctrinas dominantes del judaísmo en ese momento.

Probablemente nació en Nazaret[1], como indica su nombre, entre los años 6 y 4 a. C., aunque suene muy extraño. La discrepancia en las fechas obedece, una vez más, a un fallo al ajustar el calendario. Este

[1] Posteriormente la tradición, para relacionarle directamente con la estirpe del rey David, cambió su lugar de nacimiento a Belén, de donde procedía el que sería su supuesto antepasado, cumpliendo así con lo profetizado. Por otra parte, las evidencias arqueológicas más recientes atestiguan sin duda la existencia de una pequeña población en Nazaret en época de Jesús.

desajuste, en concreto, se lo debemos a un monje escita del siglo VI, Dionisio el Exiguo. Mientras intentaba calcular la fecha de la Pascua, cometió un error que le llevó a asignar incorrectamente los años de la era cristiana con los del calendario romano en funcionamiento en ese momento. Jesús, según los Evangelios, nació en primavera. Pero no tuvo ni pastores ni magos que le adoraran. Son añadidos posteriores de la tradición mesiánica, para rodear de un aura especial sus orígenes.

Los Evangelios, que hablan de la figura de Jesucristo, están escritos probablemente entre cuarenta y ochenta años después de su muerte[2]. La opinión generalizada es que sus autores recopilaron por escrito todas las pequeñas historias y relatos que fueron pasando de boca en boca durante los años posteriores a la muerte de Jesús. Fue precisamente en estos textos donde se configuraron los elementos místicos de la figura de «el Cristo», 'el ungido' o 'el elegido'. Fueron fruto de la evolución del pensamiento de algunos judíos que comenzaron a seguir a aquel predicador tras su muerte.

Por tanto, la figura de Jesucristo que nos muestran responde a la unión de un hombre, Jesús de Nazaret, un judío que vivió en la Judea de la primera mitad del siglo I, y el Cristo, una construcción mística que se fue generando a su alrededor con el paso de los años. La celebración de la Navidad cristiana es precisamente la conmemoración de la unión terrenal de ambos personajes, por lo que se convertiría en un punto clave para el cristianismo del bajo Imperio.

Dado que los Evangelios no proporcionaban la fecha concreta de su nacimiento, los primeros cronógrafos cristianos se esforzaron en extraer la información de manera indirecta. A lo largo de la primera mitad del siglo III fueron varios los autores que, tratando de determinar la fecha de la festividad de la Pascua, pudieron aproximarse a la del nacimiento de Jesús. Aunque no podemos confirmarlo de forma definitiva, es posible que dos de ellos, Julio Africano e Hipólito de Roma, dieran con la fecha del 25 de diciembre tras calcular que la concepción de Jesús se produjo el 25 de marzo y contando con un embarazo perfecto

---

2 Aunque seguramente hubo alguna fuente anterior a los Evangelios que no ha llegado hasta nosotros, se cree que el más antiguo de los cuatro es el de Marcos, escrito poco después del año 70. A continuación se escribieron los de Mateo y Lucas, a lo largo de la década siguiente. Finalmente, el llamado Evangelio de Juan se compuso entre finales del siglo I y principios del II.

de nueve meses. En cualquier caso, lo que sí parece probable es que su metodología astronómica fue la que terminó estableciendo la fecha, favorecida también, tal vez, por su relación con la simbología de los solsticios.

Todo indica que el 25 de diciembre se consolidó como día del nacimiento de Jesús a lo largo de la segunda mitad del siglo III, justo cuando la festividad de Sol Invicto se establecía también en el calendario el mismo día. Sin embargo, para encontrar la referencia escrita más antigua al 25 de diciembre como fecha «oficial» del nacimiento de Jesucristo habría que esperar al siglo siguiente, concretamente al año 336, cuando se compuso un calendario de mártires en el que aparece consignado así.

Hacia finales del siglo III empezaron a coincidir en el calendario dos festividades religiosas, una tradicional y la otra cristiana, que se celebraban ambas el 25 de diciembre, al tiempo que, desde el lado cristiano, cobraba fuerza el argumento de que la única religión verdadera era la de Cristo frente a todas las demás, que consideraban falsas. En contraposición a la figura de Sol Invicto se alzaba la de Jesucristo, verdadero «sol de justicia» que nacía para iluminar al mundo, un concepto que se remontaba a alegorías del Antiguo Testamento. Sí existió, por tanto, un choque entre los natalicios de Jesucristo y de Sol, pero en los mismos términos en que se venía produciendo la hostilidad y la polémica de los cristianos hacia los demás cultos politeístas del Imperio, y no como un combate directo y aislado entre los dos dioses.

En uno de sus sermones, Agustín de Hipona, que vivió entre los siglos IV y V, relacionaba el solsticio de invierno con el nacimiento de Cristo:

> Comienzan a menguar las noches y a crecer los días, el día preciso del nacimiento de nuestro señor Jesucristo.

Y esta asociación entre la figura de Cristo y los momentos más cruciales del año natural, como son los solsticios y equinoccios, no acaba ahí. En otro texto cristiano del siglo IV se establecía una correspondencia entre el solsticio de invierno y el nacimiento de Jesús, por una parte, y el de verano con el de Juan el Bautista. Ambos, por tanto, habrían sido concebidos en un equinoccio, Juan en el de otoño y Jesús en el de primavera. Todo un simbolismo que tiene mucho que ver con las ideas del cosmos que los propios cristianos tenían a través de la constatación directa del ciclo anual del sol. Todo ello, por supuesto, como parte del plan universal de la creación divina.

Así, cuando decimos que la Navidad se celebra el día del solsticio de invierno estamos reafirmando las ideas que tenían aquellos cristianos. De una forma u otra se integraban culturalmente en la sociedad romana. Esos planteamientos, que se desarrollaron ya desde el siglo III y especialmente durante el IV, afianzaron muchos de los elementos canónicos de la nueva religiosidad que terminaría por dominar el Imperio. Así que cuando celebres las próximas Navidades, de la manera que prefieras, recuerda que, aunque el solsticio en la actualidad se haya desplazado unos días, las fiestas más importantes del año también llegaron directamente de la antigua Roma para cambiar el mundo.

SEPTEM

Existen siete nombres tan terribles que desencadenan el pecado. Siete palabras que, con solo pensarlas, pueden incitar al mal más atroz. Siete pecados capitales, llamados así porque cada uno de ellos son la cabeza —*caput, capitis* en latín— de la que surgen muchos otros más. Pereza, lujuria, avaricia, gula, ira, envidia y soberbia.

Los pecados capitales fueron descritos y «catalogados» por primera vez en el año 375 por el monje asceta Evagrio Póntico, aunque en su lista, escrita en griego, eran ocho y no siete los vicios: pereza, fornicación, avaricia, gula, ira, vanidad, soberbia y tristeza. Poco después, su discípulo Juan Casiano los traducía al latín manteniendo la misma lista y significado. No sería hasta finales del siglo VI cuando el papa Gregorio Magno volvió a revisarlos, fundiendo la tristeza con la pereza y la vanidad con la soberbia. Añadió otro, la envidia, y así dio lugar a la lista canónica de pecados capitales perpetuada siglos después por Tomás de Aquino y Dante Alighieri.

El listado definitivo quedó fijado, por tanto, en una Roma en la que el cristianismo ya había dejado de ser cordero y estaba a punto de convertirse en el león que dominaría la religiosidad oficial. Tan solo cinco años después de que Evagrio Póntico escribiera su lista, el emperador Teodosio confirmaría el cristianismo surgido del Concilio de Nicea como religión oficial y única del Imperio. Pero, ¿compartían estas mismas ideas sobre el pecado los demás romanos que, hasta entonces, rendían culto a todos los otros dioses?

Los pecados del cristianismo, opuestos a la virtud, conducen al fiel hacia el vicio. La religiosidad tradicional romana, por su parte, también buscaba la virtud: la *pietas*, el sentido del deber religioso para con los dioses y los conciudadanos. En el lado opuesto de la balanza, el de la impiedad, había una serie de crímenes contra los dioses, pero nada que se pareciera al pecado tal y como se entiende desde el cristianismo. Los romanos no podían pecar.

En lo que sí podían caer era en la llamada *superstitio*, la superstición, interpretada como el conjunto de malas prácticas relacionadas con la adoración a los dioses. Si se les veneraba de forma desmedida, o por miedo a su ira, se cometía una falta de piedad. El ideal religioso era la comunicación y la conexión directa con la divinidad.

Son muchos los aspectos que el cristianismo heredó de las prácticas religiosas de la antigua Roma. Por supuesto, no podemos hablar de apropiación o copia, dado que los cristianos, al fin y al cabo, eran parte de la sociedad romana. Muchos, antes de ser cristianos, habían sido educados en la religiosidad tradicional y tantos otros tenían familiares y amigos que seguían manteniéndola. Uno no dejaba de ser romano, de vivir sus tradiciones y su cultura, solo por convertirse al cristianismo. Especialmente cuando ya se había convertido en una religión aceptada y abierta, libre de estigmatización, y la sociedad fue virando poco a poco hacia la fe cristiana, quedando esta impregnada de muchas de las tradiciones y costumbres anteriores.

Y, sin embargo, los pecados no fueron una de ellas, como tampoco lo sería la fe. Un romano tradicionalista no entendería bien el concepto cristiano de fe. ¿Por qué adorar a un dios que se había comunicado con algunos de sus fieles mucho tiempo atrás pero nunca más volvió a hacerlo? ¿Por qué confiar en que, después de la muerte, iban a encontrarse con él? Si recuerdas lo que ya hemos comentado en capítulos anteriores, la romana era una religiosidad del día a día. Interesada, si quieres verlo así, muy enfocada en el «yo te doy si tú me das». Un romano no necesitaba la fe, porque veía a los dioses a diario en sus templos y los sentía cerca cada vez que le ayudaban en cualquier momento de su vida.

Este y otros elementos derivados del carácter místico y secreto que rodeaban a su culto provocaron que los cristianos no fueran bien vistos durante los primeros tres siglos de convivencia con la cultura tradicional romana. Desde el primer momento, cuando todavía no eran más que una pequeña secta escindida del judaísmo, los cristianos vivían su religión con un gran secretismo, propio de una religión de tipo mistérico. Solo a los iniciados se les podía revelar el conocimiento sagrado de la divinidad. En un mundo bien trabado por la legitimidad y la estabilidad que aportaban los dioses, los cristianos quedaban siempre al margen. Ellos mismos tampoco hacían nada para integrarse verdaderamente, en especial esos tres primeros siglos.

Era lógico que terminaran por aflorar rumores extraños surgidos de confusiones y malentendidos que les perjudicaban. Sabemos, por ejemplo, que se decía de algunos de ellos que eran incestuosos porque se les oía llamarse hermanos y hermanas los unos a los otros. Y hasta se hablaba de su supuesta antropofagia porque hacían ofrendas de carne y sangre de su dios que luego ellos mismos comían en comunidad.

Aun así, la mayoría de romanos simplemente vivían ajenos a la realidad religiosa de los cristianos sin que afectara a sus vidas. El problema llegó a partir del momento en el que su gran sentido de apoyo comunal y su promesa de salvación universal y gratuita empezó a calar cada vez más en sectores muy diversos de la sociedad. A lo largo del siglo III las conversiones al cristianismo no dejaron de crecer, lo que podría perjudicar gravemente al Estado romano.

Esto se producía en un momento en que las cosas no iban del todo bien en el Imperio en diferentes frentes. Si cada vez más personas abandonaban los cultos tradicionales a favor del dios cristiano, cualquier romano piadoso vería claramente que todos los males que les estaban sucediendo eran producto de la ira de los dioses. El equilibrio que tenían con ellos se estaba resquebrajando y corrían peligro de que les negaran la legitimidad que tantos siglos atrás les habían concedido. Si eso ocurría, Roma estaría condenada.

Por ese motivo, varios emperadores entre los que estaban los tetrarcas, con Diocleciano al frente, proclamaron edictos en los que se pedía a todos los ciudadanos del Imperio que realizasen ofrendas a los dioses para rogar su perdón. Aunque muchos cristianos llevaron a cabo las ofrendas y siguieron con su vida, otros tantos se negaron a hacerlo. Algunos de esos cristianos, especialmente obispos o miembros destacados de las comunidades, fueron arrestados y se les pidió públicamente que realizaran las ofrendas como forma de convencer a los demás. Los que se negaron fueron castigados, algunos de ellos con la muerte.

Esta es la realidad de las llamadas persecuciones, que la tradición cristiana usaría más adelante como un elemento propagandístico difundiendo historias de mártires que murieron por defender su fe. Fueron cientos, y no miles o decenas de miles, los ejecutados por no realizar las ofrendas apropiadas puesto que, incluso en los textos de los edictos, como en el del emperador Galerio, se pedía que aquel proceso se llevara a la práctica, si era posible, evitando el derramamiento de sangre.

Fue este mismo emperador quien en el año 311, viendo que la situación era insostenible, promulgó el Edicto de Tolerancia de Nicomedia que ponía fin a la represión contra los cristianos. Nunca más se les pediría que hicieran ofrendas a los dioses con la condición de que, cuando rezaran, le pidieran al suyo por la salud del emperador y por el bienestar de Roma y de su Imperio, justo lo mismo que les habían pedido durante todo el siglo anterior. Solo dos años después, en el 313, Constantino, junto con el emperador Licinio, promulgarían el Edicto de Milán, que ratificaba el de Galerio. En aquel momento Constantino ya había vencido a Majencio en la batalla de Puente Milvio y, como ya sabemos, todavía no era cristiano. Pero en los diez años siguientes terminaría convirtiéndose a la nueva fe que le condujo a dominar el mundo.

UN IMPERIO, UN EMPERADOR, UN DIOS

La batalla de Crisópolis lo dejó claro. Licinio había sido derrotado y miles de sus hombres masacrados. Constantino era el vencedor. Por primera vez desde el año 286, el Imperio romano volvió a tener un único emperador. Corría el año 324 y la tetrarquía, el experimento de Diocleciano y Maximiano del que ya hablamos al abordar la batalla de Puente Milvio, había llegado a su fin. Poco después, cerca del lugar en el que se había producido el combate final, Constantino decidió que debía construirse una nueva capital para el Imperio. Una que, además, estuviera situada en un punto de comunicación clave entre Oriente y Occidente: el estrecho del Bósforo. La nueva ciudad, levantada sobre la antigua Bizancio, sería conocida como la segunda Roma o la nueva Roma pero, sobre todo, como Constantinopla, la ciudad de Constantino, desde que fue dedicada en el año 330.

Aquel camino de conquista, conflicto y ambición le había alzado a la cima. Las ansias de poder de Constantino no conocían fin; consiguió destruir a todos sus enemigos hasta convertirse en el emperador único de un Imperio nuevamente unificado. Era natural que terminara por asociar su gesta con un dios también único y verdadero. En la última década, desde la conquista de Roma en el año 312, se había producido un gran cambio en las creencias religiosas del emperador. En los años posteriores todavía encontramos a un Constantino que, si bien mostraba ciertas simpatías hacia los cristianos, mantenía intacta su especial veneración hacia Sol. No en vano, en el año 313, había ratificado que el dios cristiano fuera adorado de forma completamente libre; aunque poco después, en el 321, decretó también que el día de Sol, el domingo, fuera considerado como la jornada oficial de descanso semanal[1].

Las monedas suelen ser un buen indicador de la imagen que un emperador quería transmitir a todo el Imperio. Hasta el año 324, las monedas de oro acuñadas por Constantino llevaron en el reverso a Sol como protector supremo del emperador, pero desde el año 318 el dios solar ya había desaparecido de las de cobre. Esto es significativo si tenemos en cuenta qué tipo de personas tocaban unas y otras. En las de oro, en poder de las elites, la efigie del dios Sol proyectaba una imagen tradicionalista del emperador entre aquellos a quienes un cambio brusco no habría gustado demasiado. Sin embargo, en las de cobre, usadas en el menudeo por las clases bajas, la devoción solar imperial se había rebajado un poco antes. A partir de ese momento todos los motivos de sus monedas se centraron en iconografía claramente militar, que mostraba al emperador como un poderoso vencedor supremo y con su cara mirando al cielo esperanzado, como iluminado por una luz divina: la de Dios. El cristiano, el único.

La investigación actual considera que su cristianización definitiva debió de producirse precisamente coincidiendo con su ascensión final al poder absoluto. Prueba de ello es que un año después, en 325, convocó el concilio de Nicea para fijar los términos en los que el cristianismo era aceptable y, sobre todo, útil para los intereses del Imperio.

Constantino, el vencedor, dio otras muchas muestras de su agradecimiento supremo hacia Cristo, como el inicio de la construcción de la basílica de San Pedro en el monte Vaticano sobre el lugar donde la tradición consideraba que estaba la tumba del santo. El arco triunfal que adornaba el interior de la estructura fue decorado a la altura del transepto con un fantástico mosaico de pasta vítrea y oro en el que aparecía el propio Constantino entregando una maqueta de la basílica a san Pedro y a Jesucristo. Y, junto a esta representación, la siguiente inscripción en letras doradas creadas también con teselas:

> *Quod duce te mundus surrexit in astra triumphans, hanc Constantinus victor tibi condidit aulam.*
> Dado que el mundo bajo tu mando [Cristo] se ha alzado triunfante hasta las estrellas, Constantino el vencedor ha fundado para ti esta aula [la basílica].

[1] Hasta ese momento, y desde su introducción en Roma hacia el siglo I a. C., la semana de siete días comenzaba el sábado, el día de Saturno, y no tenía ningún día específico dedicado a descansar.

Desde aquel momento el poder de Roma quedó asociado a la fe cristiana. Constantino influyó en la conversión de toda la familia imperial, en especial en la de su madre, Flavia Julia Helena. A pesar de su pasado como sirvienta de posada, un trabajo asociado comúnmente con la prostitución, Helena había conseguido llegar a lo más alto tras casarse con Constancio I. Desde su conversión, poco después de la de Constantino, y hasta su muerte en el año 330 desarrolló una labor propagandística desplazándose a la zona de Palestina para propiciar los viajes de fe a Tierra Santa. Curiosamente, la tradición cristiana posterior le otorgaría un papel todavía más importante, cambiando las tornas al suponer que fue ella la persona que influyó en Constantino para su cristianización; algo que, en realidad, no había sucedido.

Para ensalzar todavía más su figura, unos sesenta años después de su muerte comenzó a extenderse una leyenda que aseguraba que, en su viaje a Jerusalén, había ordenado excavar en el monte Calvario para hallar los restos de la crucifixión de Cristo. A ella se le atribuye desde entonces el hallazgo de la cruz y de los clavos que atravesaron las manos y los pies de Cristo. Incluso algunos autores cristianos contribuyeron a amplificar el relato asegurando que uno de los clavos fue trasladado a Constantinopla donde se habría integrado en el casco del emperador, actuando así como un talismán que le hacía invencible.

Aunque lo anterior no sucediera realmente, lo cierto es que los descendientes de Constantino mantuvieron la unión entre cristianismo y poder imperial de manera que cada vez más personas dentro de las fronteras del Imperio adoptaron la fe cristiana. Menos de un siglo después, el emperador Teodosio terminaría prohibiendo todo tipo de culto ajeno al del cristianismo católico[2], incluyendo no solo los cultos tradicionales romanos, sino cualquier otra forma de cristianismo que no cumpliera con los estándares de la fe claramente definidos por la jerarquía eclesiástica oficial.

En aquel momento, más de la mitad de los habitantes de un Imperio de sesenta millones de romanos ya eran cristianos. Los diferentes edictos que se fueron sucediendo a lo largo de los últimos años del siglo IV se lo pusieron cada vez más difícil a varios millones de personas

---

2 La palabra *católico* significa literalmente 'universal', dando a entender que era la única forma de cristianismo aceptable. El resto de cristianismos derrotados, como el arrianismo o el pelagianismo, entre otros muchos, pasarían a ser considerados herejías peligrosas a partir del año 381, en el que se promulgó el Edicto de Tesalónica.

que todavía respetaban los cultos tradicionales. Muchos de ellos aún recordaban que, a mediados de siglo, durante el reinado de Juliano II, los dioses habían tenido la oportunidad de recuperar su preeminencia. Pero lo breve de su mandato —menos de tres años, entre el 361 y el 363— truncó esa posibilidad.

Juliano, apodado despectivamente el Apóstata por la tradición cristiana, había crecido siendo cristiano y solo cuando su formación fue avanzando descubrió al resto de los dioses, considerados falaces por el cristianismo. En el año 351 Juliano abrazó los cultos de sus antepasados y cuando llegó al trono, diez años después, restauró numerosos templos y prohibió a los cristianos ejercer como maestros para tratar de evitar que impusieran su mensaje a las nuevas generaciones, como habían hecho con él. De poco le serviría todo aquello, puesto que terminó muriendo en combate y sus reformas quedaron en el olvido. No es de extrañar que la tradición posterior considerara que un ángel de Dios había guiado la jabalina persa que atravesó el cuerpo del emperador, en plena batalla, el 26 de junio del 363.

Sin embargo, la transición hacia la oficialización efectiva del cristianismo como religión única del Estado romano no fue algo inmediato ni tan radical como se nos ha querido mostrar. Las órdenes imperiales se centraban solo en los cultos y las ofrendas, y no en los templos y las estatuas. Estas últimas, de hecho, debían mantenerse como muestras culturales del pasado siempre y cuando tuvieran un valor importante por su belleza formal y la maestría del artesano que las había creado. Por su parte, la mayoría de las estructuras relacionadas con el culto no fueron destruidas, sino reutilizadas, con algunas excepciones muy sonadas como el Serapeum de Alejandría, arrasado hasta los cimientos en el año 392.

Fueron solo grupos aislados de fanáticos cristianos quienes se dedicaron a destruir o mutilar algunas estatuas, marcándolas con el signo de la cruz o partiendo su nariz a golpe de cincel. Aprovecho esta oportunidad para contarte que no siempre que veas una estatua romana sin nariz debes culpar a un iconoclasta cristiano, sino más bien a la gravedad, que hizo su trabajo cuando la estatua cayó al suelo en algún momento de la historia. En la práctica general, en muchas ciudades siguió conviviendo el cristianismo, de forma ya mayoritaria, con quienes todavía mantenían los cultos tradicionales. Siempre que estos últimos llevaran a cabo discretamente las ofrendas que marcaba su tradición, se les solía dejar en paz. Incluso en la ciudad de Roma todavía quedaban algunos intelectuales de la alta sociedad que mantenían vivos a los dioses romanos y que seguían restaurando, aunque de forma muy comedida, algunos antiguos santuarios. Uno de los más importantes fue Vetio Agorio Pretextato, de quien sabemos por su inscripción funeraria que acumuló una imponente cantidad de títulos religiosos en su persona y en la de su esposa. Pontífice, augur, hierofante, tauroboliato o padre de padres de la verdadera República, eran solo algunos de los cargos que registraba su lápida en un mundo en el que ya no tenían ningún valor.

Durante el siglo v, y especialmente en el vi, los cultos tradicionales y cualquier manifestación referida a ellos fue reduciéndose cada vez más. Ya eran muy pocas las personas que mantenían aquellas costumbres del pasado en un Imperio totalmente cristianizado. Y, aun así, muchas de esas tradiciones, algunas de manera consciente y otras simplemente por inercia, se mantuvieron vivas a través de los siglos. La admiración que muchos pueblos sentían por las grandes figuras del pasado hizo el resto para mantener el recuerdo de aquel Imperio del que, al menos en parte, eran herederos y que se atrevió a cambiar el mundo.

SUCESOS EXTRAÑOS

DINOSAURIOS Y OTROS MONSTRUOS EN EL PALACIO IMPERIAL

Lo reconozco, el tema que vas a conocer a continuación tiene un título muy extraño. Al leerlo tal vez hayas arqueado las cejas, entrecerrado los ojos e incluso te hayas preguntado si me he vuelto completamente loco. Dejemos para la ficción —donde debe estar— la posibilidad de que los dinosaurios consiguieran sobrevivir de alguna manera para convivir con los romanos.

No obstante, debo decir que ese es precisamente el tema de partida de Dinotopia, una serie de libros ilustrados en la que podemos ver a romanos y dinosaurios conviviendo en una remota isla desierta. Imagínate al emperador Trajano a lomos de un gran braquiosaurio desfilando a lo largo de la Vía Sacra mientras todo el pueblo de Roma aclama el triunfo militar conseguido gracias a la rapidez de ataque de las tropas de caballería —¿dinosaurería?— que acompañan a su general, montados a su vez en velocirraptores. Imágenes mentales que son ciertamente extrañas y que, pienso, no tendrían un buen final. Aunque tal vez sea esa la idea de sus creadores al llamar a su obra «lugar terrible», o eso al menos debería significar Dinotopia (del griego *deinos*, 'terrible', y *topos*, 'lugar') si nos dejamos llevar por la etimología. Me gusta más pensar eso que creer que ni siquiera se fijaron en que la parte de *dinosaurio* que significa 'lagarto' es la segunda, *sauros*.

Pero ya es hora de regresar de esta pequeña ucronía porque te debes estar preguntando cómo es posible que, en algún momento de la historia de Roma, hubiera un dinosaurio en el palacio imperial. Te propongo ahora que retrocedamos en el tiempo hasta la Roma del año 1932. Nos encontramos en la colina de la Velia, muy cercana al Coliseo y anexa a lo que un día fue el gran pórtico imperial que vio alzarse hacia el cielo el coloso de bronce dorado del dios Sol que portaba la semblanza del emperador Nerón. Mussolini había decidido que aquella colina le molestaba porque quería abrir una gran avenida en el centro de Roma. Esa gran obra terminaría convirtiéndose en lo que hoy conocemos como Vía de los Foros Imperiales.

Pues bien, en el transcurso de su construcción, buena parte de la colina de la Velia tuvo que ser completamente destruida. Aunque los trabajos habían comenzado en 1931, no fue hasta el día 20 de mayo de 1932 cuando se produjo el gran hallazgo. Bajo el jardín de la llamada Villa Rivaldi y los niveles romanos que incluían estructuras anexas al palacio imperial, como una gran *domus* de comienzos del siglo II —cuyos restos quedaron arrasados— yacía algo sorprendente.

Entre los sedimentos arenosos comenzaron a aparecer diversos restos óseos de unas proporciones increíbles. Se trataba de varios fósiles que habían permanecido bajo la Ciudad Eterna durante decenas, si no cientos, de miles de años sin que nadie lo hubiera sabido hasta entonces. Salieron a la luz restos de cérvidos, bóvidos e hipopótamos, pero lo que más sorprendió a los trabajadores fue el gran cráneo de un *Palaeoxodon antiquus* del que sobresalían unos grandes colmillos. Se trata de una especie de elefante extinta de casi cuatro metros de alto que habitó buena parte de Europa hasta hace unos 30.000 años. Un sorprendente hallazgo que se hizo muy popular en su época.

Pero, aunque esta es una historia estupenda, no resuelve lo prometido; tú estabas esperando dinosaurios —no mamíferos fósiles— *en* el palacio imperial, no *junto a* él. Y para descubrirlos tenemos que irnos todavía más atrás en el tiempo: a comienzos del siglo I, la Roma del emperador Tiberio. Esta historia nos la transmite Flegón de Trales, un autor griego de la corte del emperador Adriano que la plasmó en sus *Mirabilia* —cosas maravillosas—. Este liberto erudito contaba que, en aquel momento, en un lugar remoto del Imperio se habían producido una serie de terremotos que abrieron unas profundas grietas en la tierra. Tan terribles eran que, se decía, a través de ellas bien podría comunicarse cualquiera directamente con el inframundo. Quienes las veían sabían que nada bueno podía salir de allí, pero aquellos que se atrevieron a acercarse se dieron cuenta de que de entre las rocas habían surgido huesos de tamaños descomunales. Nadie quiso tocarlos, no en vano podían ser restos de los antiguos gigantes que, según contaban las leyendas de los poetas griegos, habían habitado la tierra mucho antes que los mortales.

Las noticias de aquel infausto descubrimiento pronto llegaron hasta Roma, donde supo de ellas incluso el emperador. Tiberio, más curioso que aterrado, pidió entonces que transportaran hasta el palacio imperial una muestra de los monstruosos restos para poder contemplarlos de cerca. Y así lo hicieron. Pronto llegaría hasta allí una embajada que portaba un diente de más de treinta centímetros de altura que pertenecería a una criatura de tamaño colosal. Solo después de verlo el semblante del emperador cambió y, ante la posibilidad de que llevaran a Roma más restos de aquella criatura, se negó en redondo. No quería perturbar el descanso de los muertos extrayendo sus restos de la tierra, y menos si eran de tal envergadura. Pero sus temores —tal vez respeto— no eran comparables con la curiosidad que Tiberio seguía sintiendo; aquello no dejaba de ser un hallazgo oportuno que le sacaba del hastío en que se había convertido para él gobernar el Imperio. Ordenó a un geómetra llamado Pulcro que, a partir de las dimensiones de aquel diente, calculara el tamaño de lo que se pensó que sería un gigante humanoide. Y, aún es más, que después se construyera un modelo a escala real de la cabeza que tendría el monstruoso ser. Imagina por un momento la escena. El emperador Tiberio atravesando un pórtico de columnas policromadas con bellos colores tras el que le espera, entre jardines geométricos, una cabeza de más de tres metros de altura de cuya boca pendía lo que, posiblemente, sería el diente fósil de un dinosaurio. ¡Un dinosaurio en el palacio imperial de Roma! Saciada su curiosidad, la descomunal cabeza fue desmantelada y el diente enterrado de nuevo.

Esta es solo una de las diversas historias que las fuentes clásicas nos regalan y que podemos relacionar con descubrimientos paleontológicos en la antigüedad. Gigantes, serpientes marinas e incluso dragones aparecen plasmados en los textos por todo el Mediterráneo.

Sabemos que, hacia el año 58 a. C., Marco Emilio Escauro mandó transportar hasta Roma en barco desde Judea una columna vertebral de más de doce metros de largo con costillas de casi tres. Plinio el Viejo, que es quien nos transmite esta anécdota, cuenta que aquellos restos se expusieron en la ciudad con una atribución muy clara: Escauro había encontrado los restos de un dragón marino. Y no de uno cualquiera, sino de Ceto, el dragón del que, según el mito griego, el héroe Perseo había rescatado a Andrómeda justo antes de que este la devorara. Puedes dar por hecho que de aquellos huesos no nos ha llegado ninguna mención más, aunque no es descabellado pensar que se tratara de restos de una ballena. No en vano, el nombre del dragón marino Ceto tiene una relación directa con la palabra *cetáceo*. Literalmente, en griego antiguo, las ballenas eran dragones marinos.

Es muy interesante darnos cuenta de que la aparición de restos paleontológicos en aquella época solo podía ser explicada a través de los conceptos que aquellas personas tenían en su acervo cultural. ¿Quién se atrevería a dudar de la existencia de todos esos monstruos si estaban encontrando restos tangibles de ellos? Aunque desde nuestro punto de vista podamos reconstruir de forma anatómicamente correcta los restos fósiles gracias a los avances de la investigación, se ha demostrado lo sencillo que puede llegar a ser convertir fragmentos de un animal prehistórico en los de un terrorífico gigante con una fisonomía muy humana. De ahí que sea muy común encontrar en la tradición grecorromana tantas historias de gigantes, corroboradas *de facto* por la experiencia de quienes encontraron o habían oído hablar de hallazgos de restos. Por otro lado, la sabiduría de Plinio el Viejo nos recuerda que, en tiempos pasados, los cuerpos eran mucho más grandes y que, cuando el mundo avanza y el tiempo pasa, la naturaleza produce cada vez cuerpos más pequeños. Un discurso muy interesante que tiende a conciliar las antiguas tradiciones poéticas griegas con el moderno conocimiento naturalista romano. Todo ello hace de este un relato muy verosímil cuya supuesta veracidad se acrecienta todavía más cuando lo unimos a algunos casos de personas excepcionalmente altas que parece que existieron, como los de Secundilla y Pusio que, según atestiguan las fuentes, medían unos tres metros y cuyos cuerpos el emperador Augusto decidió preservar en los llamados jardines de Salustio, en Roma.

Y, aunque ya es momento de dejar descansar a dinosaurios y monstruos, nos vamos a quedar con Plinio el Viejo. Un hombre cuya sabiduría muchas veces estuvo cerca de lo que hoy consideramos respuestas científicas a las cuestiones que plantea la naturaleza. Aunque hay que reconocer que, en el acontecimiento que vamos a vivir a continuación, que sucedió en el año 79, no podía tener la más remota idea de lo que estaba ocurriendo. Y eso le animó aún más a investigar.

Por desgracia, su ansia de conocimiento le costaría la vida.

Y PLINIO DESCUBRIÓ LO QUE ERA UN VOLCÁN

Como tal vez ya te imaginas, nos encontramos ahora en el cabo de Miseno, situado en el extremo más oriental de la bahía de Nápoles, y corre bien avanzado el año 79. En concreto, según las estimaciones actuales de la investigación, lo que estamos a punto de vivir sucedió probablemente el día 24 de octubre de ese año —*ante diem IX kalendas novembres*—, el noveno día antes de las calendas de noviembre, como dirían los romanos.

Poco antes de la una de la tarde, en el extremo opuesto de la bahía, se alzó en el cielo una nube de humo de un tamaño y una altura descomunales, como nadie había visto hasta entonces. Plinio, que tenía su villa en aquel paraje maravilloso, acababa de darse un baño y volvía a zambullirse en sus libros cuando su hermana le avisó de aquel extraño fenómeno. Observándolo con más detenimiento, se maravilló al darse cuenta de que procedía directamente de uno de los montes que rodeaban las ciudades de Pompeya, Herculano, Estabia, Nola y Nuceria. Como más tarde se sabría, y como tú ya sabes, se trataba del Vesubio.

A Plinio, en su afán naturalista, le tentaba la idea de salir al encuentro de aquel fascinante fenómeno que no había visto jamás, ni él ni ninguna de las personas que estaban vivas en aquel momento sobre la faz de la Tierra. Y cuando estaba a punto de zarpar en un barco de exploración, en el que no quiso acompañarle su sobrino Plinio el Joven, llegó una carta que lo cambió todo. Un correo a caballo portaba un mensaje urgente de su amiga Rectina que, viéndose atrapada a los pies del Vesubio, le pedía auxilio.

En ese momento el naturalista dejó paso al almirante, pues Plinio también era el encargado de la flota militar imperial atracada en el lago de Miseno, y dio comienzo una misión de rescate. Plinio ordenó avanzar a los cuatrirremes directamente hacia el peligro para intentar rescatar a cuantas personas pudieran de aquel horror que se cernía sobre la Campania Felix. Se enfrentaban al mar embravecido y a la incesante lluvia de ceniza y liviana piedra pómez acompañadas, en ocasiones, de densas rocas metálicas que amenazaban incluso con asaetear la madera de los barcos. Llegar por mar hasta la cercana ciudad de Herculano parecía imposible y todos los marineros deseaban regresar a Miseno. Pero Plinio decidió continuar con la misión: *Fortes Fortuna iuvat* —la fortuna favorece a los valientes—, dijo. Y continuó hacia la ciudad de Estabia, algo más lejos de aquel terrible fenómeno de la naturaleza que surgía del monte.

Durante la travesía, Plinio seguramente pensaría en los libros de su *Historia natural* buscando respuestas. En ellos ya había descrito cómo los terremotos, a los que los habitantes de aquella zona estaban muy acostumbrados, eran producidos por vientos que se oponían con fuerza unos a otros en el interior de la tierra, una teoría que, sin conocer las placas tectónicas, iba en una dirección interesante. También había relatado las singularidades de algunos montes y otros lugares naturales a través de los cuales la tierra escupía fuego, como el monte Etna en Sicilia, el Quimera en Licia o el Cofanto en Bactria. Pero lo que estaba viviendo era algo diferente como nunca antes habría podido imaginar.

Quienes no tenían los conocimientos del almirante, sin embargo, estarían mucho más aterrados incluso, pensando que aquello no podía ser otra cosa que una respuesta airada de los dioses ante algún terrible mal que había roto el equilibrio que estos tenían con los mortales —la *pax deorum*—. Algo espantoso había tenido que suceder para que una montaña entera explotara de aquella forma. Conservamos testimonios de quienes, incluso, decían ver gigantes entre el humo surgiendo del interior de la tierra. Un pensamiento nada extraño si tenemos en cuenta que la tradición decía que los dioses habían enterrado a todos los gigantes en las profundidades del mundo y que ellos eran los responsables de los terremotos, revolviéndose para intentar escapar. ¿Qué ocurriría si uno o más de ellos lo hubieran conseguido?

Para quienes estaban en tierra solo quedaban dos alternativas: tratar de huir desesperadamente, abandonándolo todo, o alzar plegarias a los dioses en los altares domésticos que cada familia tenía en su casa. En la mayoría de los casos, ninguna de las dos opciones sirvió de mucho. La fuerza mortal del Vesubio no les daría tregua, arrasándolo todo y a todos los que estaban en su camino.

Así fue cómo Plinio, y muchas otras personas, descubrieron casi sin poder darse cuenta, lo que era un volcán. Algo que no habían visto jamás, y menos en su forma más explosiva y devastadora, que nada tiene que ver con las erupciones de tipo estromboliano con ríos de lava —lentos, aunque igualmente destructivos— que normalmente imaginamos al pensar en un volcán. Cuando Plinio en su segundo libro hablaba de lugares que siempre están en llamas no tenía en mente lo que nosotros denominamos volcán. Ni siquiera tenía en su vocabulario el propio concepto. Y mucho menos podía saber que el Vesubio, fértil y bondadoso hasta ese momento, escondía en su interior aquel terrible desenlace.

Las vidas de miles de personas terminaron aquel día de octubre y sus historias, muchas veces anónimas, quedaron preservadas durante siglos bajo las oleadas de flujo piroclástico ya solidificadas. Algunos de los cuerpos se desintegraron de forma casi instantánea por la acción del calor volcánico, dejando solo sus huesos; otros siguieron el proceso natural de descomposición y la forma de lo que un día fueron quedó marcada en el sedimento volcánico como un negativo que ahora podemos contemplar en Pompeya. Un último instante congelado en el tiempo y devuelto a la realidad a través del yeso moderno que los ha rellenado.

De Plinio sabemos que pasó aquella noche en casa de su amigo Pomponiano en Estabia, la más lejana de las ciudades que serían destruidas por la erupción y la única que volvió a reconstruirse, resurgiendo décadas más tarde. A la mañana siguiente —si es que se le puede llamar mañana a aquel momento en que el volcán había causado la más negra de las oscuridades—, las oleadas de flujo piroclástico a más de doscientos kilómetros por hora y seiscientos grados de temperatura ya habían enterrado para siempre Herculano y Pompeya. Plinio bajó a la playa buscando un cambio en el viento para poder escapar. Tal vez incluso tenía la idea de añadir toda aquella experiencia a su obra para la posteridad. Sin embargo, el aire denso y su natural dificultad para respirar hicieron que aquella playa se convirtiera para siempre en su tumba. Su sobrino nos transmite que al día siguiente hubo quien vio su cadáver, que parecía dormido y no muerto. Sin embargo, es muy posible que este relato fuera edulcorado, o simplemente falso, puesto que el choque térmico que provoca una oleada de flujo piroclástico hace que los músculos se contraigan en macabras poses que recuerdan a las de un boxeador que se defiende.

Tal vez el sufrimiento que le provocaba su asma fue tan grande que le pidió a un esclavo de confianza que terminara con su vida de una forma rápida, como se cuenta en un fragmento que ha llegado hasta nosotros de una biografía suya atribuida a Suetonio. No sabemos lo que pasó con su cuerpo. Tal vez quien lo vio lo enterró o quedó a la intemperie y acabó olvidado entre los escombros volcánicos. Pero lo cierto es que su leyenda se ha mantenido viva hasta tal punto que, a comienzos del siglo XX, el italiano Gennaro Matrone excavó cerca de lo que podría haber sido la playa de Estabia y halló los cuerpos de setenta y tres personas, entre las que destacaba el de un hombre de unos cincuenta o sesenta años —Plinio rondaba los cincuenta y seis cuando murió—. Estaba ricamente adornado con brazaletes, anillo y hasta una cadena de oro y portaba un gladio, una espada corta romana, con vaina de marfil. Inmediatamente identificó los restos con los de Plinio, de una forma poco ortodoxa —como todo lo demás en su excavación— y terminó vendiéndolos al Museo Histórico Nacional de Arte Sanitario de Roma, donde permanecen hasta el día de hoy. Hay quienes, recientemente, han intentado demostrar que el cráneo en efecto pertenece a Plinio, aunque es una tarea que se plantea cuando menos ardua y poco concluyente.

Como ves, son varias las versiones que nos muestran los últimos momentos del almirante y lo que pasó después con su cuerpo. Pero de lo único que podemos estar seguros es de que, justo antes de morir, Plinio descubrió lo que era un volcán. Y en su honor y en el de su sobrino, que transmitió esta historia, las devastadoras erupciones explosivas, por suerte muy poco frecuentes y que muy pocos volcanes en el mundo pueden producir, llevan hoy en día el nombre de plinianas.

HASTA EL INFINITO Y MÁS ALLÁ

Luciano se embarcó aquel día con otros cincuenta compañeros que compartían su misma emoción. Deseaban por encima de todas las cosas contemplar «el otro continente», la tierra que aguardaba más allá del océano. Iniciaron su navegación en las columnas de Hércules —¿quién sabe si, tal vez, partiendo del puerto de Gades?— y se lanzaron a la aventura. Sabían que deberían enfrentarse a los peligros del mar, tempestades y hasta monstruos que les acecharían por el camino, pero nadie les había preparado para lo que realmente estaba por llegar.

Con una descripción así, cualquiera podría pensar que bien podríamos estar ante el inicio del viaje que llevaría a Cristóbal Colón hasta las costas del continente americano, pero, para contar esta historia verdadera, debemos irnos más de mil trescientos años atrás, hasta el siglo II.

Nuestro aventurero protagonista no es otro que Luciano de Samósata, un escritor de habla griega activo especialmente durante el reinado de Marco Aurelio. Se definió a sí mismo como el terror de pretenciosos, soberbios, pícaros y mentirosos y fue capaz incluso de desenmascarar a Glycón, el falso dios serpiente de Abonuteicos. ¿Quién mejor que un hombre honrado y valeroso para relatar lo que aconteció a su expedición hasta llegar al nuevo mundo?

Al comenzar su travesía tuvieron que soportar setenta y nueve días de tempestad y oscuridad hasta que divisaron una isla en la que corría un río de vino que embriagaba al instante a todos aquellos que bebían de sus aguas. Sé que te puede parecer increíble, pero este es el relato que nos entrega Luciano. De hecho, nos transmite que junto al río encontraron también una inscripción, ya muy gastada incluso en su tiempo, que decía que hasta allí habían llegado Hércules y Dioniso. La presencia de este último explicaba el porqué de aquel río de vino.

Y si te parece que el viaje ha comenzado de una forma algo extraña no creerás lo que les sucedió a continuación. Los elementos volvieron a desatar toda su furia sobre los exploradores. Un gigantesco tifón los envolvió a ellos y a su nave, elevándolos incluso en el aire tan alto como ningún otro mortal había llegado antes. Y en lo más alto —Luciano llega a hablar de trescientos estadios, unos 53 kilómetros de altura— comenzó a soplar un viento que infló las velas y les permitió navegar a través de las nubes durante siete días completos hasta que llegaron a una tierra a la vez desconocida y lejanamente familiar.

El barco acababa de alunizar. Tal y como lo oyes, Luciano de Samósata y sus hombres llegaron a la Luna casi dos mil años antes que Neil Armstrong. Y, a diferencia del estadounidense, se llevaron una tremenda sorpresa al descubrir que estaba habitada. Los selenitas, habitantes de la Luna llamados así en honor a la diosa lunar griega Selene, eran de muchas formas diversas. Luciano nos relata que todos eran hombres que se casaban entre sí y que, cuando ellos llegaron, no conocían la palabra «mujer». Sin embargo, actuaban como esposas hasta los veinticinco años y, una vez cumplidos, pasaban a desempeñar el papel tradicional del marido en la sociedad clásica. Conocían las lenguas y las costumbres terrestres gracias a un gran espejo a través del cual podían ver a los pueblos del mundo e incluso oírlos desde las profundidades de un pozo lunar, ambos ubicados en el palacio imperial de Endimión, el rey de la Luna.

Por lo que pudieron ver mientras permanecieron allí, los selenitas se quedaban embarazados en la pantorrilla, que empezaba a engordarles hasta que, pasado el tiempo apropiado, cortaban la piel para extraer el feto, que siempre nacía muerto. Era entonces cuando debían abrirle bien la boca y ponerla de cara al viento lunar para hacerle vivir.

Pero, como ya te he contado, también había otros seres en la Luna, como los llamados «arbóreos» que nacían de manera totalmente distinta a los otros. Estos cortaban el testículo derecho a un macho de su propia especie y lo plantaban en la tierra. De él brotaba un árbol de carne con forma similar a un falo. De sus ramas crecían finalmente unas grandes bellotas que, cuando maduraban, daban lugar al nacimiento de los nuevos seres.

Pero lo más increíble de todo, y a estas alturas es difícil que pensemos en algo más sorprendente que lo anterior, era que los selenitas estaban en guerra con los heliotas, los habitantes del Sol, a quienes terminarían por enfrentarse en una cruenta batalla que acabó con un tratado de paz al más puro estilo de los pueblos terrestres, aunque en versión intergaláctica.

Y tal y como llegaron, volvieron a bajar, tras muchas más aventuras, hasta el agua del océano. Aunque cuando parecía que sus peripecias habían llegado a su fin, fueron tragados por una gigantesca ballena cuyo interior era tan grande que había bosques, lagos, numerosos animales y miles de personas que habían sido tragadas con el paso del tiempo. Nueve meses pasaron en su interior, hasta que consiguieron salir incendiando el bosque y matando así a la ballena.

Navegaron sorteando a una gran cantidad de gigantes enzarzados unos contra otros en un combate naval en el que los remeros navegaban utilizando grandes islas a modo de barcos. Llegaron después hasta la isla donde habitaban todos aquellos que en el pasado habían sido heroicos o destacados de una u otra forma. Pudieron ver a guerreros valerosos como Aquiles y Ulises o al gran Homero, que entregó a Luciano un manuscrito inédito de una nueva obra que había compuesto pero que terminaría perdiéndose irremediablemente.

Por fin, y después de algunas historias más que no es necesario mencionar, consiguieron llegar a su destino. En palabras del propio Luciano:

> Esto es cuanto me ocurrió hasta que llegué al otro continente, en el mar, a lo largo de mi viaje por las islas y el aire, y tras él en la ballena; y, después que logramos salir, entre los héroes [...]. Lo que ocurrió en el otro continente lo relataré en los libros que siguen.

Pero nunca llegó a escribir los siguientes libros en los que habría descrito ese continente al otro lado del océano. No deja de ser curioso pensar que realmente existía, pero todavía tardaría muchos siglos en comunicarse con el viejo mundo. Pero, como ya habrás notado, esta no es la primera mentira que Luciano nos ha *colado* en su obra. El hombre que tanto odiaba a los pícaros y a los mentirosos nos ha estado mintiendo desde el primer momento. Te explico.

Por si no le conocías, debo añadir a la biografía de Luciano de Samósata un pequeño detalle que he omitido a propósito. No solo odiaba a los embusteros, sino que también se reía de ellos, pues fue un gran escritor humorístico y sarcástico de su tiempo. El relato que acabas de leer forma parte de una obra conocida como *Historias verdaderas*, en la que Luciano trató de plasmar todos los tópicos de la literatura heroica y épica del mundo clásico. Usa constantemente recursos para generar confianza y verosimilitud como «dudo en hablar de esto por si me dicen que miento» o «de esto no hablo porque sería tan increíble que nadie creería que digo la verdad». Y al mismo tiempo otras que claramente serían imposibles de realizar como «quien no crea que es así, si alguna vez va por allí —la Luna— en persona, sabrá que digo la verdad».

Es una verdadera parodia de obras como la *Ilíada*, la *Odisea* o la *Eneida* que lleva las situaciones hasta el ridículo extremo desarrollando las escenas más extrañas posibles. Y, sin embargo, al igual que el *Quijote* es a la vez una crítica a las novelas de caballerías pero la podríamos contar dentro del género, las *Historias verdaderas* también acaban convirtiéndose en una auténtica novela épica de proporciones astronómicas.

El propio Luciano es consciente de todo ello y, ya en las primeras líneas, nos advierte de que se trata de una lectura que nos permita relajarnos un poco antes de volver a temas más intelectuales y mentalmente exigentes. Atrae al lector, de su época y de la nuestra, con un argumento extraño, gracioso y, por encima de todo, mentiroso pero contado de forma verosímil al más puro estilo clásico, lo que para los amantes del mundo antiguo, y de la historia en general, tiene un extra de interés. Creo que es obligado que sea el autor quien nos dé, en sus propias palabras, la visión que tiene sobre su obra y sobre otras ficciones de quienes no saben reconocer que no cuentan historias verdaderas.

> Mi personal vanidad me impulsó a dejar algo a la posteridad, [...] y, como nada verídico podía referir, por no haber vivido hecho alguno digno de mencionarse, me orienté a la ficción, pero mucho más honradamente que mis predecesores, pues al menos diré una verdad al confesar que miento. Y, así, creo librarme de la acusación del público al reconocer yo mismo que no digo ni una verdad. Escribo, por tanto, sobre cosas que jamás vi, traté o aprendí de otros, que no existen en absoluto ni por principio pueden existir.

Y, aunque hay mucha verdad —y honradez— en estas palabras, en esto último Luciano, sin saberlo, se equivocaba. De tan extraño que era su relato, no podía imaginar que más de mil años después otros navegantes llegarían hasta ese continente que es el objetivo principal del viaje de la obra y con el que, en definitiva, comienza y termina. Al final algo de verdad sí tenían las historias de Luciano.

MAGIA AL CUADRADO

Los romanos siempre fueron burlones y graciosos por naturaleza. Desde el humor más mundano al ingenio más sutil y refinado. Del primero tuvimos una buena muestra cuando hablábamos de los grafitos, que podemos encontrar repartidos por todo el mundo romano aunque concentrados especialmente en Pompeya. Del segundo son un buen ejemplo los palíndromos, frases que podemos leer igual del derecho que del revés.

Uno de los más famosos que nos llega de la antigua Roma es la siguiente frase:

ROMA TIBI SVBITO MOTIBVS IBIT AMOR

Lo podríamos traducir por «En Roma el amor te llegará de repente». Como puedes comprobar, este palíndromo se basa en uno que siempre está escondido a plena vista. El propio nombre de la Ciudad Eterna, ROMA, es una palabra palindrómica que siempre nos recuerda lo que sentimos por ella: AMOR.

De este detalle, por supuesto, eran plenamente conscientes los romanos, ya que la diosa del amor no era otra que Venus, una divinidad especialmente cercana para ellos. Debes recordar que, en la *Eneida*, Venus es presentada como la madre de Eneas y, por tanto, se la consideraba como la fundadora de toda la estirpe romana. Sin Venus, diosa del amor, no podría existir Roma. Eran dos caras de la misma moneda: contrapuestas, pero siempre unidas.

Partiendo de esta idea el emperador Adriano, en el año 121, quiso ir más allá. Entre otras muchas cosas, Adriano fue un gran arquitecto y se encargó personalmente de diseñar un magnífico templo que honrara a las dos diosas, Venus y Roma. Lo construyó sobre los restos de lo que una vez fue un gran pórtico que alojó un inmenso estanque y

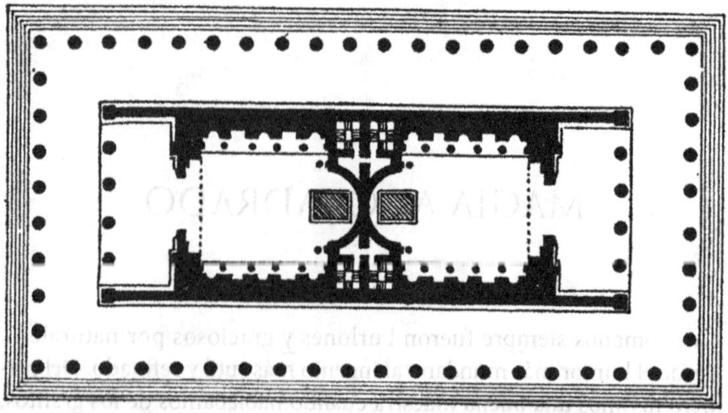

Planta del templo de Venus y Roma, situado junto a la Vía Sacra, cerca del Coliseo. Erigido por orden del emperador Adriano es, posiblemente, uno de los más importantes de la ciudad de Roma. Los cuadrados centrales situados junto a los ábsides representan las posiciones de las estatuas de culto: a la izquierda la de Roma y a la derecha la de Venus. Un doble palíndromo: ROMAMOR (© Album).

la estatua colosal del dios Sol que más tarde daría su nombre popular —Coliseo— al anfiteatro de los emperadores flavianos. El templo tenía dos espacios de culto —*cellae*—, uno para cada diosa. Pero lo más sorprendente es que Adriano consiguió crear un palíndromo en ladrillo y hormigón, revestido de mármol blanco y púrpura. Contraponiendo las dos exedras semicirculares donde se encontraban las estatuas de culto de las diosas, estaba haciendo que la planta del templo pudiera interpretarse de forma palindrómica. Roma a las espaldas de Venus y viceversa: ROMAMOR.

Este palíndromo romano era tan importante que Juan el Lidio, un erudito del siglo VI, creyó ver en estas palabras el nombre sagrado y secreto de la ciudad, que nadie podía conocer y que desde siglos atrás protegía la diosa Angerona, venerada en una festividad celebrada el 21 de diciembre. Ese nombre sagrado era el escudo protector y la clave de la resistencia de la ciudad de Roma ante cualquier enemigo. Ahora bien, debo decirte que esto podría ser así, aunque realmente no es probable. El nombre sagrado de Roma existía, así como el de otra divinidad que protegía la ciudad y cuyo nombre tampoco podía revelarse, so pena de muerte. Y no es que me esté guardando una gran revelación para el final de este párrafo, ya te aviso, es que los romanos lo guardaron tan bien que no podemos estar seguros de a qué se referían.

Algo parecido sucede con otro palíndromo romano. Tal vez no lo conozcas, pero podría tratarse de una de las frases más misteriosas de toda la historia occidental. Este palíndromo nos muestra una frase corta, de tan solo cinco palabras, pero su significado esconde mucha complejidad. Además, este es un multipalíndromo, lo que lo hace todavía más especial. No solo se puede leer de detrás hacia delante, sino que también podemos leerlo de arriba abajo y viceversa cuando lo colocamos en una configuración que conocemos como «cuadrado mágico».

S	A	T	O	R
A	R	E	P	O
T	E	N	E	T
O	P	E	R	A
R	O	T	A	S

Sator Arepo Tenet Opera Rotas. ¿No es curioso que se pueda leer de tantas maneras diferentes? Cinco misteriosas palabras que, ya por sí mismas nos dan problemas a la hora de otorgarles un solo significado a cada una. Sator se podría traducir por 'sembrador', aunque también por 'creador', en sentido figurado. Arepo podría ser un nombre propio o una expresión agrícola —completamente desconocida para nosotros— que tenga que ver con arar. Tenet significa 'tener, poseer, controlar'. Opera pueden ser 'obras', pero también 'trabajo' o incluso 'hacer algo con esfuerzo'. Finalmente, Rotas es la más sencilla de todas, puesto que significa 'ruedas' o 'que rueda'.

Una vez que hemos visto las posibles traducciones de estas cinco palabras por separado, y antes de leer algunas interpretaciones que se han propuesto, te invito a que hagas la tuya propia. Al fin y al cabo, se han dicho muchas cosas del cuadrado de Sator.

La más sencilla de ellas implica tomar la frase con un sentido literal. «El sembrador Arepo controla las ruedas con esfuerzo» o «El sembrador tiene el arado, el trabajo y las ruedas». Como ves, una frase que, con más o menos sentido, nos habla del duro trabajo del campo y de lo importante que es para poder subsistir.

Sin embargo, también podemos pensar en interpretaciones que nos lleven hacia un significado mucho más profundo, más trascendente, si en lugar de sembrador hablamos de Sator como creador: «El dador de vida que se preocupa de que la rueda del mundo siga girando para sus creaciones». Su obra seríamos nosotros, los mortales, y él se esfuerza en hacer que todo siga girando como debería.

Como ves, podemos divagar todo lo que queramos en estas líneas. De hecho, estoy convencido de que habrás sacado tu propia versión después de conocer algunas de las propuestas que se han hecho hasta ahora. Lo cierto es que esto mismo ya ocurría en la antigua Roma puesto que, con el transcurrir de los siglos, su significado original se fue perdiendo, oscureciéndose para dar paso al cuadrado mágico en sí mismo más allá de su significado inicial. A partir del siglo II sabemos que ya se estaba empleando como una suerte de amuleto mágico que permitía quedar protegido a quien lo portara.

Ya sabes que la magia romana estaba plagada de frases y palabras sin sentido, y esta acabó siendo una más, de esas que se metían en unos tubitos que se colgaban al cuello. En este caso sabemos que el cuadrado de Sator era poderoso contra enfermedades, evitaba que te cayera un rayo, podía aliviar el dolor de muelas —porque ellos también sabían que no hay nada que pueda quitarlo del todo— o incluso curar un corazón roto. También nos consta que estaban convencidos de que, si se grababa sobre la masa de un pan o de una pasta y después se comía, conseguía que no se infectara una mordedura de perro, evitando contraer la rabia.

Estos son solo algunos usos que se le dieron con el paso del tiempo a este mágico palíndromo. Pero hubo otros muchos más, puesto que se siguió usando durante la Edad Media y hasta nuestros días. Las misteriosas cinco palabras de Sator fueron utilizadas también como remedio mágico aceptado incluso por el cristianismo.

Y es que todavía hay un secreto más que se esconde detrás de las veinticinco letras del cuadrado. En los años veinte del siglo pasado, varios investigadores llegaron más o menos al mismo tiempo a una sorprendente conclusión. Si se reordenan las letras del cuadrado se puede conseguir una curiosa interpretación que revolucionó lo que se conocía hasta entonces del cuadrado. Siempre se había relacionado con el cristianismo interpretando que «el sembrador» no era otro que el dios cristiano, pero fue entonces cuando se descubrió que, sin quitar ni añadir letras, se podía construir la frase PATER NOSTER en forma de cruz. Además, a ambos lados y en forma palindrómica estaban las letras A y O, formas latinizadas de alfa y omega, la primera y la última del alfabeto griego y símbolos del principio y el fin asociados con Dios en el cristianismo.

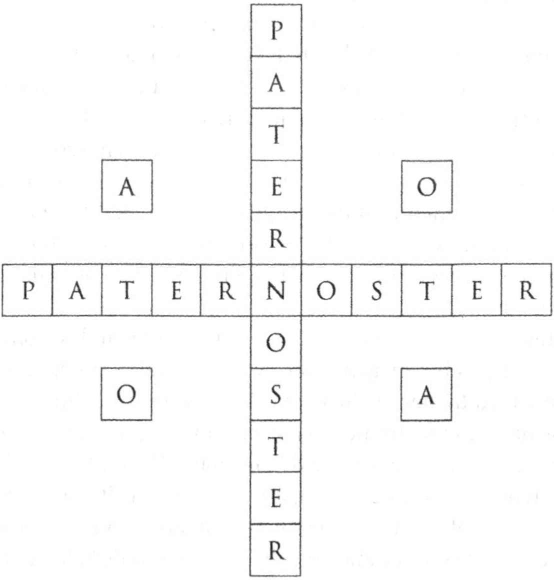

¿Es posible que el padrenuestro, la oración cristiana por excelencia, estuviera oculta en el cuadrado del creador? Hay que reconocer que esta posibilidad es asombrosa. Le da un nuevo giro al palíndromo.

Y, sin embargo, la casualidad —que en esta historia parece ser especialmente atrevida— quiso que, en 1925, justo en el mismo momento en el que se estaba proponiendo esta posibilidad apasionante, se descubriese en Pompeya un grafito que portaba unas letras en forma de cuadrado. Por supuesto, era el cuadrado de Sator, grabado en los muros de la llamada casa de Paquio Próculo, en la Vía de la Abundancia. Pero hubo que esperar hasta 1936, cuando apareció de nuevo en una columna de la Palestra Grande, para que los investigadores se dieran verdadera cuenta de lo que tenían entre manos.

Hasta entonces, la copia más antigua del cuadrado estaba fechada en el siglo v, por lo que su posible origen e interpretación cristianos eran totalmente plausibles. Sin embargo, el hecho de que al menos el grafito de la palestra se pueda fechar claramente con anterioridad al año 63 —cuando tuvo lugar el gran terremoto de Pompeya— hace imposible que la interpretación cristiana fuera la original. No existen en Pompeya signos que muestren la presencia de cristianos en la ciudad, lo cual es lógico en un momento tan temprano en el que incluso hablar de cristianos, en el sentido canónico del término, es bastante arriesgado.

Así que, con toda probabilidad, volvemos a la casilla de salida. El significado original del cuadrado de Sator sigue siendo desconocido para nosotros. No obstante, esto no quiere decir que los cristianos no lo aprovecharan para formar el anagrama del padrenuestro. Al contrario, esto es algo bastante probable. De hecho, es interesante que esté atestiguado claramente su uso mágico pagano, puesto que encajaría muy bien con la tendencia de los primeros cristianos por tratar de reinterpretar la religiosidad tradicional romana para que cuadrara con sus postulados.

Existen muchas más propuestas, algunas verosímiles, como la que habla de un posible origen judío, y otras totalmente alocadas que, como puedes adivinar, incluyen extraterrestres. La coincidencia cristiana me provoca una tremenda curiosidad, a la par que me asombra y me recuerda siempre esa frase de Giordano Bruno tan usada —sorprendentemente en muchos lugares, pero no en Italia—: «Se non è vero, è ben trovato» (si no es verdad, al menos está bien compuesto). En la actualidad conservamos muchos cuadrados de Sator, que puedes encontrarte donde menos te lo esperes; por supuesto medievales y modernos, pero también romanos como el de Aquincum —Budapest— grabado sobre una tégula o teja plana romana, el de Conímbriga —Coímbra— en un ladrillo, o el de Dura Europos, en Siria, pintado sobre el yeso de una pared.

Me temo que, por el momento, hasta aquí podemos llegar. Más allá de su uso mágico y cristiano, no podemos estar seguros de cuál es su origen concreto, aunque quizá solo se trate de una broma en sí misma que nos gastan los romanos —tan chistosos ellos— desde el pasado y no sea más que un ingenioso juego de palabras al que todos le estamos dando más vueltas de las debidas a través de la historia. O tal vez no. Hay cosas que puede que nunca lleguemos a descubrir. Quién sabe si es mejor así.

UN COMETA ENVIADO POR LOS DIOSES

El año del quinto consulado de Julio César y el primero de Marco Antonio —44 a. C. para el resto de mortales que no manejamos la complicada, aunque fascinante, datación consular romana—, fue uno de los más trascendentales de la historia de Roma. Fue el año en el que se plantaría la semilla de la que surgirá lo que, desde nuestro presente, conocemos como el Imperio romano. Y todo se debió a un solo acontecimiento sin el cual, tal vez, la historia de la humanidad habría sido muy diferente. Si ya conoces un poco la antigua Roma puede que creas saber a lo que me refiero.

¿El asesinato de Cayo Julio César en las idus de marzo? Me temo que no.

El hecho del que voy a hablar es todavía más importante —y curioso— pues, de no haberse producido la muerte de César a manos de los conspiradores del Senado, podría haberse interpretado de una forma muy distinta. Sus asesinos podrían haber conseguido imponer su versión de la historia, según la cual ellos eran los verdaderos libertadores del pueblo y salvaban a Roma de la tiranía monárquica de César. Tal vez la República romana se habría mantenido viva, aunque ya sabes que teóricamente así fue. Pero la fortuna y el destino conspiraron para que eso no sucediera. De aquel asesinato surgiría la figura de Augusto, *princeps* de Roma. Pero, en el momento del magnicidio, aquel gran hombre era poco más que un adolescente que poco habría podido hacer de no haberse producido ese acontecimiento en concreto: la aparición de un cometa.

Así es: un cometa propició el inicio del Imperio romano. Te lo cuento. Habían pasado tan solo cuatro meses desde el asesinato de César. Octavio, el escuálido chaval de dieciocho años que todavía tardaría muchos años en convertirse en el primer emperador de Roma, había sido adoptado de forma póstuma por César. Había recibido algo que muchos habrían pensado inútil en aquellas circunstancias: el nombre de su padre adoptivo, que no dudó en utilizar desde ese momento. El nuevo y joven César se disponía a celebrar los juegos fúnebres en honor de *su padre* asesinado; no imaginaba lo que estaba a punto de suceder. Como él mismo contaría después en sus memorias, en aquel preciso momento apareció en el cielo un cometa con su larga estela que fue observado a simple vista durante siete días completos.

Para entender lo terrible que aquello pudo representar para él, debes saber que en el mundo romano existía la creencia de que cuando aparecían cometas en el cielo algo muy grave estaba a punto de ocurrir. Esta asociación de los cometas con los desastres se cimentó especialmente a partir del año 87 a. C., cuando atravesó el cielo el famoso cometa Halley, que pasa junto a la Tierra cada setenta y cinco años. Ese año Roma fue asaltada y tomada por las tropas de Cayo Mario, lo que desencadenó una gran masacre entre los aliados de Sila, e incluso tuvo que soportar una devastadora epidemia. Todo ello se asoció, por descontado, a los efectos perniciosos de aquel cometa. No en vano, cuando volvió a ser visto en el año 12 a. C., se pensó que también había pronosticado la muerte de Agripa, que por entonces era la mano derecha del emperador Augusto y que, efectivamente, murió ese año. Sabemos de algunos cometas más que también auguraron cosas terribles para los romanos, como el que pudo verse en agosto del año 60, solo tres años antes del devastador terremoto que afectó a la Campania, preludio de la erupción del Vesubio en el 79.

Por ello, la aparición de aquel cometa en el año 44 a. C. podría haber sido interpretada de una forma muy negativa por los romanos. No podemos estar seguros de que fuera el propio Octavio quien generara el discurso contrario; de hecho, él mismo comentaba que fue la multitud la que comenzó a especular sobre su significado, llegando a una conclusión que le ensalzaría a él mismo para siempre.

El cometa era, sin duda, el alma de César que, después de su asesinato, había ascendido a los cielos en brazos de su madre ancestral, la diosa Venus. Desde allí, su espíritu se había incendiado con un potente brillo, convirtiéndose en aquella estrella que estaría para siempre entre los dioses inmortales.

Por supuesto, sabemos que también hubo quienes dieron una visión mucho más pesimista del fenómeno. Parece que un arúspice

—adivino de tradición etrusca— llamado Vulcanio dijo que aquella había sido la señal del final de la novena era y el comienzo de la décima, un mal signo que llevaba a la humanidad más cerca de su terrible final. Lo interesante, según cuenta Servio, el autor que desde el siglo IV sugiere haber leído esta anécdota en la biografía personal de Augusto —hoy perdida—, es que el arúspice murió en el acto por haberse atrevido a pronunciar aquellas palabras que iban en contra de la voluntad de los dioses. Que nos lo creamos o no, ya es otro cantar.

Lo importante en este caso es que terminó triunfando la versión de Octavio. Se le colocó una estrella a la estatua de César que estaba en su foro y se dio por hecho que era un signo de divinidad. Octavio, por su parte, se encargó de conseguir que César fuera oficialmente divinizado el 1 de enero del año 42 a. C. y de que se construyera un templo en su honor en la plaza del Foro Romano donde se le rindiese culto como un nuevo ser inmortal: *divus Iulius.*

Aquel cometa fue el espaldarazo que propulsó la carrera política del romano antes conocido como Octavio, una de las más brillantes de la historia como ya vimos. Y todo ello en un momento en el que Marco Antonio, mano derecha de César en vida, tenía todas las posibilidades de alzarse con el poder. El *sidus iulium*, o estrella de César, permitiría que Octavio fuese llamado «hijo del Divino», algo que le situaba más próximo a los dioses que cualquier otro romano vivo. Y desde esta aura de divinidad fue orientando los pasos que le llevarían a convertirse en Augusto, el venerable, el elegido para ser el primer emperador de Roma.

No es de extrañar que él mismo pensara que realmente había sido designado por los dioses para llevar a la patria a su máximo esplendor. Esta sería solo una de las increíbles coincidencias de la fortuna que le permitirían triunfar donde César fue derrotado, y hacerlo con el beneplácito del Senado y del pueblo romano. Hasta tal punto llega la casualidad cuando hablamos de Augusto que no ha faltado quien haya propuesto que tal vez todas esas historias fueron fabricadas *a posteriori* por el propio emperador para agrandar su leyenda ante la historia.

Es cierto que no estuvimos allí para comprobarlo, pero no podemos renunciar a conocer la realidad histórica solo por ese pequeño detalle. Para eso está la investigación. En el caso del cometa, de hecho, podemos asegurar que la coincidencia fue real. Esto es así gracias a que otros pueblos también constataron su aparición. En concreto, fueron los astrónomos chinos de la dinastía Han los que anotaron la aparición del cometa en mayo del año 44 a. C. Y aunque la tradición popular, en ocasiones, ha dado por hecho que se trataría de un avistamiento más del cometa Halley, sabemos que no pudo ser así pues no coincide con su ciclo habitual. Más bien se identifica con un cometa de nombre mucho menos pegadizo, que nunca más ha vuelto a ser visible desde la Tierra ni volverá a serlo en el futuro cercano. Se trata del C/-43 K1.

El cometa era real, el heredero de César lo vio; toda Roma lo vio. Y eso permitió que el divino Julio pasara a la esfera de los dioses y que toda la atención se centrara en el futuro Augusto. Gracias a Plinio el Viejo sabemos que, en privado y con el paso de los años, él llegó a considerar que el cometa realmente había sido una señal divina a su favor. Un pequeño destello de su gloria futura. Y tal vez así fue, puesto que tras su muerte él también acabaría siguiendo los pasos de César hacia la divinización, para convertirse en el divino Augusto. Ovidio terminaba el XV y último libro de sus *Metamorfosis* con la transformación dedicada a César de esta forma tan elocuente, piadosa y reveladora de las intenciones de Augusto en ese sentido:

> Vosotros, dioses compañeros de Eneas, a quienes dejaron paso el hierro y el fuego, y vosotros, dioses indigetes, y tú, Quirino, padre de la ciudad, y tú, Gradivo [Marte], padre del invicto Quirino, y tú Vesta, adorada entre los penates de César, y con la Vesta de César, tú, doméstico Febo [Apolo], y tú Júpiter, que ocupas la elevada fortaleza Tarpeya, y todos los demás a los que es justo y piadoso que el poeta invoque, os ruego que se demore mucho y que llegue después de mi muerte el día en el que Augusto, después de dejar el mundo al que gobierna, se vaya al cielo y favorezca desde allí a los que le supliquen.

ROMA
DESPUÉS DE ROMA

EL IMPERIO QUE SE DEVORÓ A SÍ MISMO

El 24 de agosto del año 410 amaneció en Roma como un día más, pero el destino tenía reservado un lugar fundamental en la historia para lo que estaba a punto de suceder. Las tropas de Alarico, el caudillo godo, tomaron la ciudad. Por primera vez desde que los galos la saquearan a comienzos del siglo IV a. C., Roma había caído.

La Ciudad Eterna todavía contaba en aquel momento con una población que pasaba ampliamente del medio millón de personas, pero se encontraba en una terrible situación de hambruna, enfermedad, miseria y desesperación desde hacía años. Cuando las tropas de Alarico atravesaron la muralla por la Puerta Salaria lo hicieron sin provocar una gran matanza o sin destruir la mayor parte de sus monumentos. Fue un saqueo relativamente tranquilo que duró tres días.

Pero cuando los godos abandonaron la ciudad, el 27 de agosto, Roma ya no era la misma. Es cierto que los romanos se apresuraron en intentar devolver algo de normalidad a la ciudad, pero lejos quedaban ya las alabanzas que poco más de medio siglo atrás le dedicaba el emperador Constancio II. En su única visita a la ciudad, en el año 357, el hijo de Constantino quedó maravillado por el Foro y su tribuna de oradores desde la que se dirigió al pueblo. Subió al gran templo de Júpiter Capitolino para contemplar aquella impresionante estructura del pasado. Visitó los altos muros sembrados de arcos de travertino del Coliseo y se dejó absorber por la majestuosa cúpula del Panteón.

En aquel momento Roma todavía mantenía su esplendor prácticamente intacto y, aunque el Estado ya no era capaz de seguir aumentando su gloria pasada, sí trataban por todos los medios de mantener la que había sido la capital del mundo y la cuna de su civilización. En el año 364 el emperador Valentiniano I ordenó a Símaco, prefecto de la ciudad, que nadie malgastara recursos en construir nuevas estructuras monumentales, sino que se centrasen en conseguir que las ya existentes se mantuvieran en pie.

Así se venía haciendo desde comienzos del siglo IV. El emperador Constantino tomó para sí la gran basílica de justicia que Majencio había construido junto a la Vía Sacra e incluso mandó transformar la cara del emperador muerto, tallando la suya sobre la anterior en la gran estatua de mármol y bronce que la presidía, de la que te hablaré más en el próximo capítulo. En el año 315 el Senado dedicó al nuevo emperador un arco de triunfo que conmemoraba su victoria en el Puente Milvio y para ello reaprovecharon diversos relieves de otros monumentos, caídos ya en la ruina del tiempo. Escenas circulares de época de Adriano, paneles completos del arco de Marco Aurelio, en los que retallaron la cara del emperador filósofo para convertirla en la de Constantino, y los imponentes dacios vencidos que hasta entonces habían decorado el Foro de Trajano.

Con posterioridad, muchas otras estructuras fueron restauradas. Tal vez el mejor ejemplo sea el gran templo de Saturno. Edificado a comienzos del siglo V a. C. y restaurado ampliamente en la segunda mitad del siglo I a. C., fue reconstruido casi por completo hacia los años 360-380 tras sufrir un pavoroso incendio. Siguiendo las políticas imperiales, las columnas que resultaron dañadas fueron sustituidas por otras ya existentes en Roma[1]. Eran tan altas que, en algunos casos, se tuvieron que unir dos grandes columnas fragmentadas para conseguir que armonizasen con las demás.

En el año 455 la ciudad volvió a ser saqueada, en esta ocasión por los vándalos de Genserico. Numerosos tesoros de la ciudad fueron expoliados, como es el caso de la Menorá, traída desde Jerusalén por Tito, o las tejas de bronce dorado del templo de Júpiter Capitolino. De ello, al parecer, deriva la etimología original de la palabra «vandalismo».

Veintiún años más tarde el emperador Rómulo Augusto, apodado Augústulo ('pequeño augusto') por su corta edad, era depuesto en Rávena por Odoacro, rey de los hérulos. El 4 de septiembre del año 476

[1] Algunas fueron trasladadas desde el Foro de Trajano. Este y otros expolios, como el de Constantino, nos confirman que la que fuera una de las estructuras más imponentes de toda la ciudad ya había caído en desuso y sus decoraciones estaban siendo desmanteladas para reutilizarlas.

cayó el Imperio romano de Occidente. Cómo se llegó a ese extremo ha sido siempre una de las grandes preguntas de la historia. ¿Qué originó la caída de Roma? Por descontado, la respuesta no es sencilla o clara, puesto que son muchos los factores que debemos tener en cuenta. Y aunque podríamos llenar cientos de páginas hablando de este tema, podemos resumirlo de esta forma para entenderlo un poco mejor.

El mundo globalizado que hemos conocido en capítulos anteriores hacía tiempo que no existía. En Occidente las ciudades habían comenzado, en algunos casos de forma paulatina y en otros repentina, a perder población. El comercio ya no era tan amplio ni potente, por lo que mucha gente había decidido volver a una economía más de proximidad a través de la producción propia en grandes villas en el campo. A esto podemos añadir también un posible empeoramiento de las condiciones climáticas que habría dado lugar a una producción de menor volumen que en los siglos anteriores.

Unido a todo ello, desde comienzos del siglo III la moneda romana se fue devaluando de forma creciente, de modo que la plata pasó a ser un componente cada vez más residual en las nuevas monedas acuñadas por los emperadores. A finales del siglo III eran prácticamente chapas de cobre con un contenido argénteo casi inexistente. Pero también es cierto que, a mediados del siglo IV, las reformas que se aplicaron en el sistema económico solventaron buena parte de este problema, estabilizando la inflación en un tres por ciento anual, nada muy grave, en especial si hacemos una comparación rápida y probablemente muy desajustada con nuestra propia sociedad. Aun así, la riqueza estaba en buena medida en manos de unos pocos grandes terratenientes, que acumulaban propiedades repartidas por diferentes provincias y que vivían de un sistema moribundo en el que ellos serían los últimos en caer.

Por otra parte, los conflictos internos por el poder eran cada vez más frecuentes y eso, en un Imperio cuyas fronteras se le habían quedado demasiado grandes, tan solo facilitaba el acceso a quienes querían una parte del pastel. En muchos casos, los «infames invasores bárbaros», a los que se suele culpar de forma simplista de la caída de Roma, solo pretendían vivir con las mismas condiciones que los romanos. Un buen clima, salubridad y grandes ciudades, incluso si no pasaban por un buen momento, resultaban muy atractivos para los pueblos que venían del norte. Si a esto, además, le sumamos la presión que pueblos invasores como los hunos de Atila ejercían sobre los llamados bárbaros, el resultado se podía esperar.

En estas condiciones se produjo la caída del Imperio de Occidente, que terminó por destruirse a sí mismo mientras el de Oriente florecía. Y, sin embargo, no cayó de un día para otro. En Roma, la mañana del 5 de septiembre del año 476 no había cambiado absolutamente nada. Nadie se acuesta romano y se levanta en la Edad Media al día siguiente. El estudio de la historia siempre se ha dividido en periodos marcados por unas fechas de inicio y fin bien definidas. La realidad, sin embargo, fue muy distinta.

Por ello es interesante que nos planteemos si realmente esta fecha supuso algo más allá de la deposición de un emperador, puesto que para quienes la vivieron no lo hizo. El llamado «fin del Imperio romano de Occidente» fue un complejo proceso político de larga duración. Depuesto Rómulo, Odoacro se autotituló rey de Italia, un cargo legitimado por Zenón, emperador de Oriente. A todos los efectos, él era el nuevo gobernante al servicio del emperador. Esto es especialmente importante teniendo en cuenta que desde Oriente siempre se consideró a Rómulo como un usurpador, siendo el último emperador legítimo Julio Nepote, que reinó hasta el año 480. ¿Deberíamos modificar entonces la fecha de la caída del Imperio?

Los romanos de Occidente tardarían varias generaciones más en asimilar el cambio que se estaba produciendo, especialmente durante el reinado de Justiniano. Y mientras tanto, en Oriente, el Imperio siguió adelante. Hasta tal punto que se mantuvo vivo durante mil años más. Solo en 1453 Constantinopla, su capital, cayó presa de los otomanos. Este, al que solemos llamar «Imperio bizantino», no es más que una continuación del mundo romano. No en vano, el término *bizantino* es solo otra convención de la historiografía. Ellos seguían llamándose a sí mismos romanos.

Desde la fecha de su caída, Roma redujo su población de cientos de miles de personas hasta unas sesenta mil, quedando buena parte de la ciudad completamente despoblada. En el año 530, un político llamado Casiodoro describió de esta manera la que había sido la ciudad más grande del mundo:

> Es evidente lo grande que fue la población de la ciudad de Roma [...] porque la gran extensión de sus murallas da testimonio de la gran multitud de ciudadanos que vivían en su interior, al igual que la gran capacidad que muestran sus edificios de espectáculos, la maravillosa magnitud de sus termas y la gran cantidad de molinos, que proporcionaban el suministro de alimento.

Siglos más tarde, pocos de aquellos monumentos se mantendrían en pie. La mayoría fueron desmontados para realizar otras construcciones, el bronce de las estatuas fundido y reaprovechado, el mármol quemado para conseguir cal. Las áreas centrales de la antigua ciudad eran poco más que pastos entre los que emergían columnas y arcos. Paulatinamente las familias más ricas de la zona fueron creando sus fincas alrededor de aquellos espacios. En el siglo XIII los Frangipani llegaron a convertir el Coliseo en una fortaleza y, en el XVII, Urbano VIII, papa de la familia Barberini, pasó a la historia de manera infame por arrancar la mayor parte del bronce del Panteón, en particular de las zonas de las bóvedas donde, en su opinión, no era de especial uso ni relevancia[2].

Ya en el siglo XVIII, y especialmente en el XIX, comenzaron las excavaciones arqueológicas de los restos de la antigua Roma. Se restauraron algunos monumentos como el arco de Tito que, de otra manera habríamos perdido, y se construyeron los contrafuertes del Coliseo que frenaron su desplome. Y así, con las alteraciones del siglo XX, que incluyeron la destrucción de diversas estructuras por orden del régimen fascista de Mussolini, hemos heredado la ciudad. Una mezcla asombrosa de épocas que se remonta más de tres mil años en el pasado y donde se respira historia por todas partes. Roma nunca cayó, sigue viva a través de su legado.

---

2 El bronce, al contrario de lo que se ha pensado tradicionalmente, no fue a parar a la construcción del baldaquino de San Pedro del Vaticano, sino que fue fundido para fabricar cañones que se colocaron en el castillo de Sant'Angelo. De ahí surgiría la famosa frase: «Lo que no hicieron los bárbaros, lo hicieron los Barberini», en referencia a los grandes saqueos de Roma.

UNA ROMA EN BLANCO Y NEGRO

El lunes 20 de abril de 1863 había comenzado como cualquier otro para los peones que picaban aquella tierra bajo la que se escondían los restos de la antigüedad. El hallazgo que marcaría para siempre aquel lugar no se hizo esperar demasiado. Estaban excavando los restos de una villa que, según se decía, había pertenecido a la emperatriz Livia, la esposa del emperador Augusto. No lejos de uno de los muros de aterrazamiento que daban a la villa su imponente prestancia sobre la colina, junto a la antigua Vía Flaminia, apareció una gran estatua de mármol. Poco a poco fueron surgiendo sus piernas, los impresionantes relieves de su coraza y su cabeza. Solo tenía rotos los pies y el brazo derecho. Se apresuraron a lavarla bien para quitarle la tierra. La cepillaron hasta que el blanco del mármol resplandeció con el sol que ya estaba alto en el cielo.

En la actualidad, y desde el momento de su hallazgo, el llamado Augusto de Prima Porta, una de las estatuas más famosas de la historia de la antigua Roma, permanece en el Braccio Nuovo de los Museos Vaticanos. Solo en el año 1999 se restauró y se analizaron los minúsculos depósitos de pigmentos que sobrevivieron al agresivo lavado al que fue sometida en el momento de su descubrimiento. El mismo por el que pasaron tantas estatuas del mundo clásico en los siglos anteriores y al que terminarían siendo sometidas incluso en el siglo XX. Fue Johann Winckelmann, al que se atribuye la creación de la Historia del Arte como disciplina, quien terminó de fijar de forma racional la idea de las estatuas blancas como norma. El desarrollo del neoclasicismo hizo el resto, consiguiendo que, incluso hoy en día, ver una estatua romana que no sea blanca te resulte hasta raro.

Y, sin embargo, todas las estatuas de la antigüedad tenían colorido. La antigua Roma no era una película en blanco y negro. La mayoría de ellas estaban pintadas con pigmentos de muy diverso tipo y calidad.

Cuando en un museo vemos estatuas de mármol blanco tenemos que pensar que, por lo general, se trata de material de «segunda». Su acabado requería necesariamente de policromía para infundirle vida. El estudio que se hizo del Augusto de Prima Porta determinó qué colores tendrían algunas de las zonas de la estatua a partir de los pigmentos analizados. Por desgracia, el equipo de estudio del Vaticano hizo una réplica que mostraba esos colores de forma plana, dando como resultado una especie de monstruo tintado en el que predominan colores azules y rojos intensos y planos. No es de extrañar que mucha gente diga que no se imagina la antigua Roma a todo color. Yo tampoco lo haría si hubiera sido como proponía esa recreación.

Pero la realidad era bien diferente. Los pigmentos conservados eran solo los colores de base, una capa de imprimación que, mezclada después con otros pigmentos aglutinados con huevo, daría lugar a una composición bastante más equilibrada y matizada, con tonos púrpuras y dorados mucho más suaves y realistas. De esta misma estatua, de hecho, se hizo en 2014 una réplica en el festival Tarraco Viva que tuve la suerte de ver en persona en aquel momento. Seguramente sus colores no son perfectos, pero se aproximan mucho a lo que Livia pudo ver en una pequeña capilla cada vez que entraba por la puerta de su villa.

Sin embargo, no todas las estatuas estaban policromadas. Como te he dicho, la policromía era la forma fácil de conseguir que estatuas de mármol, o de madera, tuvieran una mejor apariencia final. Cuando el presupuesto era más sustancioso se combinaban mármoles de diferentes tonalidades para conseguir que cada parte tuviera su color apropiado. El pelo negro, el manto púrpura, la carne de un ocre claro y todo ello ensamblado internamente con pernos de bronce y plomo fundido. Estas eran, sin duda, las verdaderas joyas de la escultura romana. Muchas veces, este tipo de piezas estaban reservadas solo para las estatuas de culto de los templos de las ciudades más grandes. De hecho, los romanos usaban dos conceptos diferentes para distinguir entre lo que era una estatua cualquiera —*statua*— y lo que consideraban la representación de una divinidad, o *simulacra deorum*, literalmente simulacros de los dioses.

Para las piezas más grandes se recurría a una combinación de mármol y bronce sobre una estructura de ladrillo, hormigón y madera. Se conocen como estatuas acrolíticas, de las que han llegado muy pocos fragmentos hasta nuestros días. Solo se tallaban la cabeza, los brazos, el pecho y las piernas en grandes bloques de mármol de varias toneladas de peso cada uno. El resto de la figura se recubría con elementos de bronce que imitaban telas y todo ello iba inserto en los andamiajes y estructuras de soporte inferiores. La más famosa, de la que conservamos la cabeza, un pequeño fragmento del pecho, la mano derecha y buena parte del mismo brazo, así como la rodilla derecha, partes de la pierna y los dos pies, es la que encarnaba a Constantino I. Representaba al emperador sentado y llegó a medir unos trece metros de alto. La mandó erigir en la gran basílica de justicia que su rival, Majencio, había construido en el centro de Roma. Los fragmentos se encuentran hoy en día en el patio del Palacio de los Conservadores de los Museos Capitolinos, junto con una mano derecha adicional que pudo haber pertenecido a otra gran estatua acrolítica, en este caso representando al emperador Augusto divinizado.

Pero cuando en el mundo antiguo se quería hacer una representación divina realmente especial se usaban materiales como el marfil, en combinación con oro, para crear este tipo de figuras, conocidas como crisoelefantinas. En la penumbra de un templo, su magnificencia debía resultar sobrecogedora.

También había otras formas de crear estatuas, ya fuera para representar dioses o mortales. El bronce era seguramente el material más empleado, por la versatilidad que daba la arcilla en la que se modelaba la pieza para después fundir su forma definitiva en metal. Los bronces romanos siempre tenían un acabado dorado, bien a través del pulido del metal o bien tras la aplicación de láminas de pan de oro. En determinados casos, para conferirles mayor realismo, también se integraban algunos fragmentos de cobre, plata u oro para crear detalles de color en los labios, los ojos y en todo tipo de decoraciones de telas y accesorios.

Pero no solo las estatuas tenían color, también estaban pintados otros elementos como los muros, las columnas, los capiteles o las decoraciones en relieve. Imagina la columna de Trajano, con su increíble decoración continua en espiral que se alza impasible en el centro de Roma, con sus colores intactos. Todas las pequeñas figuras talladas en el mármol y después policromadas. Y, aún más interesante, imagina también a todos esos soldados de mármol con pequeñas espadas y lanzas de metal insertadas en sus manos. Aunque no se ha conservado ninguna de estas piezas, sabemos que estuvieron ahí por los orificios que muchas de las figuras tienen tallados en las manos.

A pesar de que el tiempo ha eliminado la mayor parte de estos vestigios, en especial la policromía, también la acción humana ha sido ampliamente responsable de destruir los abundantes restos de pintura con los que aparecían muchas estatuas antiguas, del mismo modo que se mutilaban las partes rotas y se sustituían por otras nuevas en los momentos en los que era el afán coleccionista, y no el conocimiento de la historia, el que regía sobre la recuperación de las piezas.

Prueba de ello son los objetos arqueológicos de yacimientos únicos, como los de las ciudades del Vesubio, en los que aparecen muchas estatuas de mármol que conservan buena parte de su policromía. Es ahí donde realmente podemos hacernos una idea del color original del mundo romano. Y no solo en los mármoles, sino también en los frescos de sus paredes, con claroscuros, sombreados y tonos mezclados hábilmente. Incluso se han conservado algunos ejemplos de artesonados de madera pintada que decoraban los techos de las casas. La mejor muestra de los escasísimos vestigios que nos han llegado de este tipo de piezas proviene de la llamada Casa del Relieve de Télefo, en Herculano. Se trata de molduras que combinan triángulos, rombos y cuadrados en relieve pintados de verde, blanco, rojo o azul entre otros colores.

También los grandes edificios públicos, ahora descarnados de sus decoraciones, estuvieron cubiertos de mármoles de los más diversos colores y formas. Desde las placas más grandes de los pavimentos, a los detalles de los pequeños fragmentos cortados para crear intrincadas composiciones con la técnica conocida como *opus sectile*. Si bien no de las más detalladas, una buena muestra de las decoraciones en mármol de los muros de ladrillo romanos son las del interior del Panteón de Agripa. Aunque no son las originales[1], nos dan una idea de cómo serían las estructuras romanas en su mejor época.

Por suerte, hoy en día estos y otros datos arqueológicos e históricos nos permiten empezar a imaginar mucho mejor cómo era la antigua Roma, con sus estatuas doradas, policromadas o de materiales de diferentes colores. Pero siempre es mejor no tener que imaginar y la arqueología nos regala poco a poco más piezas que nos permiten hacer

---

1 La decoración del Panteón, convertido en iglesia cristiana en el año 609, se ha ido renovando de forma regular con el paso de los siglos. Los mármoles del interior no son originales de época romana, aunque una pequeña sección de la balconada superior imita el aspecto que habría tenido en la antigua Roma. Una de las últimas grandes restauraciones, llevada a cabo en el siglo XIX por orden del papa Pío IX, también sustituyó por completo el pavimento original de grandes losas de mármol de colores, aunque posiblemente respetando su aspecto original.

justo eso. En el invierno de 2006, entre los restos atrapados en los escombros volcánicos sobre la llamaba basílica de Nonio Balbo de Herculano apareció una cabeza de mujer, probablemente una amazona. Estaba cubierta de ceniza y, al limpiarla con gran cuidado y precisión, aparecieron sus colores. Todo su pelo está pintado de un vivo color marrón rojizo. Sus cejas, sus pupilas y hasta sus pestañas están todavía pintadas sobre el mármol blanco. ¡Cuántas estatuas fueron lavadas a conciencia para eliminar toda su policromía! Por suerte, hoy el mundo es muy diferente y solo el futuro nos revelará todo el color que el subsuelo del Imperio nos tiene reservado, esperando a que la arqueología lo devuelva a la luz para volver a ver la antigua Roma sin un filtro en blanco y negro.

SHAKESPEARE Y LAS MORAS BLANCAS

El público está en silencio, sentado. La expectación aumenta mientras algunos revisan una vez más el programa. La trama de la obra es por todos conocida. Al fin comienza. Es la historia de dos amantes cuyo amor no pueden dejar volar libre pues sus familias no lo permiten. En ellos arden deseos de pasión juvenil que no pueden materializar por culpa de los muros que les separan. Pero deciden huir, escapar para que nadie pueda impedirles estar juntos. Sin embargo, el destino es cruel y la tragedia se desata cuando, creyendo muerta a su amada, él se suicida. Ella, que seguía viva, se da cuenta de la terrible escena que acaba de acontecer y también se da muerte, abrazando a su amado con las últimas fuerzas que ya la abandonan. Una historia de amor malogrado en vida, pero eterno. Memorable representación. No hay nadie que no la disfrute a pesar de conocer su desenlace de antemano.

Una única sorpresa aguarda a quienes todavía no han mirado el programa de la representación. No lleva el título que ellos esperaban. Shakespeare no aparece por ninguna parte. No son ni Romeo ni Julieta los protagonistas. En grandes letras capitales se puede leer: «El poeta Ovidio presenta Píramo y Tisbe».

En la Inglaterra de la última década del siglo XVI, William Shakespeare escribió la trágica historia de Romeo y Julieta. A la vista de lo anterior, una obra con un tema poco original pero siempre superventas, ya desde la antigüedad. El amor trágico asegura éxitos y William lo sabía. Shakespeare tomó buena parte de su argumento de la narración que Arthur Brooke había publicado en 1562. Este otro, a su vez, había tomado inspiración de los poemas de Geoffrey Chaucer y de las novelas de varios autores italianos. Todos ellos bebían de la obra compuesta en 1476 por Masuccio Salernitano y este, a pesar de jurar que la historia de sus Mariotto y Ganozza era real y que había ocurrido en su propia época —hay que ver cómo son algunos novelistas a veces—, no había hecho otra cosa que leer a Ovidio.

A las *Metamorfosis* de este gran poeta romano pertenece la historia de amor trágico de los jóvenes Píramo y Tisbe, que murieron el uno por el otro a causa de un gran malentendido. Aun así, él también bebía de la tradición anterior, de origen griego, en la que aparecen este tipo de historias.

Píramo y Tisbe eran dos jóvenes babilonios cuyas familias estaban completamente enemistadas. Sus casas se encontraban una junto a la otra, pero las separaban sus grandes muros. A través de una pequeña grieta en uno de ellos los jóvenes se susurraban sus ansias de amor. Tanto se amaban que, finalmente, una noche decidieron escapar de sus casas y huir de la ciudad de Babilonia, sin importar lo que pensaran sus familias.

Se encontrarían bajo un árbol de blancas moras, junto a una fuente. Tisbe llegó primero. Mientras esperaba, apareció una leona con sus fauces todavía ensangrentadas por haber cazado bueyes. Cansada, solo iba a beber a la fuente, pero Tisbe se asustó y corrió a esconderse en una cueva cercana. Mientras lo hacía, dejó caer descuidada su velo. La leona lo cogió y jugueteó con la tela antes de marcharse, dejándola toda ensangrentada.

En aquel momento llegó Píramo y, viendo el velo de su amada teñido de sangre y las huellas de la leona, pensó que había sucedido lo peor y decidió que no quería vivir en un mundo sin Tisbe. Así, se apuñaló con el valor que le dio su herido amor y cayó al suelo junto al árbol. La oscura sangre brotaba a chorros de su cuerpo y caía en la tierra. Cuando Tisbe regresó, contempló a su amante muerto y ella misma decidió también quitarse la vida.

Ambos, muertos y abrazados, quedaron bajo aquella morera. Su sangre se filtró hasta llegar a las raíces y las moras, que hasta ese momento habían sido blancas como la nieve, se transformaron, tomando su característico color púrpura. Desde entonces y para siempre nos recuerdan la trágica historia de Píramo y Tisbe, los jóvenes que no pudieron amarse en vida pero que quedaron unidos por toda la eternidad[1].

---

[1] Su última voluntad fue precisamente que sus familias les permitieran estar por siempre juntos, quemando sus cuerpos y mezclando sus cenizas en una sola urna.

Tisbe se quita la vida al descubrir agonizando a su amado Píramo, que se ha herido de muerte creyendo que ella había sido devorada por una leona. Detrás de los dos amantes, colgando de una de las ramas de la morera, el velo ensangrentado que provocó el trágico malentendido. Los frutos de este árbol ya nunca volverían a ser blancos. Fresco del siglo I que decoraba uno de los muros de la Casa de Octavio Cuartión, en Pompeya (© Rainer Hackenberg/akg-images/Album).

Así concluye esta historia de larga tradición que Ovidio plasmó como la primera de sus metamorfosis de corte humano y no divino en el libro cuarto de su obra. Su fama, como la de los amantes, también es eterna y, ya sea a través de adaptaciones o de representaciones de la trama original, ha sido reproducida innumerables veces. Desde la más famosa adaptación shakespeariana hasta la que escribió Luis de Góngora en 1618, siguiendo directamente el original de Ovidio.

También en la pintura han sido protagonistas Píramo y Tisbe. Desde el Renacimiento al Barroco, pero también en el mundo clásico a través de los muros pompeyanos.

Y, con el paso de los siglos, el tema se ha mantenido vivo. No ha transcurrido tanto tiempo desde que, en 1964[2], los Beatles representaran su propia adaptación del mito basándose en la que Shakespeare incluyó también en su *Sueño de una noche de verano.* Y, más recientemente, hasta los Simpson hicieron en 2012 su personal alusión a la historia de los amantes babilonios a través de la narración del sabio abuelo Simpson en la que, además, está presente la idea de la metamorfosis de las moras. En definitiva, la próxima vez que te encuentres esta historia, se llamen sus protagonistas como se llamen, recuerda que su fama eterna también se la debemos a los romanos.

---

[2] Por supuesto, está grabado en vídeo y lo puedes encontrar en internet. Si eres fan de la banda de Liverpool no te lo puedes perder.

CUANDO EL REY CARLOS FUE A POR AGUA

—¿Un pozo?

—Un pozo.

—¿El agua que da es buena?

—No da agua.

—¿Entonces está seco?

—Más o menos.

—¿Y para qué quiero ver un pozo que no da agua?

—Agua no. Este pozo lo que da son estatuas antiguas.

Esta es la conversación que me gusta imaginar que tuvo lugar, en el otoño de 1738, entre el ingeniero militar Roque Joaquín de Alcubierre y algún lugareño de la villa de Resina. Este pequeño pueblo napolitano estaba situado junto a las obras del Real Sitio que el rey Carlos VII de Nápoles y las Dos Sicilias, el futuro Carlos III, había ordenado construir. El palacio de Portici iba a ser su residencia de caza, pero estaba destinado a convertirse en mucho más que eso. Necesitaban abastecerlo de agua, pero en las profundidades de la tierra había algo todavía mejor.

Cuando Alcubierre decidió bajar por aquel pozo angosto y llegó al fondo, tras descender los casi veinte metros que le separaban de la superficie, no podía creer lo que estaba viendo. Un pequeño pasadizo, no más alto que una persona, le condujo hasta una zona en la que a la luz del candil pudo ver claramente estructuras de ladrillo revestidas de mármoles de varios colores. Inmediatamente informó a su superior y la noticia poco tardó en llegar hasta el rey, que dispuso la realización de algunas excavaciones para ver si lo que decían los lugareños era cierto y allí había estatuas enterradas.

El pozo Nocerino, como se le conocía en la zona, llevaba abierto desde 1710, cuando un campesino llamado Ambrogio Nocerino lo había excavado dentro de su finca para conseguir agua con la que regar su huerto. La casualidad hizo que Emmanuel Mauricio de Lorena, tercer duque de Elbeuf, se enterase de que aquel hombre, en lugar de agua, había encontrado restos de mármol de gran calidad. Inmediatamente le compró el pozo y durante nueve meses excavó algunos pasadizos y recuperó diversas estatuas. Envió varias a Viena y otras se quedaron en su palacio junto al mar, construido no lejos del pozo.

Y así pasaron casi treinta años hasta el momento en que Alcubierre supo de la existencia del pozo. Al fin y al cabo, el nuevo rey y su corte llevaban pocos años en la zona y todavía desconocían los detalles de lo que les esperaba en aquel lugar. El 22 de octubre de ese mismo año de 1738 comenzaron las excavaciones de algunos túneles subterráneos con la intención, como muestra la correspondencia de la época, de «recuperar mármoles, estatuas u otras piedras de algún provecho, disponiendo se saquen todas las piezas de alguna utilidad y grandeza». De no realizar hallazgos rápidamente la orden era clara: detener las excavaciones para no malgastar los recursos del reino. ¡No se podían imaginar lo que tenían bajo sus pies!

En aquel momento ya se pensaba que, entre los más de veinte metros de escombros volcánicos, estaban los restos de un templo, posiblemente dedicado a Hércules, cuya entrada monumental era una gran escalinata semicircular. No pasó mucho tiempo hasta que se dieron cuenta de que, en realidad no se encontraban a los pies de una escalinata, sino ante el graderío de un teatro romano. El pozo Nocerino había dado justo con la parte posterior de la escena y las estatuas que habían encontrado se correspondían, en su mayoría, con las que decoraban aquella enorme estructura.

El 11 de diciembre quedaría marcado como el día en el que el nombre de la ciudad a la que pertenecían aquellos restos volvería a resonar en la historia. Aunque algunos ya habían supuesto de cuál se trataba unos años antes, ese día se confirmaron todas las sospechas gracias a una inscripción monumental. Era la ciudad perdida de Herculano, enterrada bajo la erupción del monte Vesubio en el año 79.

Los hallazgos se sucedieron de forma espectacular a lo largo de los siguientes años. Alcubierre recibió nueva mano de obra para seguir excavando. Se trataba de forzados que no tenían más remedio que dejarse la salud en las profundidades con poco aire, mala visibilidad y en un ambiente casi inhumano. Junto al antiguo pozo se excavó uno nuevo mucho más amplio por donde salieron grandes estatuas de mármol y bronce con destino a las salas del palacio de Portici. Carlos estaba entusiasmado con los hallazgos, hasta tal punto que una vez a la semana visitaba las excavaciones junto a su esposa María Amalia de Sajonia. Y aunque él nunca bajó personalmente a los túneles, excavaron para él un pequeño pasadizo que desembocaba en un balconcito a media altura del pozo para que desde allí pudiera asomarse a supervisar los últimos descubrimientos.

Diez años después, en 1748, las excavaciones habían progresado bastante y, leyendo los textos antiguos, decidieron explorar otros lugares en busca de las ciudades de Pompeya y Estabia, también destruidas por la erupción. Mucha gente local contaba historias de hallazgos en sus propiedades, por lo que comenzaron a indagar en algunas de ellas. Primero encontraron los restos de un gran anfiteatro cuya presencia se intuía ya en el terreno y en la toponimia, pues el lugar era conocido directamente como la *Vigna dell'Anfiteatro*. Más tarde comenzaron a excavar dentro de una gran propiedad a la que llamaban la Masería de Irace. Habían dado con los restos de otra gran ciudad que pronto identificarían como Estabia.

Así lo afirman los diarios de excavación, redactados en castellano bajo la supervisión de Alcubierre, Karl Weber y, más tarde también Francisco La Vega. El hecho de que se tratara de un equipo de ingenieros militares hace que, en algunos momentos, se perdieran datos por su falta de conocimiento del mundo clásico; pero, por otra parte, la rigurosidad de sus planimetrías y la cantidad de datos que recogían en sus diarios de campo nos permiten reconstruir con bastante precisión muchos de los hallazgos de aquellos primeros años.

En 1750 Alcubierre y Weber dieron con la llamada Villa de los Papiros, que ya conocimos en un capítulo anterior donde, además de su fantástica biblioteca, se halló una suntuosa colección de estatuas de mármol y bronce de la que hoy podemos seguir disfrutando en el Museo Arqueológico de Nápoles. Sin embargo, las excavaciones de Herculano se abandonarían tan solo treinta años después en favor de las de otras ciudades, enterradas a mucha menos profundidad y, por lo tanto, más fáciles de excavar. Cada vez se encontraban más esculturas y otros objetos. Las salas del palacio estaban ya perfectamente decoradas. El rey Carlos decidió entonces subir la apuesta y crear el llamado Museo Herculanense, que aglutinó toda la colección de piezas de las excavaciones. Además, el rey reunió un gran equipo de dibujantes, pintores y grabadores de primer nivel para crear una serie de volúmenes en los que se publicarían todos aquellos descubrimientos para deleite del mundo entero.

La serie de *Las antigüedades de Herculano expuestas* fue una empresa costosa, pero de una impresionante calidad técnica. El rey ordenó que se repartiera por las cortes europeas, entre los nobles y también, por suerte, a centros del saber como academias y universidades, a través de las cuales muchos estudiosos pudieron conocerlas. El interés del rey por su proyecto arqueológico era muy alto y lo seguiría siendo incluso después de tener que regresar a España en 1759, tras la muerte de su hermano Fernando, para sucederle en el trono como Carlos III. Es muy interesante saber que, justo antes de partir, se quitó un anillo de oro aparecido en las excavaciones, que siempre llevaba puesto, y pidió que se devolviera al museo. Ninguna pieza viajó a España con él, signo inequívoco de su intención de que la colección que había formado permaneciera siempre unida y se mantuviera en su lugar de origen.

A pesar de ello, puntualmente pedía que le enviaran copias de las estatuas más importantes que encontraran en forma de vaciados de yeso, para poder ver las maravillas que las ciudades antiguas seguían revelando[1]. También hay que entender que el rey no tenía un interés arqueológico en el sentido actual del término, sino más bien como coleccionista, algo que le había inculcado su madre, Isabel de Farnesio. Ella poseía una gran colección de estatuas antiguas en el Palacio Farnese de Roma, entre ellas el famoso Hércules y el llamado Toro Farnese, la escultura de mármol más grande que nos ha llegado desde la antigüedad. Carlos tenía gran interés por los objetos del mundo romano, pero si las excavaciones no daban lugar a numerosos hallazgos se sentía defraudado. En varias ocasiones escribió cartas a su ministro Bernardo Tanucci quejándose de que no encontraran suficientes objetos, calificando de estériles las excavaciones y pidiendo que no se levantaran tantos planos que ralentizaban el trabajo y que les hacían perder el tiempo que podían dedicar a encontrar más estatuas. Como siempre, no podemos culparle por ser hijo de su tiempo, al fin y al cabo, la arqueología moderna todavía no estaba más que en una fase embrionaria. Por suerte,

1 En la actualidad, y desde que así lo pidiera el rey Carlos, esas réplicas de yeso se conservan en Madrid, en la Real Academia de Bellas Artes de San Fernando, donde sirvieron como modelos para los aprendices de escultura, pintura y dibujo.

la obstinación de los ingenieros militares por documentar con detalle todo lo que se hallaba y dónde se producía el descubrimiento marcaron la diferencia con el resto de excavaciones de su época.

Y en 1763 llegó la sorpresa. ¿Recuerdas las excavaciones del anfiteatro de Estabia? ¿Las de la Masería de Irace? Pues ese año encontraron una inscripción cuyo texto grabado en la piedra terminaba con las palabras RES PVBLICA POMPEIANORVM. Inmediatamente se dieron cuenta de que lo que llevaban más de diez años pensando que era Estabia resultaba ser, en realidad, la famosa ciudad de Pompeya. Al año siguiente se excavó el templo de Isis, visitado en 1770 por Leopold y Wolfgang Amadeus Mozart[2].

Las excavaciones continuaron bajo las órdenes de Fernando, hijo menor de Carlos III, y más tarde con Francisco, su sucesor. Ya en el siglo XIX Giuseppe Fiorelli se puso al frente de los trabajos, revolucionando la manera en que se documentaban los hallazgos, ya con un pleno sentido arqueológico. De hecho, él fue quien ideó por primera vez el método de rellenar los huecos dejados por los materiales perecederos con yeso para conseguir recuperar las improntas que dejaron muebles, animales y personas en la ceniza.

En el siglo XX, la figura de Amedeo Maiuri sobresale por encima de todas las demás, siendo el primero que llevó a cabo la excavación a cielo abierto de Herculano, quitando toneladas de cemento volcánico acumuladas por la erupción del Vesubio. Gracias a él podemos ver el yacimiento con el espectacular aspecto que tiene hoy en día, hundido en las profundidades de la tierra con respecto a la actual ciudad de Herculano, que volvió a recuperar su nombre antiguo abandonando el de Resina. También a él le debemos el esfuerzo de proteger Pompeya todo lo que pudo durante la Segunda Guerra Mundial, trasladando muchos de los objetos que todavía se encontraban *in situ*. Desde el 24 de agosto de 1943 y durante un mes entero cayeron sobre Pompeya más de ciento setenta bombas que dañaron un centenar de edificios de la ciudad romana. La guerra siempre trae desastres consigo. Por suerte, este es solo un pequeño capítulo oscuro dentro de la increíble historia que nos regalan las ciudades del Vesubio.

---

2 Se dice que la visión del templo sorprendió tanto a Mozart que le sirvió para componer algunas partes de *La flauta mágica*. Aunque en este caso no se pueda probar con seguridad que fuera realmente así, las ruinas pompeyanas inspirarían a muchos artistas y viajeros desde ese momento.

Del mismo modo que la antigua Roma cambió el mundo, también la investigación arqueológica ha cambiado la forma en la que nosotros vemos a los romanos. Actualmente, los trabajos arqueológicos continúan no solo para descubrir más detalles de los yacimientos vesubianos, sino también para conservar la enorme cantidad de restos que tenemos para que las generaciones futuras puedan seguir disfrutando de ellos. Desde la restauración de casas y calles hasta la lucha contra el expolio arqueológico, pasando por la expropiación de edificios construidos en el siglo XX de forma ilegal sobre terrenos arqueológicos protegidos. Todo ello unido a una labor de excavación que nunca acaba y que no para de regalarnos verdaderas maravillas que nos acercan todavía más la realidad cotidiana de la antigua Roma en su forma más pura.

Y todo porque el rey Carlos quiso construir su palacio junto al pueblo de Resina, donde había un pozo que nunca dio agua, pero del que salieron algunas de las estatuas más increíbles que conservamos de la antigua Roma. Entre sus paredes, excavadas en los escombros volcánicos solidificados, se forjó el comienzo de lo que tiempo después sería el germen de la arqueología moderna.

El Vesubio, vigilante perpetuo, duerme mientras la vida sigue a su alrededor. Carlos III ya dijo en su momento que, si entraba de nuevo en erupción y volvía a cubrirlo todo, más diversión tendrían los venideros de aquí a otros dos mil años. Ojalá el monte nos permita, sin embargo, seguir disfrutando de las maravillas que la antigua Roma nos regala en Pompeya, Herculano y Estabia durante mucho tiempo más. Que seamos capaces de apreciarlas, para entender mejor el pasado y también a nosotros mismos.

EL ORIGEN DE LA LOBA

La historia de nuestro pasado está llena de todos aquellos objetos que dejaron atrás quienes vivieron antes que nosotros. Desde sus posesiones más cotidianas, abandonadas, rotas u olvidadas, hasta sus tesoros más ocultos que, en muchas ocasiones, escondieron por miedo o avaricia pero nunca volvieron a recuperarlos. Sin embargo, más allá de estos objetos, por interesantes o valiosos que sean para conocer la historia de todas aquellas personas, siempre hay unos pocos que ensombrecen a los demás. Objetos icónicos del pasado que copan la atención del mundo entero.

La que nos ocupa es una de esas piezas singulares de la antigua Roma, tanto que la podemos ver representada hasta en el escudo de uno de los equipos de fútbol profesional por excelencia de la Ciudad Eterna. Tiene tal carga mítica que incluso podemos encontrar réplicas suyas en numerosas ciudades del mundo entero. Te hablo, por supuesto de la Loba Capitolina.

Todas sus réplicas se miran en la pieza original, que se encuentra en los Museos Capitolinos de Roma. Se trata de una representación de bronce de tamaño natural de una loba que amamanta a dos niños. Dos hermanos gemelos que en el año 753 a. C. se disputaron el honor de fundar la ciudad. Rómulo fue el vencedor y Remo se tuvo que conformar con seguir al nuevo rey —ya sabes que con fatídicas consecuencias, si conoces el mito en sus múltiples versiones[1]—. Representa la escena fundacional de toda una civilización. El mito que dio su origen más legendario a la ciudad de Roma.

---

[1] Aunque en la mayoría de ellas Remo acababa siendo ejecutado por quebrantar el recinto sagrado de la ciudad, o incluso asesinado por desavenencias con su hermano, conservamos también una en la que se marchó al cercano monte Aventino para fundar su propia ciudad al margen de la de su hermano: Remuria. Allí, según esta leyenda, pasó el resto de su vida, llegando a vivir más años que Rómulo.

Esta leyenda, cuyas raíces se pierden en la bruma de los tiempos arcaicos, pasó de generación en generación oralmente, cambiando un poco cada vez que se transmitía de padres a hijos hasta que llegó a ser, de forma aproximada, la que conocemos hoy en día. Esa tradición, que se fue formando especialmente en el siglo IV a. C., terminó por plasmarse por escrito un siglo después. Aunque sus diversas variantes difieren en los detalles, todas ellas coinciden en el mensaje final: la gloria de haber llegado tan lejos partiendo de unos orígenes tan humildes.

Al fin y al cabo, estamos ante el mito más importante de los romanos, fijado para la posteridad por autores como Quinto Fabio Pictor, Tito Livio, Plutarco y, especialmente, Ovidio. Y por ello, cada romano, de antes y de ahora, reconoce a Luperca, la loba, como suya. Si quisiéramos ubicar el lugar exacto donde amamantó a los gemelos, abandonados a su suerte en una cesta en las aguas del Tíber, no podríamos hacerlo. No solo porque se trate de un mito, sino porque la zona de las laderas del monte Palatino que dan hacia el río ha cambiado muchísimo. Ya lo había hecho en el tiempo de la Roma clásica. Aunque sabemos que allí se conservaba una semblanza de lo que se conocía como Lupercal, la gruta donde vivía la loba, hoy en día no queda nada de ella o, al menos, todavía no la hemos encontrado[2].

Ese espacio había quedado, ya en tiempos de los romanos, muy apartado de la vida pública y del bullicio de la ciudad. Precisamente por eso, una noche y de forma mágica, la higuera que estaba junto a la gruta se trasladó sin que nadie supiera cómo a la plaza del Foro[3]. Junto a ella se colocó entonces una estatua de bronce dorado que presentaba a la loba con los gemelos. Pero lo interesante es que sabemos que aquella no era la única representación física del mito que había en la ciudad. No lejos de allí, en el monte Capitolio, existía otra estatua similar. Lo sabemos porque, en el año 65 a. C., como nos cuenta Cicerón, fue fulminada por un rayo.

Pero entonces, ¿cuál de las dos se corresponde con la que todos conocemos? Vamos a empezar por lo que sabemos con seguridad. La

[2] Hace ya algunos años un proyecto de investigación creyó haber dado con ella, aunque no se pudo confirmar. Tal vez ese espacio de veneración siga enterrado bajo el peso de la historia posterior o, quizá, haya sido irremediablemente destruido como tantos otros que perdieron su importancia con el paso de los siglos.

[3] Hoy en día sigue existiendo en ese mismo lugar una higuera, el llamado *ficus ruminalis*, que se replanta cada cierto tiempo de la misma forma que ya se hacía en época romana.

estatua que hoy conservamos se encontraba desde un momento que desconocemos en el Palacio Lateranense de Roma, sede del poder papal en la Edad Media. Se preservaba allí como un símbolo de la ciudad y fue usada como fuente. En 1471 el papa Sixto IV ordenó su traslado al Palacio de los Conservadores, junto con otras tantas piezas donadas al pueblo de Roma. Así surgió el museo público más antiguo del mundo, los Museos Capitolinos, donde se ha conservado hasta la actualidad.

En ese momento, o poco después, se le añadieron a la loba los dos gemelos. De su creación moderna para completar la composición nunca se ha dudado. En los siglos posteriores muchos eruditos pensaron que aquella loba de bronce debía ser la del Capitolio, precisamente porque tenía en su pata trasera derecha una fisura que podría corresponderse con el impacto del rayo que mencionaba Cicerón.

Así lo entendió en el siglo XVIII el erudito Johann Winckelmann, que además la dató en el siglo V a. C. y la atribuyó al escultor etrusco Vulca, famoso por haber creado la decoración del templo de Júpiter Óptimo Máximo Capitolino. Y, desde entonces, la tradición asumió todo aquello como cierto.

Sin embargo, en tiempos más recientes, la investigación empezó a poner en duda que aquella fuera la estatua fulminada por el rayo en el año 65 a. C. porque otro texto de Cicerón afirmaba que de ella solo habían quedado sus huellas marcadas en el mármol al que había sido fijada. Así que, quizá, era la loba del Foro la que se había conservado.

Ya en el siglo XX hubo quien comenzó a dudar de su autenticidad, diciendo que parecía más una pieza medieval. Y con la llegada de los avances en los análisis de radiocarbono se inició un divertido baile de propuestas y réplicas que, cada cierto tiempo, la colocan como un original etrusco y después como una copia medieval de una pieza ya perdida. En este partido de tenis arqueológico la bola actualmente está en el terreno medieval desde que, en 2019, se realizara un análisis de algunos restos de materia orgánica —la única a la que se le puede hacer un análisis de isótopos de carbono— incrustados en el material de la fundición del interior de la pieza[4]. Según este estudio la estatua habría sido hecha entre los siglos XI y XII, tal vez reutilizando bronce antiguo de otras piezas.

---

4 Aunque ya han empezado a surgir voces críticas contra este estudio en un intento por devolver su estatus a la pieza, en un juego que tal vez nunca tenga fin.

En cualquier caso, y aunque esta posibilidad es la que me parece más acertada, poco importa si la loba es original o solo una copia de otra que hace ya más de mil años que se perdió. La Loba Capitolina sigue siendo y siempre será el símbolo que nos hace pensar en Roma, que nos recuerda cómo de algo muy humilde y fortuito pudo surgir esta civilización maravillosa que la historia nos ha legado.

EPÍLOGO

Quién sabe lo que habría podido ocurrir con el mundo si no se hubiera producido el asesinato de Cayo Julio César. ¿Habría existido el Imperio romano? ¿La República se habría consumido a sí misma entre terribles luchas internas por el poder?

¿Y si no hubiera triunfado el cristianismo? ¿Irían todos los turistas a visitar el templo románico de Apolo de Compostela o el del Sagrado Sol de Barcelona, diseñado por Gaudí?

¿Y si hubieran conquistado el mundo entero, perdurando por siglos hasta llegar de verdad a la Luna? Todas estas y otras preguntas que nos plantean «¿qué habría pasado si...?» pueden tener tantas respuestas como se quieran formular. La historia, sin embargo, solo nos muestra un camino, el que sí sucedió. Aquello que el destino hiló hasta convertir el mundo en lo que es hoy en día. Cada momento es una encrucijada que nos ha llevado hasta este instante: este en el que yo estoy escribiendo y también en el que tú estás leyendo.

La historia se compone de momentos que cambiaron el mundo. Algunos que conservamos, muchos otros que el tiempo nos ha hecho olvidar. De todos ellos yo he seleccionado los que me han parecido relevantes para darte una imagen global de cuál fue la historia de la antigua Roma. En este caso he querido hacerlo a través de pequeñas pinceladas, vistazos aislados que, espero, hayas podido componer en tu mente hasta formar un conjunto variado que abarca cientos de años de historia.

Si has llegado hasta aquí, creo que puedo decir que dentro de ti fluye la misma pasión por el pasado que yo siento. Que disfrutas de las fuentes escritas, de las más serias a las más jocosas, que te sorprendes con los restos arqueológicos descubiertos y con los que están por descubrir y que, en tu interior, tienes esa curiosidad que te hace querer saber más.

La antigua Roma nunca dejará de fascinarnos. Su legado, reflejado en estas páginas, sigue muy vivo en nuestro recuerdo. Por eso espero que este libro te haya descubierto algo nuevo, que hayas disfrutado del viaje al pasado y que desde ahora mires la antigua Roma desde una nueva perspectiva. Y aunque de momento nuestros caminos se separen, la historia continúa y siempre hay algo nuevo que descubrir. Ojalá nos volvamos a encontrar pronto.

Bene vale!

AGRADECIMIENTOS

La antigua Roma cambió el mundo en muchos sentidos e influyó decisivamente en la historia de la humanidad. A mí, insignificante dentro de un marco tan inmenso, me cambió la vida. Hace ya más de diez años que decidí dedicarme a compartir mi pasión por la historia romana a quien quisiera escuchar y comentarla conmigo. Desde aquel momento, en el que todavía era un alumno universitario, he tenido siempre la firme convicción de que el rigor es una pieza fundamental en la transmisión del conocimiento. Este libro pretende ser una expresión de esa convicción y un intento por contagiarte a ti también de la importancia y el interés que tiene conocer el pasado. Como entretenimiento, como alimento para la mente y como forma de enriquecer lo que pensamos, lo que decimos y hasta nuestra forma de actuar.

Mis tres libros anteriores con Espasa me han permitido profundizar extensamente sobre algunos de los temas que más me atraen del mundo romano. He tenido la oportunidad y la suerte de poder dedicar largos meses de inmersión total en cada uno de ellos hasta llegar al fondo del tema para presentártelo después de la mejor manera posible. Con este me he permitido un cambio, cerrando así mi anterior triunvirato literario. Este libro no pretende centrarse en ningún tema concreto, sino acercarte al mundo romano desde una perspectiva general y variada. Tanto si eres especialista como si llegas a él de primeras, espero que encuentres entre sus páginas un contenido que te entretenga y que, por qué no, también te sorprenda y te permita seguir descubriendo nuevos detalles de esta increíble civilización.

Son muchas las lecciones vitales que me han llevado hasta este punto, algunas de agradable recuerdo y otras no tanto, pero igualmente útiles si se las mira desde la perspectiva que da el tiempo. Divulgar la cultura romana gracias al proyecto *Antigua Roma al día* me ha permitido llegar a lugares que jamás habría imaginado, conocer las calles de

Pompeya como si fueran las de mi ciudad, presenciar hallazgos espectaculares y, especialmente, conocer gente maravillosa.

Mención obligada merecen mis compañeras y compañeros de *El condensador de fluzo*, un soplo de aire fresco en la divulgación televisiva, un nido de talento delante y detrás de las cámaras y una inesperada forma de encontrar buenos amigos con los que compartir aventuras. También tengo que dar las gracias a mis editoras, Pilar Cortés y Alegría Gallardo, que marcaron el rumbo que ha hecho realidad este libro. A mis compañeros de batalla en el mundo profesional, de los que aprendo cada día y que me demuestran que el trabajo en equipo es lo más importante. Gracias a todos vosotros cada vez se abren más ventanas al pasado.

Mis padres siempre tienen reservado un lugar especial en mis libros, pues son los primeros que leen y juzgan mis textos, haciendo tu lectura mucho más interesante y amena. No puede faltar tampoco mi *domina*, esa persona que decidió cambiar mi mundo hace ya muchos años y que se mantiene en él incluso cuando tengo a mis romanos cerca. Mi familia, cerca o lejos, siempre será una de mis mayores fuentes de inspiración. Ellos son para mí el mejor ejemplo y siempre les estaré agradecido. Y mis amigos, que me enseñan a valorar más el presente, a desconectar cuando es necesario y a disfrutar de la vida.

A todos ellos les debo mi agradecimiento, pero también te lo debo a ti que has decidido leer lo que he escrito. A ti que has decidido pasar un rato conmigo. A ti que has querido descubrir cómo la antigua Roma cambió el mundo.

BIBLIOGRAFÍA

Esta no pretende ser una bibliografía exhaustiva sobre los temas tratados en el libro, sino una forma de darte la posibilidad de seguir investigando si te interesa. Antes de pasar a la bibliografía temática, me voy a permitir recomendarte mis tres libros anteriores, en los que podrás encontrar mucha más información sobre temas como el calendario romano y sus festividades, la propaganda política o la religiosidad de la antigua Roma:

Un año en la antigua Roma. La vida cotidiana de los romanos a través de su calendario (2018). Espasa, Barcelona.

Fake news de la antigua Roma. Engaños, propaganda y mentiras de hace 2000 años (2019). Espasa, Barcelona.

¡Que los dioses nos ayuden! Religiones, ritos y supersticiones de la antigua Roma (2021). Espasa, Barcelona.

Guerra

Barbero, A., 2017, *Costantino. Il vincitore.* Salerno editrice, Roma.

Blockley, R. C., 1969, «Internal Self-Policing in the Later Roman Administration. Some Evidence from Ammianus Marcellinus», *Classica et Mediaevalia,* 30, pp. 403-419.

Bremmer, J. N., 2006, «The vision of Constantine», A. P. M. H. Lardinois. M. G. M. van der Poel, V. J. C. Hunink (eds.), *Land of dreams. Greek and latin studies in Honour of A. H. M. Kessels,* pp. 57-79.

Fuhrmann, C. J., 2012, *Policing the roman Empire: soldiers, administration and publica order.* Oxford University Press, Oxford.

Política

Canto, A. M., 1998, «*Saeculum Aelium, Saeculum Hispanum*: Poder y promoción de los hispanos en Roma», *Hispania. El legado de Roma. En el año de Trajano,* Mérida, pp. 209-224.

Crespo Pérez, C., 2014, *La condenación al olvido* (damnatio memoriae). *La deshonra pública tras la muerte en la política romana (siglos I-IV d. C.).* Signifer Libros, Madrid y Salamanca.

Geiger, J., 2008, *The first hall of fame. A study of the statues in the forum augustum.* Brill, Leiden y Boston.

Hedrick, C. W., 2000, *History and silence: purge and rehabilitation of memory in Late antiquity.* University of Texas Press, Austin.

Sociedad

González Gutiérrez, P., 2021, *«Soror». Mujeres en Roma.* Desperta Ferro Ediciones, Madrid.

Hersch, K. K., 2010, *The roman wedding. Ritual and meaning in antiquity.* Cambridge University Press, Cambridge.

Hubbard, T. K., 2014, *A companion to greek and roman sexualities.* Wiley Blackwell, Hoboken.

Toner, J., 2016, *Cómo manejar a tus esclavos.* La Esfera de los Libros, Madrid.

Cultura

Beard, M., 2013, *Laughter in ancient Rome. On joking, tickling, and cracking up.* University of California Press, Berkeley, Los Angeles y Londres.

Beard, M., North, J., Price, S., 1998, *Religions of Rome. Volume 1: a history.* Cambridge University Press.

Bravo, G., González Salinero, R. (eds.), 2012, *Ver, viajar y hospedarse en el mundo romano.* Signifer Libros, Madrid - Salamanca.

Carabias Torres, A. M., 2012, *Salamanca y la medida del tiempo.* Ediciones Universidad de Salamanca, Salamanca.

Crespo Pérez, C., 2018, «Las leyes suntuarias y la regulación del lujo en el derecho romano», *Diseño de moda, teoría e historia de la indumentaria*, pp. 81-98.

Declercq, G., 2002, «*Dionysius Exiguus* and the introduction of the christian era», *Sacris Erudiri,* vol. 41, pp. 165-246.

Forsythe, G., 2012, *Time in roman religion. One Thousand years of religious history.* Routledge.

Hannah, R., 2005, *Greek and roman calendars. Construction of time in the classical world.* Duckworth.

Rüpke, J., 2011, *The roman calendar from Numa to Constantine: Time, History and the Fasti*. Trad. D. M. B. Richardson, Wiley-Blackwell.

Salzman, M. R., 1990, *On roman time: The codex-calendar of 354 and the rhythms of urban life in late antiquity*. University of California Press.

Ingeniería

Guggenberger, M., 2013, «The gallo-roman dodecahedron», *The mathematical intelligencer,* 35, pp. 56-60.

Jones, A., 2017, *A portable cosmos. Revealing the Antikythera mechanism, scientific wonder of the ancient world*. Oxford University Press, Oxford.

Talbert, R. J. A., 2010, *Rome's world. The Peutinger map reconsidered*. Cambridge University Press, Cambridge.

Espectáculos

Auget, R., 1972, *Cruelty and civilization. The roman games*. Routledge, Londres y Nueva York.

Carter, M. J., 2006, «Gladiatorial combat: the rules of engagement», *The classical journal,* vol 102, n.º 2, pp. 97-114.

De Caro, S., 1998, «La lucerna d'oro di Pompei: un dono di Nerone a Venere Pompeiana», *I culti della Campania antica,* vol. III, pp. 239-244.

Fontaine, M., 2010, *Funny words in plautine comedy*. Oxford University Press, Oxford.

Fornés Pallicer, A., Puig Rodríguez-Escalona, M., 2006, «Los gestos con el pulgar en los combates de gladiadores». *Latomus,* vol. 65, n.º 4, pp. 963-971.

Futrell, A., 2006, *The roman games: a sourcebook*. Blackwell Publishing, Malden.

Green, C. M. C., 2009, «The gods in the circus», S. Bell y H. Nagy (eds.), *New perspectives on Etruria and Rome in honor of R. D. De Puma,* pp. 65-78.

Pérez Yarza, L., 2021, *El culto de Sol en el occidente romano*. Editorial Universidad de Sevilla, Sevilla.

Religión

Alföldy, A., 1932, «The Helmet of Constantine with the Christian Monogram», *The Journal of Roman Studies,* vol. 22, part 1: *Papers Dedicated to Sir George Macdonald K.C.B.*, pp. 9-23.

Bermejo Rubio, F., 2018, *La invención de Jesús de Nazaret.* Siglo XXI Editores, Madrid.

Drijvers, J. W., 2011, «Helena Augusta, the Cross and the Myth: some new reflections», *Millennium. Yearbook on the Culture and History of the First Millennium C.E.*, 8, pp. 125-174.

Betz, J. D. (ed.), 1986, *The Greek Magical Papyri in Translation including the Demotic Spells.* Chicago.

Rüpke, J., 2018, *Pantheon. A New History of Roman Religion*. Princeton University Press, Princeton-Oxford.

Holscher, T., 2004. *The Language of Images in Roman Art.* Cambridge University Press, Cambridge.

Piñero, A., 2022, *Los libros del Nuevo Testamento. Traducción y comentario.* Editorial Trotta, Madrid.

Schmidt, T. C., 2015, «Calculating December 25 as the birth of Jesus in Hippolytus' *Canon* and *Chronicon*», *Vigiliae Christianae*, 69, pp. 542-563.

Sucesos extraños

Dunn, D., 2019, *In the shadow of Vesuvius: A life of Pliny.* Harper Collins Publishers Limited.

Gwyn Griffiths, J., 1971, «'Arepo' in the magic 'Sator' square», *The Classical review,* vol. 21, n.º 1, mar. 1971, pp. 6-8.

Mayor, A., 2000, *The first fossil hunters. Paleontology in greek and roman times.* Princeton University Press.

Pandey, N. B., 2013, «Caesar's comet, the julian star, and the invention of Augustus», *Transactions of the american philological association,* vol. 143, n.º 2, pp. 405-449.

Zanker, P., 1992, *Augusto y el poder de las imágenes.* Trad. P. Diener Ojeda, Alianza Editorial, Madrid.

Roma después de Roma

Alonso Rodríguez, M. C., 2012, «El rey en el balcón: Carlos III y el descubrimiento de Herculano», en M. Almagro Gorbea y J. Maier

Allende (eds.), *De Pompeya al nuevo mundo: La corona española y la arqueología en el siglo XVIII*, pp. 81-92.
Calcagnile, L., D'Elia, M., Maruccio, L., *et alii*, 2019, «Solving an historical puzzle: Radiocarbon dating the Capitoline she wolf», *Nuclear Inst. and Methods in Physics Reasearch*, vol. 455, pp. 209-212.
Koortbojian, M., 2013, *The divinization of Caesar and Augustus*. Cambridge University Press, Cambridge.
Lafferty, S. D. W., 2013, *Law and society in the age of Theoderic the Great. A study of the Edictum Theoderici*. Cambridge University Press, Cambridge.

AUTORES CLÁSICOS

Apiano, *Guerras civiles.*
Apicio, *Sobre la cocina.*
Augusto, *Hazañas del Divino Augusto.*
Beda el venerable, *Sobre el cómputo del tiempo.*
Casiodoro, *Varios.*
Cicerón, *La invención retórica.*
Columela, *Sobre las cosas del campo.*
Dionisio el exiguo, *Sobre la pascua.*
Eneas táctico, *Cómo sobrevivir bajo asedio.*
Estrabón, *Geografía.*
Eusebio de Cesarea, *Historia eclesiástica.*
— *Vida de Constantino.*
Evagrio Póntico, *Pensamientos.*
Flavio Arriano, *Discursos de Epicteto.*
Flegón de Trales, *Maravillas.*
Hierocles y Filagrio, *El amante de la risa.*
Hipólito de Roma, *Canon.*
— *Cronicón.*
Horacio, *Odas.*
Julio Africano, *Crónica.*
Juvenal, *Sátiras.*
Lactancio, *Instituciones divinas.*
— *Sobre la muerte de los perseguidores.*

Latinio Pacato Drepanio, *Panegírico a Teodosio.*
Luciano de Samósata, *Historias verdaderas.*
Macrobio, *Saturnales.*
Marcial, *Epigramas.*
Ovidio, *El arte de amar.*
— *Fastos.*
— *Metamorfosis.*
Petronio, *Satiricón.*
Plauto, *La maroma.*
Plinio el Joven, *Cartas.*
Plinio el Viejo, *Historia natural.*
Plutarco, *Cuestiones romanas.*
— *Vidas paralelas.*
Polibio, *Historias.*
Séneca el Joven, *Sobre la ira.*
— *Calabacificación del divino Claudio.*
— *Consolación a su madre Helvia.*
— *Cuestiones naturales.*
Sereno Samónico, *Libro medicinal.*
Servio, *Comentarios a la Eneida.*
Suetonio, *Vida de los doce césares.*
Tácito, *Anales.*
Tertuliano, *Libro de los espectáculos.*
Tito Livio, *Desde la fundación de la Ciudad.*
Virgilio, *Eneida.*
VV. AA., *Antología latina.*
— *Panegíricos latinos.*

GENEALOGÍAS DE LAS FAMILIAS IMPERIALES

Dinastía Julio-Claudia

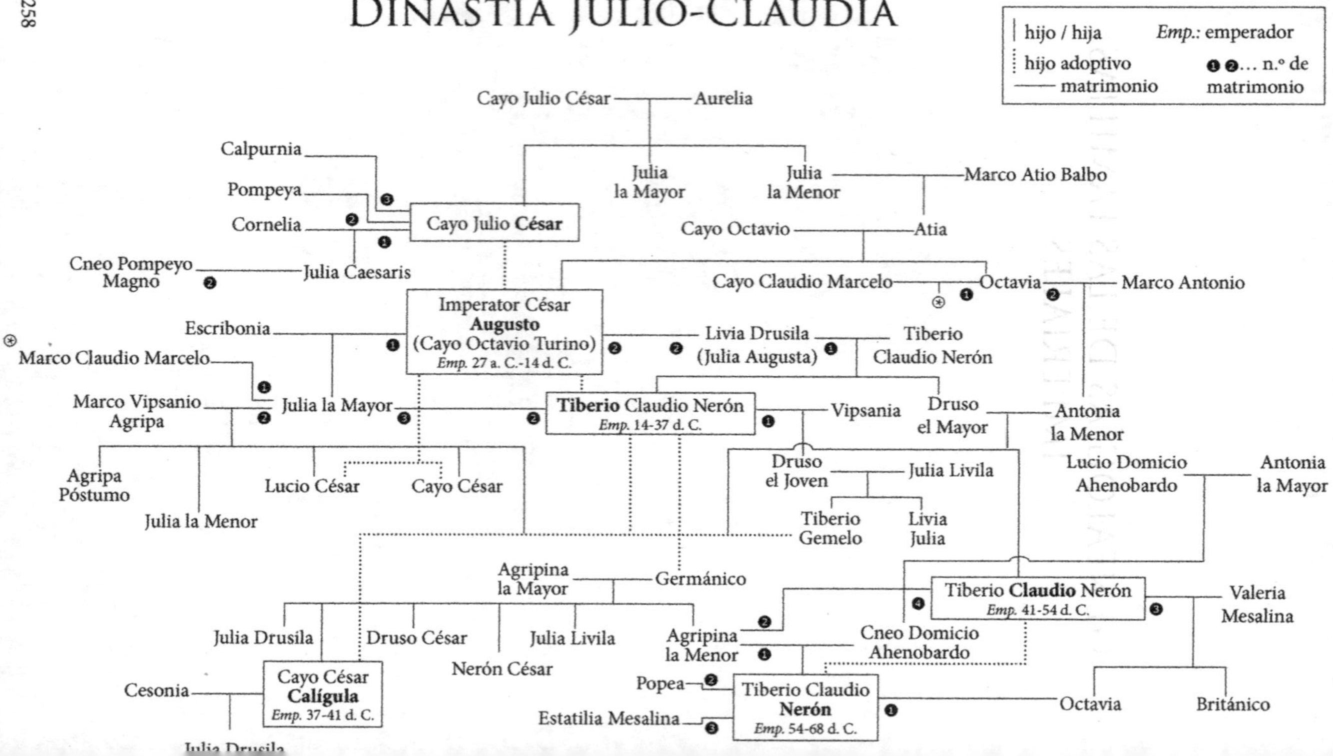

DINASTÍA FLAVIA

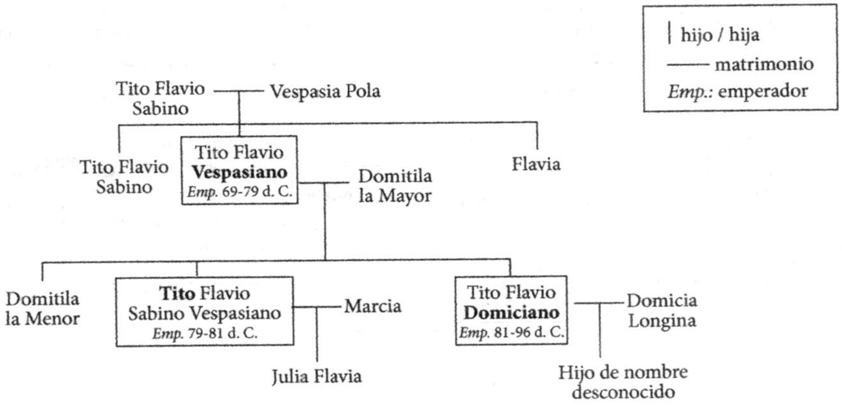

DINASTÍA ULPIO-AELIA

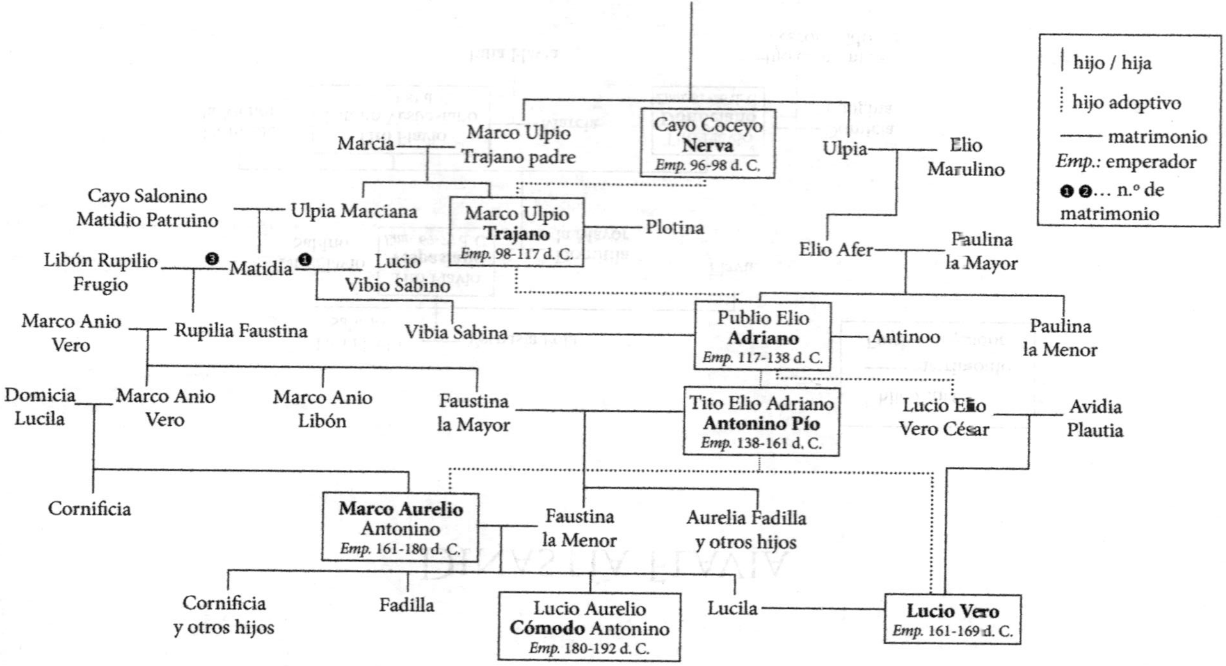

Dinastía Severa

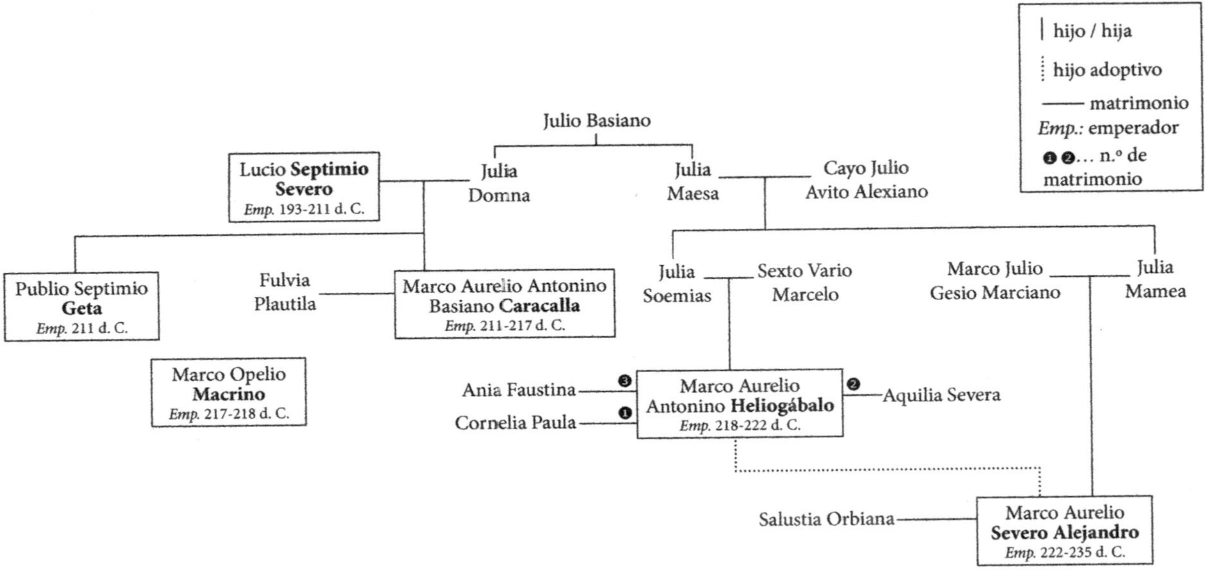

Esta obra
fue impresa
en Barcelona,
en las *kalendas* de
septiembre de MMXXIV

Otros títulos del autor en Booket:

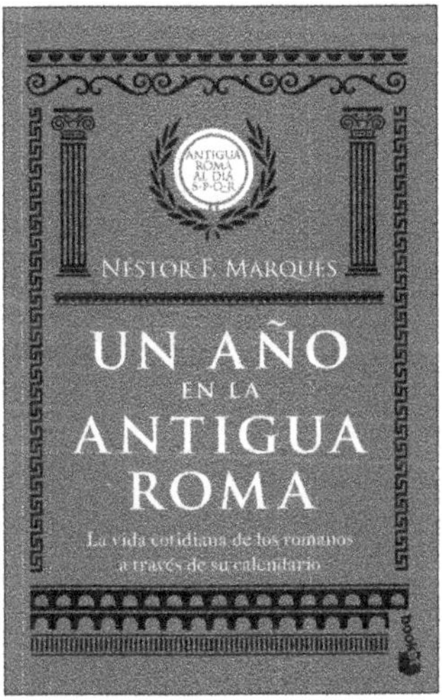